Inhalt

III

IV

Vorwort

Es gibt – vor allem – zwei Möglichkeiten, ein solches Lesebuch zu machen: Entweder man stellt es unter ein Thema. Am konsequentesten hat Alfred Andersch dies getan. Sein Thema lautete »Beschreibungen«. Das ist sinnvoll, wenn man so viel von Beschreibungen versteht wie Andersch – und auch selber so meisterhaft beschreiben konnte.
Die andere Möglichkeit ist: Man sammelt Texte, »mit denen ich gelebt habe«. Andersch, von dem diese Formulierung stammt, ist vor dieser Möglichkeit zurückgeschreckt. Ihn störte »das Affirmative des Unternehmens, die Atmosphäre der allgemeinen Zustimmung, die dabei entstehen wird. Meine Lieblingstexte sind die Lieblingstexte vieler Leser ...«. Diese Gefahr – so glaube ich – besteht nicht bei meiner Zusammenstellung. Viele der Texte, mit denen *ich* gelebt habe, sind *keine* »Lieblingstexte«.
Es sind Texte darunter, mit denen ich schon lange lebe. Einige hat mir noch mein Vater gegeben: Hermann Hesse und Gottfried Benn, aber auch – denn er war evangelischer Pfarrer – Paul Gerhardt und Matthias Claudius.

I

Als ich vor meinen Bücherregalen stand und die Texte für dieses Lesebuch zusammensuchte, hatte ich kein Programm im Sinn. Ich wählte, was mir wichtig schien. Aber als ich hinterher anschaute, was da zusammengekommen war, fiel mir auf, daß es zwei Hauptthemen gibt. Das eine wird gleich zu Beginn angesprochen in Erwin Blumenfelds und Bernward Vespers Berichten über ihre Schul- und Jugendzeit: die eine noch in der Kaiserzeit, die andere in den fünfziger Jahren. Blumenfeld ist ein deutscher Jude, der vor den Nazis geflohen war, das letzte Schiff in Marseille erreicht hatte und in New York ein außerordentlich erfolgreiches Photostudio gründete. Bernward Vesper, der 1971 freiwillig aus dem Leben schied, ist der Sohn des Nazi-Schriftstellers Will Vesper und der Vater von Gudrun Ensslins Sohn

Felix. Zwei völlig verschiedene Menschen also. In zwei verschiedenen Zeitläuften. Und doch die gleiche Jugend autoritärer Unterdrückung, komplexschaffender Qualen. Was ist es, was da in unserem Volk von Generation zu Generation weitergegeben wird?

Das Thema wird weitergeführt: in Propst Grübers Bericht aus den Konzentrationslagern Sachsenhausen und Dachau (der Berendt, der darin vorkommt, ist mein Vater, der – wie Grüber – der »Bekennenden Kirche« angehörte: jenem Teil der evangelischen Kirche, der sich nicht von den Nazis gleichschalten lassen wollte. Grüber hatte in Berlin eine Hilfsstelle für verfolgte Juden gegründet). Ebenfalls weitergeführt wird das Thema in den Ausschnitten aus Alexander und Margarete Mitscherlichs wichtigem Buch über unsere »Unfähigkeit zu trauern« und in Fritz J. Raddatz' bedrängender Frage nach dem »Bruder Baader?«

Aber auch die Abschnitte, die ich aus James Baldwins »The Fire Next Time« zusammengestellt habe, gehören in diesen Zusammenhang. Und die Gedichte aus Polen. Und – ins Humorvolle gewandelt – Heinrich Heines köstliche »Donna Clara« und ihr edler jüdischer Bezwinger, der »Sohn des vielgelobten Großen Schriftgelehrten Rabbi Israel von Saragossa«. Jedesmal, wenn ich das lese, denke ich: Die Clara könnte auch ein paar Jahrhunderte später »das BDM-Mädel Klara« gewesen sein.

Das Thema all dieser Beiträge – so verschieden sie sein mögen – ist das der Unterdrückung und Ausbeutung, der Intoleranz und Unmenschlichkeit, des elitären Hochmuts. Das ist der Grund, aus dem hier – unbeabsichtigt zunächst – zusammengefunden haben: KZ-Häftlinge, Juden, Kommunisten, Pastoren aus den Reihen der »Bekennenden Kirche«, Terroristen, Polen, Neger; versteht sich, auch Jazzmusiker gehören zu ihnen, wie die ausgewählten Beiträge belegen: Charlie Parker und Lester Young stehen stellvertretend für Tausende ähnlicher Schicksale.

II

Besonders wichtig ist mir in diesem ersten Abschnitt meines Lesebuches der Beitrag von Fritz J. Raddatz: »Bruder Baader?«, geschrieben im »Deutschen Herbst '78«. Wir wissen immer noch nicht genug über das, was damals in unserem Volk – und mit unserem Volk – geschehen ist. Mit einem Mal war wieder das Mittelalter nahe; man meinte, ein Klima zu spüren, das zu

Hexenverbrennungen und Pogromen führt. Das also steckt immer noch in uns. Und es wurde auch deutlich: Es steckt tiefer in uns als in anderen. Die Italiener haben unter Terrorismus weitaus mehr zu leiden, und doch bleiben sie »cool«. Trauer und Mitleiden: die, gewiß, gibt es in Italien. Aber keine Hysterie, die in jedem, der auch nur zu verstehen sucht, wie es dahin kommen konnte, einen Sympathisanten, sprich: mutmaßlichen Terroristen sieht. Der Deutsche Herbst '78: Es war, als fühle sich ein ganzes Volk getroffen, Millionen von Menschen persönlich betroffen – was doch eigentlich nur dann zu verstehen ist, wenn es eben doch einen Kern Wahrheit gibt in dem, was die Terroristen diesem Volk und dieser Gesellschaft vorwerfen.
Nur so ist unsere Betroffenheit, nur so unsere Hysterie zu erklären, in einem Volk, das sonst doch wahrhaftig nicht leicht zu betreffen ist.
Nach Ermittlungen des BKA hat es nie mehr als 200 aktive Terroristen gegeben, und das bei einer Bevölkerung von 60 Millionen. Man beachte die Relation: 200 in einem 60-Millionen-Volk! Wie unsicher muß dieses Volk in seinem Selbstverständnis sein, wie wenig gefestigt sein demokratisches Bewußtsein, wie gnadenlos intolerant, wie tiefe Komplexe muß es besitzen, wenn es zu so unverhältnismäßigen Mitteln greift!
Bernward Vesper spricht vom »faschistoiden Deutschen«; er bittet, man möge den »Pleonasmus durchgehen lassen«. Man *muß* ihn durchgehen lassen, wenn man bedenkt, daß »die Bundesrepublik vermutlich das einzige demokratische Land der Welt ist, wo man das Etikett ›links‹ im diffamierenden Sinne einsetzt, eine Unmöglichkeit in Frankreich, Italien, Holland, England, selbst in Amerika« (H. M. Broder).

III

Aber auch deshalb steht der »Bruder Baader?« an zentraler Stelle in diesem Abschnitt Eins, weil hier eben nicht nur nach dem Bruder Baader, sondern auch nach dem Bruder Jud, dem Bruder Neger, dem Bruder KZ-Häftling gefragt wird.

IV

Hans Magnus Enzensberger war Ende der fünfziger Jahre Volontär in meiner Südwestfunk-Jazzredaktion. Sein Gedicht »Fund im Schnee« stammt aus dem Band »Landessprache«, der ihn 1960 mit einem Schlage in den Mittelpunkt des literarischen Interesses brachte. Der Band beginnt mit fünf Zeilen, die haftengeblieben sind – in all diesen Jahren: »Was habe ich hier verloren, / in diesem land, / dahin mich gebracht haben meine älteren / durch arglosigkeit? / eingeboren doch ungetrost . . .«
Ich habe damals für meine Rundfunk- und Schallplattenreihe »Dichtung und Jazz« eine Montage mit Enzensbergers Gedichten und Musik von Miles Davis und Max Roach gemacht. Auch die anderen in diesen Band aufgenommenen Gedichte sind mir durch Schallplatten-Produktionen ans Herz gewachsen: Benn, Heine, Hesse und die polnischen Dichter.
Die vier Polen stehen stellvertretend für viele, viele andere. Kein anderes europäisches Land besitzt eine so reiche lyrische Landschaft, und kein polnischer Dichter, der nicht – persönlich und unmittelbar – vom »Trauma Deutschland«, von den zwei Kriegen und den Besatzungen, von Unterdrückung, Konzentrationslagern und »Ausmerzung des polnischen Untermenschen« betroffen gewesen wäre. Manchmal denke ich, es muß so etwas wie einen Archetyp des polnischen Dichters geben. Denn das ist es, was sie alle schreiben: »Poesie für Entsetzte . . . Geflüster, das Schrei wird . . . Ein Träufeln des Todes ins Weltall . . . Ein Schrei nach Menschlichkeit im Grauen des Unmenschlichen . . . Ein Gebet um Schutz vorm leeren Leben ohne Musik und ohne Lied . . . in dieser lieblosen Öde, in den verbrannten Schluchten . . . Ein Angeln nach dem Lächeln, das du mir schickst und das nur noch als Träne ankommt . . .« (um auf diese Weise Äußerungen der verschiedensten Autoren zu einem Gesamtklang zusammenzufügen). Czeslaw Miloszs »Warschau 1943« ist symptomatisch dafür. Das Morden im Warschauer Getto ist eine totale Erfahrung. Alles ist anders danach. Auch das, was vorher war: zum Beispiel der Tod Giordano Brunos, verbrannt auf dem Campo di Fiori in Rom im Jahre 1600, 343 Jahre vor »Warschau 1943«! Als Milosz 1980 den Nobelpreis bekam, empfand ich das als eine Auszeichnung für die zeitgenössische Literatur eines ganzes Volkes.
Czeslaw Milosz in seiner berühmten Rede auf dem »Rencontre Mondiale de Poésie« 1967 in Montreal: »Es ist fast unmöglich,

heute von einem Dichter zu reden und nicht die Verbannung zu erwähnen. Die Verbannung ist Schicksal – unabhängig davon, ob man in seinem Heimatland oder im Ausland lebt.« Diese zwei Sätze gelten heute für Künstler und Intellektuelle weiter Bereiche. Fast jeder – dieser Schreiber eingeschlossen – kann sie nachempfinden.

V

Das also ist das eine Thema: Unterdrückung und Unmenschlichkeit. Das andere ist: »Die Auseinandersetzung mit dem Unbewußten«. So nennt C. G. Jung ein Kapitel in seinen von Aniela Jaffé aufgezeichneten Erinnerungen, das eigentlich auch hier hineingehört hätte. Hesse, Suzuki, Viallet, Herrigel gehören zu den großen Weisen, die der westlichen Welt die geistige Überlieferung Asiens nahegebracht haben, lange bevor Asien »Mode« wurde. (Aber es gibt gute und schlechte Moden. Dies ist eine gute.) Was Daisetz Suzuki, der aus Japan stammende »Missionar« des Buddhismus in den USA, eigentlich sagen will, ist: Religion muß nicht erlernt und begriffen werden, wie es uns zweitausend Jahre Christentum eingeredet haben; sie muß erfahren werden. Und wenn man sie erfahren hat, braucht man über den Glauben kaum noch zu reden.

In meinem Leben hat dieses Wort »er-fahren« – ein gütiges Schicksal hat das mit sich gebracht – einen doppelten Sinn. Zehn Jahre lang – von 1962 bis 1971 – bin ich Jahr für Jahr nach Asien gereist, – habe indische Musik studiert, japanische Zen-Klöster besucht, auf Bali gelebt. Was François-A. Viallet schildert, habe ich in anderer, aber eben doch auch ähnlicher Weise selbst erfahren. Viallet, Mitarbeiter von Teilhard de Chardin, war uns ein strenger und liebevoller Zen-Meister im Meditationszentrum des Frankfurter Rings: ein Franzose, der Deutsch im Konzentrationslager gelernt und diese Sprache so lieb gewonnen hatte, daß er ins Land seiner ehemaligen Peiniger zurückgekehrt war, um Zen zu lehren und hier zu sterben.

In seinen Lebenserinnerungen erzählt C. G. Jung, warum er 1920 Europa für einige Zeit verlassen habe: »Um einen psychischen Ort außerhalb des Europäers zu finden... So will ich unbewußterweise jenen Persönlichkeitsteil in mir finden, welcher unter dem Einfluß und dem Druck des Europäerseins unsichtbar geworden ist...« Genau das ist der Grund, aus dem ich – alle Jahre wieder – nach Asien gefahren bin. Als ich 1962 zum ersten Mal dorthin reiste und der Flugkapitän morgens, bevor das Frühstück serviert wurde, ankündigte, wir befänden uns nun über Indien, wurde ich ohnmächtig, und da es ein ruhiger Flug war und ich den größeren Teil der Nacht geschlafen hatte, war's – so könnte es Jung genannt haben – eine »Ohnmacht der Seele, von ihr konditioniert«.

Ein »Er-fahrer« des Unbewußten war auch der Schweizer Philosoph Jean Gebser. Sein dreibändiges Hauptwerk »Ursprung und Gegenwart« ist, von den Feuilletons kaum bemerkt, zur »Bibel« einer ganzen Generation geworden. Der Abschnitt über das Illusorische unseres Zeitverständnisses stammt daraus. »Einbruch der Zeit« meint auch ein »Einbrechen« mit der Zeit, ein »Zusammenbrechen« dessen, was wir unter Zeit verstehen – oder bisher verstanden haben. Zeit, das hat ja auch die Theoretische Physik herausgefunden (wir müßten es nur auf unser alltägliches Zeitverständnis beziehen!), ist nicht das, was sie der europäischen Menschheit jahrhundertelang gewesen ist.

Selten zuvor hat eine Wissenschaft eine Religion so präzis bestätigt wie die moderne Theoretische Physik der subatomaren Prozesse die Zeitauffassung des Buddhismus. Zeit ist im Sinne Hermann Hesses der Fluß, der gleichzeitig an seiner Quelle, an seinem Lauf und an seiner Mündung einfach »der Fluß« ist. (In meinem Buch »Ein Fenster aus Jazz« habe ich zu zeigen versucht, daß dies auch das »time-feeling« der Jazzmusiker ist; in der Spannung zwischen ihm und der herkömmlichen Zeit entsteht swing.) Zeit ist »jetzt« – und ihre Aufteilung in Vergangenheit, Gegenwart und Zukunft ist nur eine unvollkommene Verständniskrücke. Subatomare Prozesse können sowohl vorwärts – von der Vergangenheit in die Zukunft – wie rückwärts – von der Gegenwart in die Vergangenheit – ablaufen. Wenn wir nur beachten würden, was uns da signalisiert wird!

All das, was uns an den Erkenntnissen der modernen Theoretischen Physik absurd und unverständlich erscheint, wird sofort sinnvoll, wenn wir wissen: Die Welt ist Eines. Es gibt keinen Dualismus. Nicht wir stehen der Welt gegenüber, und die Welt uns, sondern: Wir *sind* die Welt. Die Welt sind wir. Die Welt ist in uns. Wir sind in der Welt. Das ist die Erfahrung der großen asiatischen Religionen – Buddhas zumal. Und die Erfahrung der christlichen Mystiker, zum Beispiel Meister Ekkehards. Und es ist nun auch die mathematisch abgesicherte Erkenntnis der modernen Physik. Wir müssen das in aller Deutlichkeit sehen:

Wenn die Theoretische Physik recht hat – und wenn Buddha recht hat –, dann ist das Bild, das sich die abendländische Menschheit seit zweitausend Jahren von der Welt macht, eine Täuschung.

Der für mich in diesem Zusammenhang wichtigste Autor ist Hermann Hesse. Don Cherry, der Jazzmann der »Weltmusik«, hat einmal gesagt: »Hermann Hesse war der erste, der all diese Dinge aufgezeigt hat. Als Hesse in den zwanziger Jahren ›Siddharta‹ schrieb, war er ein Revolutionär, viel mehr als diejenigen, die sich heute so nennen.« Genauso empfinde ich es. Hesse in der Literatur und John Coltrane in der Musik: Das sind die Schlüsselfiguren. Und dann stelle ich mir vor: Es war Paul Gerhardts Neujahrslied in Johann Sebastian Bachs Satz, das der »Alte Meister« in Hesses wunderbarem Gedicht »Orgelspiel« gespielt hat. Der Komponist Peter Michael Hamel hat den Hesse-Text auf einer meiner Musik und Dichtung-Platten (»Hesse Between Music«) so meisterhaft musikalisiert, daß ich ihn nicht mehr lesen kann, ohne mir diese Musik dazu zu denken. Hamel ordnete den drei Ebenen des Gedichts drei verschiedene Klangebenen zu: die Orgelmusik der alten Meister aus Johann-Sebastian Bachs und Paul Gerhardts Zeit, auf einer Kirchenorgel gespielt, deren »Trübung« im 19. Jahrhundert, gespielt auf einer elektrischen Orgel und schließlich – an elektronischen Keyboards, nach wie vor über das gleiche Thema – die »anderen Klänge« und die »anderen Feste« der jungen Menschen von heute. Wer Hamels Musik zu Hesses »Orgelspiel« hört, erlebt und erfährt diese drei Ebenen unmittelbarer, als es beim bloßen Lesen des Textes möglich ist. Das ist der eigentliche Sinn solcher Musikalisierungen, wie sie übrigens Peter Michael Hamel auf der gleichen Platte auch zu dem anderen Hesse-Text meines Lesebuchs – zu »Sich fallen lassen« aus der Novelle »Klein und Wagner« – geschaffen hat.

VI

Ich bin froh, daß ich nach neunzehn Büchern über Jazz endlich eins machen kann, das kein Jazzbuch ist. Aber: Texte, mit denen ich gelebt habe, ohne Jazztexte: Das geht nicht. Die zwei, die ich ausgewählt habe, stehen für eine ganze Bibliothek. Sie handeln von Lester Young und Charlie Parker. Beide bedeuten mir viel.

Lester Young war bereits in den dreißiger Jahren – 15 Jahre vor dem eigentlichen »Cool Jazz« – der erste »kühle« Musiker: ein Lyriker des Jazz, ein Musiker der Liebe, Verbindlichkeit und Rücksicht. Am Mißverhältnis zwischen seiner »message« und der Welt, in der er lebte, ist er zerbrochen. Der Beitrag über Lester Young, den »Präsidenten«, stammt von Jean Améry. Fast niemand weiß, daß Améry einmal ein Buch über Jazz gemacht hat: »Im Banne des Jazz«, 1961 im Albert Müller Verlag erschienen, bevor er der große literarisch-politische Schriftsteller wurde, als den man ihn gekannt hat. Améry hat als einer der wenigen Auschwitz überlebt: ein Österreicher, der – Deutschland auf nahezu ununterbrochenen Reisen »durchkreuzend« und »umkreisend« – in Brüssel gelebt hat, bis er sich 1978 in einem Hotelzimmer in Salzburg das Leben nahm, »deprimiert von unfairen Kritiken« (A. Nemeczek).
Als Améry Mitte der siebziger Jahre in meinem Haus war, brachte ich das Gespräch auf sein altes Jazz-Opus. Améry wußte nicht einmal mehr, wie es aussah. Ob ich es hätte und ob er es sehen könne, fragte er. Am nächsten Tag, als ich das Buch ins Regal zurückstellen wollte, stand darin: »Dem Mann, der hier schändlich bestohlen wurde, herzlichst Jean Améry.« In einem unbeachteten Augenblick muß er diese Worte hineingeschrieben haben. Aber: Ich fühle mich nicht bestohlen. Die Sensibilität, die Améry an dem großen Tenorsaxophonisten Lester Young liebt, ist seine eigene. Was für Lester Young das Jazz-Spielen war, das war für Jean Améry das Schreiben: Medium des Überlebens – solange es möglich war.

VII

»Der Tod Charlie Parkers« ist ein Paradebeispiel – eines der erschütterndsten, die ich kenne – für das Zugrundegehen eines Künstlers, eines großen Künstlers schwarzer Hautfarbe, in einer Gesellschaft, die ihn nicht akzeptiert und die er gleichwohl auf unverlierbare Weise bereichert hat. Wenn es einen einzelnen Musiker gibt, von dem man sagen kann, er habe den modernen Jazz geschaffen, dann war dies der »Bird« Charlie Parker, primus inter pares einer Musikergeneration, deren brillanteste Vertreter – von wenigen Ausnahmen abgesehen – zugrunde gegangen sind wie er. Selten hat es das gegeben: daß eine ganze Gruppe von Künstlern innerhalb weniger Jahre etwas radikal Neues geschaffen hat und dann plötzlich verstummte, verschwand, an Alkohol und Rauschgift, in seelischer und körperlicher Zerrüttung verlöschte oder wie Bud Powell, der Schöpfer der modernen Piano-Spielweise, kaum noch seiner bewußt dahindämmerte: Ausgestoßene einer Gesellschaft, die beflissen war, das zu vermarkten, was diese Künstler ihr anboten, die aber diese selbst – als Individuen und als Angehörige ihrer Rasse – zurückwies, demütigte und erniedrigte. Einer der Begabtesten von ihnen, der Trompeter Fats Navarro, war gerade erst 27 Jahre alt, als er 1950 starb – auf ähnlich erschütternde Weise wie Charlie Parker.

Aber: Heute – 30 Jahre später – spielt eine ganze Generation junger Musiker die Musik Charlie Parkers: das, was man damals »Bebop« nannte. Und diese Generation ist weiß, und keiner von ihnen scheint in Gefahr, auf ähnliche Weise zugrunde zu gehen.

Das Kapitel »Der Tod Charlie Parkers« bildet den Abschluß von Ross Russells Charlie Parker-Biographie, »Bird Lives«. Russell war der Besitzer der Plattenfirma »Dial«, bei der 1946/47 einige der wichtigsten Aufnahmen des großen Jazzmusikers erschienen, darunter die »Yardbird Suite« und der »Cool Blues«. Die in dem Beitrag erwähnte Baroness de Koenigswarter, in deren Wohnung Charlie Parker starb, ist vielen Jazzmusikern Beschützerin und Mäzenin, Muse und Freundin gewesen, ähnlich wie es Rahel von Varnhagen von Ense für die Schriftsteller und Künstler der deutschen Romantik war. Wo immer der Name Nica im Titel einer Jazzkomposition, in einem Jazzbuch oder in den Gesprächen der Musiker vorkommt, ist sie gemeint.

Der Titel des Buches ist Graffiti geworden. »Bird Lives« steht an Hauswänden und in Toiletten (im New Yorker Village sah ich einmal: »Bird's still fucking«), an Mauern und in Subways. Und als ich 1978 an meiner »Photo-Story des Jazz« arbeitete, haben wir auch in Frankfurt ein »Bird Lives« gefunden – und photographiert und in das Buch aufgenommen.

Es ist eine Schande, daß Russells Parker-Buch nicht in Deutschland erschienen ist. Ich habe es – wie so viele andere Jazzbücher auch – über Jahre hinweg Dutzenden von Verlagen angeboten: Rowohlt, der Deutschen Verlagsanstalt, S. Fischer, Scherz etc.; immer erhielt ich es wieder zurück. Auch das gehört zum Defizit der Jazzkritik in unserem Lande, daß so wenige der wichtigen und maßgebenden Bücher der internationalen Jazzliteratur auf deutsch erschienen sind: nicht einmal die Biographien von Miles Davis und John Coltrane; keines der Bücher der wichtigen internationalen Jazzkritiker: André Hodeirs, Ralph Gleasons,

Martin Williams', Nat Hentoffs etc. Es gibt deutsche Jazzkritiker, die noch nicht einmal zehn Bücher über Jazz gelesen haben. Man stelle sich etwas Entsprechendes in der klassischen Musik vor. Deren anerkannte Kritiker haben ein paar hundert Musikbücher nicht nur gelesen, sondern durchgearbeitet.

VIII

Ich glaube nicht, daß die zwei Jazzbeiträge aus dem, was sonst hier versammelt wurde, herausfallen. Sie tun dies schon deshalb nicht, weil die zwei Hauptthemen meines Lesebuches auch Jazzthemen sind. Die Erfahrung der Unterdrückung gehört zum Jazz, seit es Jazz gibt – von New Orleans und vom Blues an. Für die Erfahrung des Unbewußten gilt dies seit Coltrane.

IX

Überhaupt hat vieles in diesem Buch auf unmerkliche Weise mit Jazz zu tun. Der Abschnitt über das Unbewußte wird von Robert M. Pirsigs Gedanken über die Qualität (aus seinem Roman-Essay »Zen und die Kunst, ein Motorrad zu warten«) eingeleitet. Pirsig sieht Qualität als »Spaltbegriff« für »hip« und »square«. Die Begriffe »hip« und »square« stammen aus der Welt des Jazz; Duke Ellington – der junge Ellington der zwanziger Jahre, der noch im Cotton Club in Harlem gespielt hat – war ein Inbegriff des »Hipsters«. Heute sind dies Musiker wie Roy Haynes oder Alphonse Mouzon. Norman Mailer hat als erster eine Philosophie des Hip entwickelt: »Hip heißt, in Kontrolle einer Situation sein – und auch in Kontrolle seiner selbst ... Hip ist die Kultur des weisen Primitiven in einem gigantischen Dschungel. Deshalb entzieht sich das Verständnis des Hip dem zivilisierten Bürger ... Die Bürger würden ihre Republik lieber an die Russen als an die Hipsters fallen lassen ...« Im »Fenster aus Jazz« habe ich versucht, Mailers Philosophie des Hip weiter zu entwickeln. Noch einen Schritt weiter geht Pirsig: Definitionen sind »square«. Wir machen uns Illusionen, wenn wir glauben, eine Sache verstehen und meistern zu können, indem wir sie definieren. Weil wir das glauben, deshalb hat unser modernes Wissenschaftsdenken so viel Unheil gestiftet. Es hat die Welt leer gemacht – leer vor allem, sagt Pirsig, von Qualität. Keinem

Menschen ist es je gelungen, Qualität zu definieren, und doch gibt es kein menschenwürdiges Leben ohne sie. Der Hipster weiß das oder empfindet es zumindest unbewußt, aber der Square definiert ungestört weiter und merkt nicht, daß er darüber das Wesentliche verpaßt. Pirsigs »Kunst, ein Motorrad zu warten«, ist die Kunst des Hipsters, der Laotse entdeckt hat. Pirsig hat »den Code geknackt«. Mit zwei Begriffen – schockierend für den Square –, die aus der Jazzwelt stammen!

X

Ich weiß, es gibt Leser, die einen Widerspruch empfinden zwischen den Beiträgen des ersten und denen des zweiten Teils dieses Buches. Die mehr politisch Orientierten – vor allem sie! (die anderen sind ja großzügiger) – reden von »Eskapismus«, wenn man ihnen mit Hermann Hesse, Suzuki und Gebser kommt. Offen gestanden: Ich finde eine derartige Alternativierung falsch und lächerlich und simplifizierend. Wer so wenig komplex ist, daß er nicht einmal *diese* Kluft überbrücken kann, der ist selber schuld. Ich meine, wir haben noch ganz andere »Widersprüche« zusammenzubinden. Und ich finde es absurd, daß gerade diejenigen, die sonst so viel von Dialektik reden, vor *dieser* Spannung (die im übrigen nur eine vermeintliche ist) zurückschrecken.

Wir werden die Welt erst ändern, wenn wir uns selber ändern, hat Hesse – und haben die Weisen Asiens – gesagt, und wer nur in die Welt geht, der scheitert – wie hundertfach am Schicksal nicht nur einzelner Menschen, sondern ganzer Bewegungen und Revolutionen belegt werden kann. Ja, daß fast alle revolutionären Anstöße in diesem Jahrhundert gescheitert oder leergelaufen sind – selbst in den wenigen Glücksfällen, in denen sie alle Chancen des Gelingens hatten: Hier liegt der Grund.

XI

Die dritte hier versammelte Folge von Texten handelt in einem allgemeineren Sinne von Musik. Was Sufi Inayat Khan und Hans Kayser schreiben, schließt bruchlos an die »Erfahrung des Unbewußten«, an die Hesse- und Zen-Texte an. Sufi Khans »Über die Musik« ist für Tausende zeitgenössischer Musiker –

in Jazz, Rock und minimal music – *der* eigentliche »in-Text« geworden. Don Cherry ist es gewesen, der Mitte der sechziger Jahre zuerst auf ihn aufmerksam gemacht hat – und nun geht dieser wichtige Text schon im dritten Jahrzehnt von Hand zu Hand.

Und Hans Kayser, den ich 1946 auf einer jener damals – in der Besatzungszeit – nur unter größten Schwierigkeiten möglichen Auslandsreisen in Bern besuchen durfte und der mir damals das Buch, aus dem der hier veröffentlichte Text stammt, als Manuskript übergab, sagt in der Sprache des modernen Menschen, was Sufi Inayat Khan auf seine Weise sagt. Kayser ist der Wiederentdecker der Harmonik: einer Lehre, ohne die heutige Musik kaum zu denken ist. Was Komponisten und Musiker wie Terry Riley, Steve Reich, Phil Glass, Peter Michael Hamel – im gewissen Sinne auch Stockhausen – und als erster: Olivier Messiaen – schreiben und spielen – ist »harmonikale Musik«. Kayser: »Was ist Harmonik? Keine Harmonielehre im musikalischen Sinn, sondern eine Lehre vom ›Klang der Welt‹, fußend auf uralten Traditionen und diese Traditionen mit unseren heutigen wissenschaftlichen Mitteln zu einer neuen Denkweise ausbauend... Der große Bereich des Unbewußten fällt nicht mehr dem diskursiven Denken anheim; er wird in die ihm adäquaten Formen der Harmonik gefaßt. Das Ergebnis war die Entdeckung des Urphänomens der Tonzahl als einer Synthese zweier Welten: der Natur und der Seele.«

XII

Daß Heinrich Strobel in »Mein Lesebuch« gehört, war mir selbstverständlich. Mein Leben wäre anders verlaufen ohne diesen großen Mann, dem die moderne Konzertmusik so viel zu verdanken hat. Kaum einer der wichtigen Komponisten, der nicht zuerst von ihm vorgestellt wurde – in den Konzerten der Donaueschinger Musiktage (die er 1950 wieder zu neuem Leben erweckt hat) und in den Programmen des Südwestfunks. Heinrich Strobel war im Oktober 1945 aus der französischen Emigration zurück nach Deutschland gekommen. In Baden-Baden übernahm er die Musikabteilung des Südwestfunks, die unter ihm legendären Ruf gewann. Ich möchte es – voller Dankbarkeit – hier aussprechen: Es war nicht ein Mann des Jazz, es war Heinrich Strobel, der mich als erster ermutigt hat, als ich nach

dem Kriege daranging, dem Jazz ein Publikum in Deutschland zu gewinnen. Mehr als alle anderen hat er mir geholfen. Und oft habe ich mir damals vorgenommen – als 23- oder 24jähriger: für den Jazz das zu tun, was Strobel für die Neue Konzertmusik tat. Es war ein Vorsatz. Mehr nicht.
Strobels Gedanken über »Neue Musik und Humanitas« habe ich im »Fenster aus Jazz« zu variieren versucht. Das ist das eigentliche Thema dieses Buches: Jazz und Humanitas.
Ich habe soviel von Strobel gelernt: wie man Radio-Programme baut; wie man hinhört, wenn Musiker reden; wie man einen Künstler, den man für wichtig hält, durchsetzt: Rundfunk, Platten, Fernsehen, Konzerte, Presse sorgfältig synchronisierend; wie man sich einigelt im Funkhaus, gute Programme machend, aber vermeidend, sich benutzen zu lassen...
Zu denen, die Heinrich Strobel entdeckt hat, gehört auch Hans Werner Henze. Aber Henze gehört auch zu denen, die sich wieder von ihm entfernten. (Erwin Chargaff: »Ein guter Lehrer kann nur abtrünnige Schüler haben.«) Henzes Text »Musik als Resistenzverhalten« könnte – für mich jedenfalls – eher vom Jazz handeln als von moderner Konzertmusik. Im Jazz steckt ja viel mehr Protest als in der Konzertmusik. Vielleicht war auch dies ein Grund, daß ich zu ihm gefunden habe – zusammen mit all den anderen, die in diesem Band deutlich werden.

XIII

Ich hätte gern ein richtig dickes »Lesebuch« gemacht. Aber der Fischer Taschenbuch Verlag, der mehr von diesen Dingen versteht als ich, sagt: Die Lizenzen müssen »manageable« bleiben. Deshalb will ich zum Schluß noch ein paar Autoren nennen, die ich gern aufgenommen hätte: Edgar Dacqué, den großen Biologen, Rudolf Kassner, Carlos Castaneda, Erich Fromm, Wolfdietrich Schnurre, Teilhard de Chardin, Mezz Mezzrow, Art Pepper, Ralph Gleason, Luise Rinser, Otto F. Walter, Eldridge Cleaver, E. F. Schumachers »Small is Beautiful«, Ernest Borneman, auch ihn vielleicht – ähnlich wie Améry – als ehemaligen Jazzautor, P. D. Ouspensky, den Interpreten der Vierdimensionalität unserer Welt... Dieses Lesebuch ist nur ein Ausschnitt – aus einer Erfahrung, die mein Leben ebenso sehr geformt hat wie das Hören von Musik: der Erfahrung des

Lesens. »Ich habe einen gesehen«, schreibt Alfred Andersch in »Sansibar oder der letzte Grund«, »der ohne Auftrag lebt. Einen, der lesen kann und dennoch aufstehen und fortgehen. Er blickte mit einer Art von Neid auf die Figur.«

I

WISLAWA SZYMBORSKA

Salz der Erfahrung

[...]
Man hört ein lautes Rufen:
Wir sind total unschuldig!
Wer ruft denn da? Wir laufen,
Öffnen die Fenster der Welt.

Da stockt die Stimme plötzlich.
Hinter den Fenstern fallen
Sterne wie nach einer Salve
Tünche von Wänden fällt.

ERWIN BLUMENFELD

Schule

Im Anfang war das Wort. Welches Wort? Ich begriff, daß das nicht wahr war, nicht wahr? Im Anfang war das Spiel. Liebes Spiel. Liebeswortspielerei: »Ein Neger mit Gazelle zagt im Regen nie!« Hin und her, Dichtung (Schopenhauer soll dies ausgeknobelt haben). Sollte es gerade mit einem radegebrochenen Wort angefangen haben? Oder mit einem Wortwitz? Im Anfang kam das Wunder des Alphabets: A + B = C. Zu Endegutallesguterletzt kam das erste Wort. Mir fiel es schwer, anzufangen zu schprechen. Wenn ich *ich* sagen wollte, wurde *isch* ausgelacht. Was war was? Niemand wollte mir eine Antwort geben. Sie taten, alsob sie nicht wollten, aber sie konnten nicht. Was ißt man? Was ist Mann? Ist man toll? Ißt man eine Tollkirsche oder eine Kirsche? Mit Wurm oder mit Turm? Heutnoch verwechsle ich feige Datteln und geile Feigen. Anfangs wollte ich im Sprachlabyrinth dieser Wortspielhölle fast verzagen und dacht, ich lernt es nie. Warum muß ich schprechen wie die andern, die nie hinhören, warum darf isch nisch lissspeln, so süß für die Zunge? Warum darf isch nich meine eigene Schprache für mir alleine haben? Sprachen sind Geheimsprachen, die niemand versteht, sind unaussprechlich gefährlich, sagen nie, was ich sagen will. Sagens immernur ungefähr. Wie drückt man sich aus? Bin ich wirklich *ich*? Öfters bin ich doch auch *meiner mir mich* und *mein*, nie *dein*. Bin ich immer derselbe? Wer weint da im Lachspiegel? Nicht ich! *Wer* steckt dahinter? *Isch* bin hier! Bin ich einmalig, einfach? Doppelt kompliziert? Vielfach? Werde ich im Spiel mit Trudelreifen je reifen? Es ist ein Reif gefallen. Hinfällig. Im Anfang gab mir das Wort, die drohende Sphinx, unlösbare Rätsel auf, an denen ich denken lernen mußte, oder untergehn. Das Wort zwang mich in Konventionen, lehrte mich lügen, lachen, leben. Lange dauerte es, bis es mich schprechen lehrte, länger noch, bis ich lernte, das Maul zu halten. Mangels Sprachtalent bin ich meiner Muttersprache treu geblieben, meinem Großberlinerjahrhundertwendischen Mittelstandshochdeutsch (in welchem Jargon diese Kapitel geschrieben sein wollen). Als ich anfing zu lesen, waren

Buchstaben und Worte Hieroglyphen. Wo war der Sinn? Den mußte ich auf der Schule lernen. Ich konnte es vor Wissensdurst garnicht aushalten, bis ich endlich mit sechs auf die Vorschule des Askanischen Gymnasiums geschickt wurde. Trotz Mamas Drängen habe ich morgens vor der Schule nie einen Happen runterwürgen können, aus Angst, wegen Zuspätkommens geschaßt zu werden.
Unser Gymnasium war humanistischpreußisch (Russia mit einem P davor). Devot heuchelten die Lehrer und Schüler, an einen reformiertevangelischprotestantischen Herrn Jesus zu glauben. Sie glaubten nur an den Kaiser und an Erfolg. Die wahre Landesreligion war der alleinseligmachende Patriotismus. Das bloße Summen der Marseillaise wäre Hochverrat gewesen, die Internationale war undenkbar. Ein auf die Spitze getriebener Haß zwischen Lehrkörper und Gymnasiasten diente als Vorbereitung aufs Leben und Tod fürs Vaterland. Schüler und Lehrer hetzten sich gegenseitig in den Selbstmord. Beim Ausbruch des ersten Weltkriegs war jeder aufs Schlimmste gefaßt. Grausamfreundlich begeistertes deutsches Heldenvieh, das erst für Wilhelm singend, danach Siegheil für Adolf ins Verderben gerannt ist. Außer meinem Besten Freund Ravel habe ich keinen Jungen meiner Klasse je wiedergesehen. Wahrscheinlich sind sie alle tot. Für mich jedenfalls sind sie's: Albrecht, Allner, Arnold, Artz, Behrendt, Bersu, Bissing, Blumenfeld, Davidson, Diederichs, Gerbode, Hagen, Hauß, Harvard, Heinrich, Herbst, Jakobson, Joseph, Kirsch, Klauer, Lademann, von Ledebour, Lebrun, Lilienthal, Makowsky, Nast, Niering, Orlt von Papart, Rahm, Roelofsz, Schattschneider, Schultze I, Schultze II (rothaarige Zwillinge), Seidenschnur, Storm, Völker, Warnatsch, Wolfheim und Zimmer. Daß ich die Namen dieser vierzig Dreschochsen für immer im Kopf habe, ist meiner damaligen Notizbuchleidenschaft zu verdanken. Mein ganzes Taschengeld ging in kleine, in Kaliko oder Segeltuch gebundene Büchlein, von denen ich nie genug haben konnte. Für jeden Schüler führte ich ein Notizbuch, in das ich jede seiner Antworten mit plus oder minus eintrug. Ebenfalls verzeichnete ich, mit roter Tinte, jedes Prädikat jeder schriftlichen Arbeit jedes Schülers. Dies war meine Hauptschultätigkeit. Lernen war Nebensache. Ich ahnte, daß die Ungerechtigkeiten, die ich aus Märchen, Sagen und von Schwester Annie kannte, auch im Leben vorkommen, und wollte errechnen, warum Schüler vor- und nachgezogen wurden. Im ersten Schuljahr war ich der Beste der Klasse. Betragen: lobenswert. Auf-

merksamkeit und Fleiß: sehr gut! Alles andere: sehr gut! Haltung der Hefte, leider nur: gut! Zwölf Lobe, kein Tadel, keine versäumte Stunde, keinmal zuspätgekommen: ein Musterschüler. Trotzdem wurde ich nicht Erster, sondern Dritter. Juden sollten sich nicht vordrängen. Ich begriff Gerechtigkeit als willkürliches Gesellschaftsspiel.

Dann ging's bergab mit meiner Moral: mit jeder Klasse verschlechterten sich meine Zensuren. Betragen: nicht ohne Tadel. Brief von meinem Ordinarius an meinen Vater: »Der einst so gehorsame Erwin versucht wiederholt, den Unterricht durch *Zischen* zu stören. Möge ihm dieser Hinweis zur Warnung dienen und vor künftigem Tadel bewahren! Allerhochachtendster Brauer.« Derselbe Brauer hatte mir in der dritten Vorschulklasse ins Poesiealbum geschrieben:

»Was Dir die Pflicht geboten hat
Das zu erfüllen sollst Du streben
Dann wandelst Du den rechten Pfad
Dann wirst Du froh und glücklich leben.

Dies wünscht dem kleinen Erwin der ihn recht liebhabende Vorschullehrer Brauer.« Den ersten Tadel bekam ich in Quinta. Bis dahin nur Lobe, einmal vielleicht einen Tadelstrich. Drei Tadelstriche brachten einen Tadel, für drei Tadel mußte man eine Stunde nachbleiben, für zwei Stunden Arrest erhielt man das »consilium abeundi«, den Rat abzugehen: man wurde rausgeschmissen. Ein Tadel wurde ins Klassenbuch eingeschrieben, obendrein in mein Ordnungsheft, das Papa unterschreiben mußte, was einfach war, da ich Handschriften gut nachmachen kann. Den ersten Tadel bekam ich, weil ich mein Latein nicht präpariert hatte. Ich war gegen Hausarbeiten, doch der Realität eines Tadels nicht gewachsen. Zwei Tage vorher war Hauß nach einer Krokodilsträne sein Tadel erlassen worden (sein Vater war Präsident des kgl. Preußischen Patentamtes). Mich ließ der ungerechte Pauker solange heulen, bis mich die Klasse auslachte; erlassen wurde mir nichts. Wie konnte ich meinen Eltern solche Schmach antun? Selbstmord schien das Naheliegendste. Als ich eine dreiviertel Stunde zuspät zu Hause zum Essen auftauchte, bekam ich einen derartigen Anschnauzer fürs Zuspätkommen, daß der Tadel rätselhafterweise völlig in den Hintergrund gedrängt wurde.

Vom Katheder herunter wurden wir klassenbewußt gemacht. Schon zuhaus hatte ich mich geschämt, wie die Eltern reichen Freunden den Hof machten, wohingegen sie von ärmeren Be-

kannten übertriebenen Respekt einkassierten. Hier in der Schule lernten wir Fundamente sozialer Beziehungen: *Du* hast *mich* zuerst zu grüßen, denn ich duze Leute, die Dich nicht mal ignorieren würden, folglich werde ich es weiter bringen als Du!
Montagmorgens nach dem Gebet »Unser Anfang sei im Namen des Herrn, der Schimmel und Pferde gemacht hat Amen« wurde das »Nationale« jedes Knaben verlesen: Nierings Vater (Wähler dritter Klasse) war Omnibusschaffner und katholisch, was man ihm ansah: es gibt ein Pfaffengesicht. Auch sah man ihm an, daß er Freischüler war: zu arm, Schulgeld zu bezahlen, wofür man ihn verachtete. Unter dröhnendem Gelächter errötete Rudolf Herbst, denn er war ein uneheliches Kind, wofür er wöchentlich an den Pranger mußte. Ernst Albrecht Behrendt dagegen wurde angestaunt: sein Vater war Präsident der Königlichen Preußischen Staatseisenbahnen, mit Amtswohnung im Potsdamer Bahnhof (vom Eßzimmer sah man auf den Friedhof der Märzgefallenen herab). Behrendts Großvater, ein getaufter Jude, hatte die Dreieinigkeitskirche in der Königgrätzerstraße gestiftet und war hoffähig geworden. Zu Behrendts siebtem Geburtstag wurde ich zu einer Kindergesellschaft eingeladen. Seine Mama stellte mich erst auf den Geburtstagstisch und dann den erwachsenen Gästen vor: *»Einer von unsre Leut.«* Alle klatschten, ich weinte gerührt.
Um den vorhandenen Antisemitismus wachzuhalten, hatte uns unser Herr Direktor, der Studienrat Professor Doktor Buße, die komischste Karikatur eines Ostjuden als Religionslehrer aufgetischt. Dr. Jizrock Jannowitz mauschelte Operettenjiddisch. Die christlichen Schüler brandmarkte er als »Anhänger der Tochterreligion«. Wenn dieser fast blinde Zittergreis sich mit weinerlicher Stimme zum Schlußgebet seinen zerschlissenen Zylinderhut aufstülpte, in den einer von uns vorher eine Flasche Kaisertinte (fließt blau, trocknet tiefschwarz) gegossen hatte, lachten wir uns naß, während die Tinte langsam über seinen weißen Ziegenbart floß.
Das Wichtigste nach Religion war Turnen zwecks körperlicher Ertüchtigung. In bräunlichen Turnanzügen, riemenlosen Zwangsjäckchen mit Armbinde, auf der als Vorläufer der Swastika die vier F's leuchteten: *Frisch Froh Fromm Frei!* Die Turnstunden in der Periode zwischen Turnvater Jahn und Baldur von Schirach waren umrankt von alldeutschem Liederkranzkäse mit schwulen Untertönen in der linken Hand, das Land der Griechen mit der Seele suchend. Dazu diente das stinkende »Häuschen«

(die Pißbude) auf dem Schulhof. Turnwart Marquart hat 1903 mit vier Jahren Zuchthaus dran glauben müssen. Wir Vorschulklepper taten, als wüßten wir weshalb und lachten uns in der Turnhalle beim Klimmzug, auf der Kletterstange oder beim Keulenschwingen verschmitzt ins Fäustchen. Im Speerwerfen, Kugelstoßen, Bockspringen, am Barren und am Pferd war ich mittelmäßig, Freiübungen und Riegenturnen lagen mir nicht, desto mehr Hoch- und Weitspringen, Barlauf, Drittenabschlagen, Dauerlauf und wilde Feldspiele am Sonnabendnachmittag auf dem Tempelhoferfeld. Schwimmen lernten wir in der Volksbadeanstalt Dennewitzstraße, wo es stank wie im Affenhaus. Die Kunst war, ins Schwimmbad zu pinkeln, ohne daß der Bademeister was merkte. Waghälsen gelang noch Schlimmeres. Bei allem wurde gesungen: im Gleichschritt mit Sturmgebrüll und Wogenprall, die Wacht am Rhein und Lützows wildeverwegene Jagd mit Echoeffekten. Bei meinem Lieblingslied »Imma langsam voran, imma langsam voran, daß der Krähwinkler Landsturm nachkommen kann!« konnte ich vor Lachen nichtmehr Schritt halten.

Ich war verächtlich klein mit etwas zu großem Kopf. Da ich federleicht war, konnte ich schnell rennen. Aus Übermut schmiß ich mich in vollem Lauf auf die spitzen Pflastersteine. Meine ganze Jugend durch blutete ich immer irgendwo und lachte der Wunden im stolzen Vorgefühl der juckenden Narben. Bei Klassenkämpfen warf ich mich aus purer Angst mitten ins Schlachtengetümmel, um alles zu vergessen, vor allem mich selbst: ein feiger Held. Ich übertrieb. Kein Spiel war wild genug. Bei einer Schneeballschlacht flog mir ein eisiger Schneeball mit voller Wucht ins Auge. Seitdem habe ich Angsthase keinen Ball mehr fangen oder werfen können.

Trotz meiner navigatorischen Begabung blieb mir der Ruderverein des Askanischen Gymnasiums verschlossen. Juden durften auch nicht ins Offizierskorps. Aus demselben Grund brachte ich es, ungeachtet hervorragender Leistungen am Reck (fast wäre mir einmal eine Riesenwelle geglückt) nur zum zweiten Vorturner der vierten Riege. Beim Schauturnen, wo die Eltern zukuckten, beschämend.

Unter ständiger Angst, es nie zu lernen, lernten wir fließend deutsch lesen und schönschreiben wie gestochen, in gothischer Schrift:

»Die Hörner des Ochsen sind hervorragend.«

Orthographie:

»Hinter L N R das merke ja,
Steht niemals TZ, nie CK!«

Wir lernten Axiome, Dogmen, Definitionen, Unsinn: Gehen ist fortgesetzt verhindertes Fallen. (Ist Leben fortgesetzt verhindertes Sterben?) Ich vernarrte mich in sprachliche Verschrobenheiten, in grammatikalische Spitzfindigkeiten. Subjekt Prädikat Objekt Attribut, adverbiale Bestimmung des Raumes, des Ortes und der Zeit. Wir lernten mit verteilten Rollen deklamieren: Glocke, Taucher, Bürgschaft. Wir lernten auswendiglernen, meistens Gedichte als Strafarbeit. Bis heut hab ich noch nicht gewagt, ein Wörtchen davon zu vergessen. »Man lernt um zu vergessen«, ohne zu lernen, wie man vergißt. Eins hab ich gelernt: wie man lernt. Wir lernten, daß Deutsch die schönste, reichste, einzigste Sprache dieser Welt ist:

»Muttersprache Mutterlaut
Wie so wonnesam, so traut!«

Wir lernten langweilige Aufsätze, mindestens vier Seiten lang, über langweilige Themen schreiben. Wir lernten Geschichte, aus Zahlen bestehend: 3,3,3 Issus Keilerei, 768–814 Karl der Große, 1618–1648 Dreißigjähriger Krieg, 1870-1871: der Krieg von achtzehnhundertsiebzig bis achtzehnhunderteinundsiebzig. Tief im Mittelalter blieben wir stecken, die Neuzeit war politisch nicht einwandfrei. Sieben Jahre lang büffelten wir Latein sieben lange Stunden jede Woche. Caesars Bellum Gallicum als Schlafmittel. Man übersetzte Worte, ohne zu einem Sinn zu gelangen. Wir lernten die unvergeßlichen Lateinregeln:

a ab abs e ex und de
cum und sine pro und prae

männlich sind die Worte all
auf or und os und r
auf s sofern der zweite Fall
hat eine Silbe mehr

als neutra man sich merken muß
die Worte auf ar ur und us
die Worte mit der Endung e
und die auf a c l n t

doch juventus virtus salus servitus senectus palus
merces seges quies auch
arbor weiblich sind im Brauch

die Worte mit der Endung is
sind feminini generis
auch die mit x und as
und s und o
und s mit Konsonant davor
brauch so

was man nicht deklinieren kann
das sieht man für ein neutrum an

neutra sind: vas das Gefäß
os oss iter ver und aes

Gleichzeitig lernten wir spielend das ABC der Liebe: Albert Brachte Clementine Durch Einen Finstern Gang Hinunter In Keller Legts Mädchen Nieder Okulierte Pokulierte Quetschte Rammelte Stemmte Tippte Und Vögelte Wohl Xmal Ym Zwielicht. Ebenso erfolgreich wurde uns Griechisch verleidet. Zwei Jahre durch Xenophons Anabasis, bis man entgeistert: »Talassa, talassa H_2O, H_2O!« schrie. Mit dem unvorhersehbaren Endresultat, daß ich vierzig Jahre später ein tiefes Interesse – ohne zu große Kenntnis – für klassische Sprachen habe. Das müßte das »Kleine Aas« wissen (ein tausendjährig bösartiger Zwerg Professor Dahms: »Ich bin der kleine Pelikan und habe weiße Hosen an!«), der versucht hatte, uns mit einem Rohrstock Begeisterung für die Schönheiten des Ablativus absolutus, des Gerundiums und des Gerundivums (A. c. I. war leicht) einzupauken. Französisch lernten wir mit Berliner Akzent und neidischer Verachtung, die jeder biedere deutsche von Tellheim jedem Falschspielerischen welschen Hochstapler (corriger la fortune) Riccaut de la Marlinière entgegenzubringen hat (aus Lessings Minna von Barnhelm, dem langweiligsten Lustspiel, das die Deutschlehrer mit Erfolg zu einem Glanzstück deutschen Humors gestempelt haben). Englisch war fakultativ, da Englisch keine Sprache war, sondern ein Handelsidiom. Bei der Zensur wurde es nicht angerechnet. Es war nur von gewissem Interesse für die bemitleidenswerten Schüler, die später in den Kaufmannsstand zu sinken hatten. Wir lernten, daß der an sich unleserliche Shakespeare erst durch die deutsche Meisterübertragung von Schlegel und Tieck zu seiner wahren Bedeutung gelangt sei.

Wir lernten in den langen Schuljahren falsche Begeisterung, aber keine fremde Sprache. Wir lernten, daß »Gebirge trennen, Meere verbinden« (Blut ist dicker als Wasser), aber wir lernten nicht, daß Sprachen mehr verbinden. Das lernte ich im Leben, dumm und stumm in fremden Landen.
Ich versuchte, hinter die Eigentümlichkeiten meiner Denkapparatur zu kommen: *Warum* war ich gut in Physik, schlecht in Chemie, gut in Geometrie, schlecht in Algebra, warum lagen mir grade Zahlen besser als ungrade, warum ist eins einfacher als zwei, warum konnte ich besser addieren als subtrahieren, besser multiplizieren als dividieren, warum war ich stark im Kopfrechnen, schwach in Brüchen?? Potenzieren ging noch, Wurzelziehn tat weh, bei Logarithmen versagte ich, von Sinus, Cosinus, Tangens, Cotangens ganz zu schweigen. Indikativ war leichter als Konjunktiv, Aktiv leichter als Passiv, Perfectum leichter als Futurum exactum, Dur leichter als Moll. Nord und Süd fand sich im Schlaf, Ost und West machen mir noch heut im Wachzustand Mühe. Ein vorzüglicher Erdkundelehrer (Professor Kraetsch, genannt Krikrakrä) half: »Wer Ost und West verwechselt, bekommt beim erstenmal einen Tadel, beim zweitenmal eine Stunde Arrest und beim drittenmal fliegt er!« Infolgedessen hat keiner von uns je gewagt, sich zu irren (»Girren ist menschlich« schrieb ich im Diktat; ich dachte, Herr Brauer stelle eine seiner gefürchteten Fallen.).
Unsere Erziehung war darauf aus, uns zu Offizieren, Beamten, Idioten und Helden zu machen. Man war Deutscher, Deutscher über alles. Man war Preuße kennt ihr meine Farben. Man war markiger Brandenburger: heilige Dreieinigkeit. Knorke. Nie war ich Deutscher. In Wahrheit war ich nur Berliner und bin's geblieben, immernur Berliner. Genauer: Südwestberliner und Westwestberliner. Die andern Stadtviertel waren Ausland. Holländer wurde ich nie; in siebzehn Jahren kaum Amsterdamer. Franzose war ich nie, immer nur ein Montparnos, de la rive gauche. Ich bin kein Amerikaner, nur leidenschaftlicher New Yorker, Manhattan. Ich bin Großstädter in gewissen Stadtteilen großer Städte. Vaterländer sind mir fremd. Naturschwärmerei war obligatorisch, obwohl man die Natur höchstens von Landpartien mit'm Kremser kannte (»Der alte Brauch wird nicht gebrochen, hier dürfen Familien Kaffee kochen!«). In Heimatkunde (Geographie für Vorschulklepper) lernten wir, daß Berlin bei weitem die schönste Weltstadt sei. Ehrfurchtsvoll hatten wir vorm Märkischen Museum den Roland von Berlin, den Stadt-

phallus zu bestaunen. Wir lernten die Namen der Straßen, die die Friedrichstraße kreuzen:
»*Unter den Linden* da tanzen die *Bären* und sprachen *Französisch* da kamen die *Jäger* und schossen die *Tauben* und setzten den *Mohren* die *Krone* auf. Darüber wurden die *Leipziger Kraus* und trieben den *Koch* durch die *Puttkammerstraße* zum *Halleschentor* hinaus.« Wir lernten, obwohl wir es schon auswendig konnten, wie überlegen wir Berliner sind, und daß es ein Fluch ist, als Kleinstädter, wenn nicht gar als Bauer!!, geboren zu werden. Provinzler und österreichische Lackl hat man auszulachen, besonders wegen ihrer Sprache. Dialekte sind Gebrechen, für die man selbst verantwortlich ist. Sächsisch, bayrisch oder ostpraißisch sind schaißlich. Das Schlimmste ist *mauscheln*, mit den Händen reden. Berlinern dagegen hat seinen unwiderstehlichen Charme. Wir waren höherstehend. Selbst auf die Wolkenkratzer lernten wir als lächerliche Aufschneiderei herabsehn, denn bei uns durften die Häuser wegen zu geringen Wasserdrucks und zu kurzen Feuerwehrleitern einundzwanzig Meter nicht übersteigen.
Deutschland mein Wintermärchen habe ich nur vom Erdkundeunterricht und der jährlichen Ferienreise gekannt. Die kleinste Reise schon wurde zur größten Katastrophe mit wochenlangen unfaßbar schwierigen Vorbereitungen. Mama verwandelte sich in einen Umstandskommissar, probepackte tagelang vielzuviele Koffer, Kisten, Pappkartons, Plaidrollen, Thermosflaschen etcetera. Es wurde hin und her, ein- und umgepackt mit Wiegen, Wägen, komplizierten Reservationen, Billettschaltern, Transporten, alles im Einvernehmen mit dem Hausarzt. Unausgesetzte Angst vor den Aufregungen des Umsteigens mit stehengelassenem Handgepäck und verpaßten Zügen. Angst, aus dem falschen Zug zu steigen. Keine Reise ohne Tränen. [...]

Auf einer späteren Ferienreise im wunderschön verregneten Monat Mai des Jahres 1960 kam ich, über ein halbes Jahrhundert nach meinen Schultagen, zurück nach Berlin, das inzwischen, mehr noch als ich, zur unumstritten allerhäßlichsten Ruine der Welt avanciert war. Wie auf meiner Hochzeitsreise wohnte ich im *Hotel am Zoo*, Kudamm (Fürsten rausjeschmissen, Nazis drinjelassen). Zum ersten Frühstück (Gegenstück zum letzten Abendmahl) wurde mir im Namen der Hoteldirektion eine »eisgekühlte Orange, saftgepreßt im Silberpokal« (»Seppvaständlich Appelsinen aus Israel, Herr Blumenfeld!«) serviert, echter Bohnenkaffee (ich hatte vergessen, daß es falschen gab) mit frischer Sahne, Mohnhörnchen, Semmeln, Knuppeln, Schrippen, westfälischem Schinken und Käseplatte. Unter leichtem Sprühregen machte ich mich auf den Marsch von WW (dem Neuen Westen) à rebours nach SW (Südwesten, wo meine Wiege stand). Gleich um die Ecke zeugte eine stehengebliebene Säule von verschwundener Pracht der häßlichen Fasanenstraßensynagoge. Übriggebliebene Berliner Juden hatte eine Gedenktafel angebracht, hebräisch, darunter deutsch: *Du sollst Deinen Nächsten lieben wie Dich selbst!* (3. Buch Mosis, Kap. 19 Vers 18). Als ich diese photopraphierte, kam ein Vater mit zwei Söhnchen an der Hand und einer fragte: »Wat knipst der da?« Der Vater kam näher, las laut die Inschrift und verkündete befriedigt: »Ick habse jern, wennse bescheiden sind!« Mich, den besiegten Sieger, packte ein sentimentaler Katzenjammer, wie ich durch den Trümmerhaufen der zerschlagenen Götzen meiner Kaiserjahre stolperte; allen voran die Kaiserwilhelmgedächtnisruine (zerschossen steht ihr gut!). Café Größenwahn: weg. Die Tauentzienstraße, strahlende Poussierallee meiner Pubertät, war zu einem provinzialen Jahrmarkt herabgesunken. Das Kadewe, Kaufhaus des Westens, unverändert im Messelstil von 1910, hat jeden Glanz verloren. (Als es eröffnet wurde, bewunderte ich hier die Flugmaschine, mit der Blériot 1909 erstmalig den Ärmelkanal in siebenundzwanzig Minuten überflogen hatte.) Wo das Haus Ansbacherstraße 56 gestanden hat, in dem Papa 1913 gestorben ist, beginnt mein Schulweg. Jeden Stein hab ich gekannt. Wo sind die Steine? Das Häusermeer von damals ist nun ein dürres Grasfeld mit chaotischen Haufen. Selbst der Himmel war angefressen. Plötzlich ein Schreck: mein Ortssinn, mein Brieftaubeninstinkt, auf den ich mir viel einbilde, hatte mich verlassen: die Siegessäule, die ich zum erstenmal in meinem Leben von hier frei sehen konnte, stand mit der frischvergoldeten Viktoria 45° westlicher als in meiner Erinnerung. Als ob der Arc de Triomphe plötzlich auf dem Montmartre stände. Erst zwei Jahre später erfuhr ich, daß Herr Hitler die Siegessäule zum Großen Stern umgepflanzt hatte. Am nächsten Morgen vollendete ich die sentimentale Pilgerfahrt zu meiner Schule: am Landwehrkanal lang, unter blühenden Kastanien. Die Spreezillen wurden nicht mehr von wilden Männern mit langen Krücken geschoben, sondern waren motorisiert. Vorbei am lugubren Hafenplatz, wo einst Strolche hausten. Bei der gelblichen Riesenruine des Anhalter Bahnhofs hörte die Welt auf. Dahinter auf freiem Feld, unbenagt vom Zahn der Zeit, standhaft und fest: mein Askanisches Gymnasium. Weggebrannt war der spatzenzwitschernde Efeu, die scheußlichste Backsteinkaserne funkelte in lichtem Ocker wie Kinderscheiße. Die Gegend: negative Natur, kein einziges Haus. Selbst das grüneiserne Café Wellblech (Pinkelhäuschen) Großbeeren, Ecke Halleschestraße hatte dran glauben müssen. An der falschen Ecke starrte eine neue Litfaßsäule trostlos in die Mondlandschaft mit Pusteblumen. Das Askanische allein stand grauenvoll streng, langweilig Respekt einflößend, wie die Seele des Herrn Direktors. Als ich wagen wollte, diesen Komplex zu photographieren, schien vom Klassenfenster der Untertertia O im zweiten Stock das Gesicht einer jungen Dame einladend auf mich herabzuschauen. Jede Hemmung und meine Jahre vergessend, stürmte ich die Granittreppe hinauf, der unerhörten Tatsache eines weiblichen Wesens in meiner Klasse nachzuspüren. Auf mein bescheidenes Klopfen schrie eine unwirsche Paukerstimme: »Rein!« Dreißig zwanzigjährige Berliner Gören, in Blue Jeans und Rollkragenpullover zu Cowgirls amerikanisiert, grinsten mich teilnahmslos an. Der Klassenraum starrte unverändert, weg war der Gipskaiser, die Gaslampen waren elektrifiziert. Nach wie vor thronte dasselbe Katheder unter derselben Schiefertafel, auf die der junge Lehrer kreidete: »Deutsche Kunstseiden erobern die Welt durch hervorragende Güte.« Mich brüllte er ohne jede Güte an: »Waswollnsie?« Ich versuchte, menschlich zu interessieren: »Vor fünfzig Jahren habe ich in dieser Untertertia gesessen.« Hohngelächter der Mänaden. Der Lehrer hob verächtlich seine Arme: »Wie Sie gesehn haben dürften, wertes Opfer eines Weltkrieges, ist dies kein Gymnasium, sondern seit altersher die ›Kaufmännische Gewerbeschule für weibliche Textilangestellte des Mehringplatzbezirkes‹!« (Mein alter Belleallianceplatz)! Als ich versuchte zu widersprechen, bat er Fräulein Schulz, den Schulwart Schultze zu holen, um diesen Störenfried rauszuleiten. Dabei versetzte er der Luft einen symbolischen Fußtritt. Fehlte mir die Geistesgegenwart, allein rauszugehn, oder war ich darauf aus, einen andern Angsttraum meiner Kindheit in Erfüllung gehn zu sehn? Jedenfalls kam ein kleiner Mann mit der roten Mütze eines Eisenbahnvorstehers und setzte mich an die frische Luft.

ERWIN BLUMENFELD

Mont-Viso

Der klapprige Frachtdampfer *Mont-Viso* hatte Kabinen für höchstens zwölf Passagiere. Vierhundertvierzig Emigranten wurden in zwei Laderäume dieses Totenschiffs verstaut. Ein schwimmendes Vernet. Bug: *Hommes*, Heck: *Dames*. Wir waren noch nichtmal raus aus dem Hafen von Marseille, Hitler entronnen, als eine heidnische Schlacht zwischen den Ostjuden (den dreckigen Pollacken) und den deutschen Juden (den dreckigen Assimilanten) entbrannte. Nur dem rigorosen Dazwischenschlagen unserer Bemannung, bestehend aus Urwaldgorillas, ist es zu danken, daß sich nicht alles gegenseitig über Bord geschmissen hat. Als wir bereits auf hohem Mittelmeer schwammen, starrte mich vom Titelblatt einer Zeitung, die jemand neben mir las, der junge d'O an, mit bandagiertem blutigem Kopf zwischen zwei Polizisten. Darunter in fetten Buchstaben: *Autobandit nach wilder Schießerei auf Canebière verhaftet*. Er hatte erst meine Papiere von den Messageries Maritimes geholt, mit ihnen in der Tasche einen Juwelier ermordet, und war hinterher zum *Loup de Mer* gerannt, um mir alles abzuliefern, ohne einen Cent zu verlangen. Am nächsten Tag haben sie ihn geschnappt.
Am übernächsten Morgen wurde in Algier Schwefel entladen, der uns grünlichgelb überpuderte. Dann ging's viel zu schnell über Oran durch die Straße von Gibraltar der afrikanischen Küste entlang nach Casablanca, wo keiner an Land durfte: Quarantäne! Hitlerorder aus Vichy. Wochenlang ließ man uns im siedenden Hafen auf glühendem Eisenschiff wie Spiegeleier braten, wobei sich, wie im Konzentrationslager, soziale Schichten kristallisierten. Bei täglich zunehmender Hitze wurden Menschen und Nahrung ungenießbarer. Bei abnehmender Verpflegung nahm die Scheißerei zu. Menu: Soupe forestière, Ragoût impérial, Légumes printaniers: immer nur Dörrgemüse unter verschiedenen Namen. Das Wasser stank, waschen konnte man sich kaum. Der Kapitän würdigte keinen von uns eines Wortes. Als Frachtfahrer haßte er Passagiere. Kassy, eine Rosenkreuzfahrerin, die sich lebhaft einbildete, Enkelin des Fürsten Bismarck zu sein, schlief mit dem Kapitän, angeblich

um dahinter zu kommen, warum wir im Hafen stagnierten. Er hat keine Silbe verloren (welche hatten an der Kajütentür gelauscht).
Am 22. Juni (Hitlers Einfall in Rußland) dampfte der *Mont-Viso*, ohne uns ein Wort zu sagen, unter Eskorte von französischen Torpedobooten aus dem Hafen von Casablanca ins offene Meer, Richtung Amerika. Passagiere umarmten sich schluchzend: *Gerettet!* Ich hatte keine Lust, die Nacht im kochendheißen Laderaum zuzubringen, blieb an Deck, in der Hoffnung, endlich das südliche Kreuz zu entdecken, entdeckte aber nur gegen Mitternacht zu meinem Entsetzen, daß der Polarstern am Horizont einen Kreis von 180° beschrieb: wir fuhren zurück. Verzweifelt rannte ich zum Kapitän, der mich mit einer Handbewegung wortlos von der Kommandobrücke wies. Am nächsten Morgen lag der Mont-Viso wieder an genaudemselben Fleck in Casablancas Hafenhölle. Nach einigen Tagen ankerte die *Alcina*, ein größeres Emigrantenschiff, das gerade sechs Wochen in Dakar geschmort hatte, neben uns. Erster Gedankenaustausch von Bord zu Bord Kaluscheks Gebrüll: »Habt Ihr Schweizer Käse??« Nach fast zwei Monaten im Hafen drohte bei uns die Pest auszubrechen. Um dem vorzubeugen kam eine Order, uns innerhalb von zwei Stunden in marokkanische Konzentrationslager abzuschieben: Erwachsene ins Atlasgebirge nach Kashba Tadla, Kranke und Leute mit kleinen Kindern nach Sidi-el-Ajachi, 100 km südlich von Casablanca. Bei sengendem Schirokkowüstensommer in einem Stechfliegennest hinter Stacheldraht bewacht von Senegalesen (viel menschlicher als die Gardes mobiles in Vernet), stöhnten wir im Juli des Jahres 1941 in elenden Lehmhütten unserem Ende entgegen. Mein Jüngster hatte Kopfläuse und Fieber mit regelmäßigem Plateau, man drohte mit der Typhusbaracke in Mazagan. Meine Tochter litt mit geschwollenen Lippen und Lidern ohne Worte an Skorbut, während ich mit meinem Taschenmesser an einem böseiternden Brustgeschwür meiner Frau rumstocherte. Als man sich nach dem ersten Schock auch an die Stechfliegenplage gewöhnt hatte, wurde es beinah romantisch in Sidi. Eines Morgens wurde sogar eine Riesenschlange, die ihren Kopf zu neugierig aus einer Tinette gestreckt hatte, erschossen und unter Kindergejubel durchs Lager getragen. Der Lagerkommandant, wiedermal ein alter deutscher Fremdenlegionär, lud mich zum Pfefferminztee in seinen Harem ein, ließ die Damen des Serails vor mir knien und befahl einer elfjährigen Scheherezade, die älteste Harems-

dame (28 Jahre alt) mit einem Staubwedel zu verprügeln, wozu wir Wasserpfeife rauchten.

Die Wachen konnten nicht lesen, doch honorierten ein Metrobillett aus Paris – das Loch gefiel ihnen – als Laisser-passer, präsentierten das Gewehr und öffneten zähnefletschend das Tor zur Märchenwelt. Wir entdeckten auf schwarzem Fels, hoch über kakaobraunem Fluß, das leuchtendweiße Traumstädtchen Azemmour aus Tausendundeiner Nacht mit Kalifen, Störchen, verschleierten Huris, Derwischen und Wunderrabbis. Wir liefen durch Kaktushaine, wo Kamele, von ihren Jungen begleitet, idyllisch im Kreis Wassermühlen drehten, durch sanftgrüne Dünen zum lauwarmen Ozean. Während wir badeten, rannten Araberjungens mit unseren letzten Schuhen davon.
Auf dem *Mont-Viso* hatten wir uns mit einem spanischen Grande und seiner schönen Frau Gesussa befreundet, die auf dem Weg nach Mexiko waren. Er war ein großer Kropfoperateur und Morphinist. Als es ihm im Lager zu bunt wurde, nahm er sich mittels einer Überdosis seines Lieblingsmittels teilweise das Leben und wurde im Koma ins Hospital von Mazagan überführt. Bereits zwei Tage danach wurde er dort Chefarzt und lud uns elegant zu einem homard flambé mit Champagner ein. Unsere Amerikavisen würden nach drei Monaten automatisch ihre Gültigkeit verlieren. In letzter Minute, Ende Juli, kam eine tüchtige Kommission der HIAS (Hebrew Immigration Aid Society), jüdische Zivilisten, die ohne Wichtigtuerei unsere Papiere begutachteten und Telegramme kabelten. Völlig unerwartet dampften wir am 2. August 1941 als Zwischendeckpassagiere auf dem portugiesischen Luxusdampfer *S. S. Nyassa* abgemagert bis auf die Knochen aus Casablancas Hafenglut hinaus in die Freiheit. Beim ersten Schiffsdinner verschlang mein Jüngster ein ganzes Pfund Zucker.
Stundenlang starrte ich von meinem Lieblingsplatz am Bug des Schiffes hinunter in die Woge, die wir ins Weltmeer furchten. Neuen Sorgen entgegen. Um mir Mut einzuflößen, dachte ich zurück, wie ich vor zwei Jahren New York im Handumdrehen erobert hatte, um mir daraufhin einzubilden, Amerika zu kennen und zu lieben. Wird es mich als Konzentrationslagerphantom überhaupt empfangen? Mir kleinem Emigranten blieb ja wirklich nichts anderes übrig, als mich blindbegeistert, von keiner Sachkenntnis getrübt, Illusionen an den Hals zu schmeißen.
Die bisherigen Kulturbeiträge der Neuen Welt liegen auf mei-

nem Gebiet, der Groteske. (E. A. Poe, Jazzmusik, Bourleske, Striptease, Slapstick und die Filmkomik von Charlie bis zu den Marx Brothers). Ich nahm mir vor, Kultur in mein neues Vaterland zu schmuggeln, zum Dank, daß es mich aufnahm.
Am siebenten Tag, hinterm Feuerschiff Ambrose verlangsamte sich die Fahrt. Möwen kreischten, Paßbeamte, Lotsen, Reporter kletterten an Bord. Ich erlebte zum zweitenmal, wie aufgeregte Passagiere sich ungeduldig mit Krimstechern an die Reling drängelten, um als erster den ersten Wolkenkratzer entdeckt zu haben. Aus sich lichtenden Nebelschleiern des Golfstroms tauchte silbergrünlich fern ein Landstrich, ein Dünenstreifen aus dem Atlantik: die Neue Welt! Dächer auf enttäuschend niedlichen Spielzeughäuschen, eins neben dem andern in kindischen Altdamenfarben: rosa, lila, frieda, hellblau, beige, eins wie das andere. Dahinter sinnlose Riesenspielzeugeisenkonstruktionen aus einem Meccanobaukasten: New Yorks Lunapark, Coney Island. Langsam glitten wir zwischen geschäftig tutenden Hafenbötchen an einem alten Mäuseturm (Fort Hamilton) vorbei in New Yorks Hafenenge, die Narrows. Erst zu allerguterletzt, unter Aufsicht der grünspanigen Liberty, stiegen die gigantischen Wolkenkratzerkulissen Manhattans lilagrau lasiert (jede Stadt hat ihre eigene Farbe, New York geht ins Violette) in den unmenschlichen Augusthimmel und entlockten Kulascheck das Kompliment: »Is dat alles??«

New York empfing uns mit offenen Armen und leeren Händen. Mein Chasebankkonto war blockiert (wurde nach wenigen Tagen anstandslos freigegeben). Freunde, die Geld versprochen hatten, um mir über den Anfang hinzuhelfen, versagten. Mit gepumptem Geld kaufte ich mir am nächsten Morgen einen Sommeranzug für 19.75 und ging zu Harper's Bazaar. Carmel Snow thronte, beide Füße unbeschuht auf dem mit Photos übersäten Schreibtisch, inmitten ihrer jasagenden Redaktricen und ihres nichtssagenden Artdirektors Brodovitch in ihrem glühendheißen Privatkontorchen. Ohne aufzustehn, ohne aufzusehn, befahl sie hocherfreut, als hätte kein Weltkrieg uns vor zwei Jahren getrennt: »Blumenfeld! vom Himmel gesandt: zwei Seiten von Huené sind unmöglich und er ist wieder in Ferien. Wir müssen morgen die Septembernummer abschließen. Gehn Sie schleunigst rauf ins Studio und machen fabelhafte Retakes. Ich sitze mitten in den Herbstkollektionen, eine der nächsten Wochen werden wir lunchen und Sie dürfen mir dann Ihre

Kriegserlebnisse auftischen. You look splendid. Jetzt aber machen Sie rasch ein paar echte Blumenfeldseiten, sensationelle masterpieces! We have to keep deadlines! So long!« Das klang vielversprechend niederschmetternd. Im bleikammerigen Bazaar-Studio, hoch unterm Dach, schwitzte ich bei 100° Fahrenheit und 1000% Feuchtigkeit ohne Aircondition an acht Seiten, bis ich nach Mitternacht auf einen Stuhl in Schlaf fiel. Beim Erwachen am nächsten Morgen wurde mir ein Brief in die Hand gedrückt. »My dear Blum: Wir alle sind entzückt, daß Sie mit Ihrer Familie sicher in U.S.A. angekommen sind, um wieder für Harper's Bazaar zu arbeiten. Da die gestrigen acht Photos in unserem eigenen Studio mit unserem eigenen Material aufgenommen wurden, müssen wir begreiflicherweise 100 Dollar per Seite für unsere Unkosten in Abzug bringen, sodaß Sie diesmal nur 150 Dollar per Bild erhalten. Love Carmel«. *Love* in der ersten Nacht für achthundert Dollar: *America for you.*

BERNWARD VESPER

Kindheit

[. . .]
Wenn das Morgenlicht die bunten Wiesenblumen auf dem dünnen Vorhang langsam hervortreten ließ, wie die Hitze der Kerze die Züge der mit Essig geschriebenen Geheimschrift, wenn das Hausmädchen an die Tür klopfte und das Licht anknipste, damit ich nicht wieder einschlief, lag ich noch einen Moment still, hörte die Atemzüge meiner Eltern hinter der mit Vögeln bemalten spanischen Wand, dachte an die nicht erledigten Schularbeiten, die ich noch bei irgend jemand abschreiben mußte, denn obwohl ich ein Aufgabenheft hatte, gelang es mir ab und zu, einen Teil der Schularbeiten, die unter der Aufsicht des Kindermädchens erledigt werden sollten, wobei sich die Zeit für die Spiele unendlich verkürzte, zu verschweigen: stand, als meine Mutter hinter der spanischen Wand rief: »Jetzt wird es aber höchste Zeit!« auf, schlüpfte in die Hausschuhe, den Frotteebademantel, huschte wortlos ins Badezimmer meines Vaters hinüber, das ist das Badezimmer für Männer. Ich konnte mein Gesicht in dem alten, von braunen Streifen überzogenen Frisierspiegel nicht ausstehen, man hatte mir die Haare auf Bürstenschnitthöhe abgeschnitten, sie mit einem ockergelben, stinkenden Öl eingerieben, ich hatte mir die Krätze geholt, das war eine Schande, die Kinder riefen: »Berni Glatzi! Berni Glatzi!« Ich haßte den Spott, ich haßte den Namen, der mir noch anhaftete, als die Krätze längst vergessen, die Haare wieder gewachsen waren und ich mich freute, wenn ich jemand begegnete, der diesen scheußlichen Namen noch nicht gehört hatte und ihn deshalb nicht anwendete.
Man muß die Zähne zweimal am Tag ordentlich putzen. Zuerst bewegt man die Bürste auf den Schneidezähnen hin und her, dann schiebt man sie rechts und links in die Backentaschen, um auch die Backenzähne zu säubern, dann öffnet man das Gebiß und reinigt die Innenseiten der Zähne, dann reibt man die Zähne von außen mit einer Auf- und Abbewegung, damit das Zahnfleisch fest und gesund bleibt. Die beiden Waschlappen sind: der Gesichtslappen für oben und der Polappen für unten, ebenso das

glatte leinene Handtuch fürs Gesicht, das Frotteetuch für den übrigen Körper. Ich ließ das Wasser laufen, hielt die Zahnbürste in den Strahl und stellte sie wieder ins Glas, feuchtete die Waschlappen an, zerknüllte die Handtücher, all das wird, wenn ich in der Schule sitze, kontrolliert werden. Ich finde es blödsinnig, sich zu waschen, wenn man aus dem sauberen Bett kommt, das jeden Freitag frisch überzogen wird, es reicht aus, mit den Händen einen Napf unter dem kalten Wasserstrahl zu bilden und das Gesicht mehrmals einzutauchen und es mit dem rauhen Frotteetuch abzurubbeln. Dies Gesicht, das ich haßte, das konturenlos und dicklich in meinen Händen lag, ich wollte ein Gesicht haben wie jener Junge, der im Haus wohnte, mit schmalen, scharfen Zügen, und hinter dem Haselbusch holte er seinen kleinen Schwanz aus dem Lederhosenbein und sagte: »Ich steck da einen Strohhalm rein.« Ich hatte nur diesen verdammten Bleyleanzug, den ich als die größte Demütigung meines Lebens empfand und holte meinen Schwanz aus dem Schlitz, denn er war älter und ich mußte es genauso machen wie er, um dazuzugehören, und zog die Vorhaut zurück und steckte den Strohhalm zwischen Vorhaut und Eichel und lief aufgeregt ein paar Schritte mit dem wehenden Halm, aber als ich mich umsah, hatte er seinen Schwanz wieder verpackt und stand da, die Hände in den Hüften und lachte mich aus: »Du bist doch der größte Idiot aller Zeiten.« Und ich fühlte eine *ohnmächtige* Wut.
Die Schultasche mit dem klappernden Griffelkasten, den Heften, die immer schmuddelig aussahen, ich hielt sie nicht ordentlich, ich achtete nicht auf meine Sachen, was sollte aus mir einmal werden. Unten in der Halle standen noch die Stühle auf den Tischen, die Teppiche waren zusammengerollt, der Staubsauger heulte, die Verandatür stand offen, ein eisiger Wind fegte herein. Hier frühstückte ich mit meiner Schwester, die Kinder der Flüchtlingsfamilien, die im Hause wohnten, frühstückten in ihren Zimmern mit den Müttern, das Mittagessen und Abendessen wird gemeinsam eingenommen. Die heiße Milch hinunterstürzen, das Brot zusammenklappen und auf die Faust, den Schulranzen an den Riemen greifen, der Blick zur Hallenuhr, wahrscheinlich ist es wieder zu spät, wir wohnten der Schule am nächsten, aber immer kam ich zu spät. Mußte neben der Klassentür Aufstellung nehmen und warten, bis der Lehrer das Klassenbuch hervorholte und den Tadel eintrug, bis er, vielleicht nach einer halben Stunde, mich beiläufig mit einem Blick streifte und sagte: »Jetzt kannst du dich setzen«, dann kroch ich in mich

zusammen und hoffte, daß der Morgen schnell vorübergehn würde.
Als ich aus der Schule kam und an der Anrichte vorbeiging, wo ein Mädchen die großen Suppenteller auf ein Tablett stapelte, um den Tisch zu decken, wußte ich, daß wieder etwas Schreckliches geschehen würde, wenn ich den Grießbrei, den es heute gab, nicht herunterkriegen konnte, wenn ich mich weigerte, von diesem groben, körnigen Zeug, auf dem zu allem Überfluß gelbe Butteraugen schwammen, zu essen. Das Mädchen, das mir die Nachricht hinterbrachte, sagte zwar, es gibt Mondaminbrei, aber ich wußte, daß man mich belügen wollte, wußte, daß sie es gut meinte, eine letzte Chance für mich darin sah, daß ich mich täuschen ließ. Ich saß vor dem Teller, alle andren waren längst fertig, man reichte sich rings um den Tisch die Hände und rief fröhlich »gesegnete Mahlzeit!«, die Halle leerte sich, ich saß vor meinem Teller, in dem der Grießbrei gelblich und kalt hockte wie die Katzenscheiße unter der Bank, die zu einem gräßlichen Untier verschimmelte und die ganze Bauernfamilie in die Flucht jagte.
Ich zog mit dem Löffel Kanäle für den blutroten Johannisbeersaft, den man mir, um die Sache schmackhafter zu machen, darübergegossen hatte, ich starrte die tausend aufgequollenen Körner an, die ich in den Mund nehmen und herunterschlucken sollte, ich sah mich bei den abdeckenden Mädchen nach Hilfe um, aber es war verboten, mir den Teller fortzunehmen. Es war streng untersagt, auch nur ein oder zwei Löffel abzuschöpfen und mir so die Aufgabe zu erleichtern. Was auf den Tisch kommt, ist zum Essen da, was auf dem Teller ist, muß aufgegessen werden, wir haben alle davon gegessen und du wirst schon nicht daran sterben. Viele Kinder, die in den Städten hungern, wären froh, wenn sie einen so herrlichen, mit reiner Milch und guter Butter und frischem Saft zubereiteten Grießbrei essen dürften. Es half mir nichts, daß ich beteuerte, ich wäre bereit, alles, aber auch wirklich alles sonst zu essen, ich brächte es nicht herunter, ich müßte kotzen, wenn ich nur einen Löffel voll des kalten, nach verfaulten Johannisbeeren schmeckenden Kleisters in den Mund nehmen müßte. Der Schlund gehorchte meinem Willen nicht, statt wie gewöhnlich bei der Berührung durch eine Speise eine Bewegung zu machen, die sie abwärts in die Speiseröhre befördert, preßte er das Zeug nach oben, in den Mund zurück, der sich füllte und, da ich mich wehrte, aufblähte wie das Bild des Nordwinds in meinem Kinderbuch, so daß ich dasaß mit gefüll-

tem Mund, den Brei weder heraus- noch hinunterbefördern konnte, so daß er sich einen Weg suchte in die Nase, in den Kopf, meinen Schädel füllte, sich mit dem Blut, das mir zu Kopf stieg, mischte, eine fürchterliche Angst mich packte, mein Kopf könne unter dem Druck platzen, so daß ich, da gerade niemand in der Nähe war, den Löffel in den Mund schob und nach und nach den Grieß auf den Teller zurückschaufelte.

Ich stieß den Teller über den Tisch zurück und wartete, denn es war verboten, aufzustehn. Ich sah, wie meine Mutter aus dem Salon auf mich zukam und fragte: »Bist Du fertig?« Und ich sagte: »Ich kann es nicht!« Und Tränen der Wut in den Augen. Offenbar sah sie ein, daß ich heute wirklich nicht in der Lage war und sagte: »Gut, dann geh jetzt«, und ich sprang auf und lief die Stufen zur Tür hoch, und sie rief hinterher: »Es gibt nicht eher etwas andres, als bis das aufgegessen ist. Ich werde es aufheben fürs Abendbrot.«

An diesem Nachmittag machte ich meine Schularbeiten mit Sorgfalt. Ich bedauerte, schon bald am Ende zu sein, ich arbeitete vor, Aufgaben, die erst in ein paar Tagen fällig waren, ich versuchte, den Stoff zu strecken, ich hoffte, die Arbeit so lange ausdehnen zu können, bis plötzlich die Nacht da war und keine Zeit mehr, um vor dem Schlafengehen essen zu müssen. Ich versuchte aber und abermals, eine gerade Linie zu ziehen. Ich kann keine gerade Linie ziehn, selbst mit einem Lineal nicht, die Fingerkuppen, die das hölzerne Lineal halten, sind dem Stift im Wege, die Linie bekommt drei Beulen. Ich sah, wie andre Kinder ohne Lineal einen Satz unterstrichen, diese Linie war gerade wie ein Messerschnitt. Bärbel konnte mit freier Hand einen Kreis zeichnen, der Zirkel, den ich mit der Spitze einsetzte, rutschte ab, das gibt im Leben keinen Kreis, die Enden treffen sich nicht, es war zum Verzweifeln. Aber immer noch besser, als daran zu denken, daß der Abend kommen würde. Und als der Abend kam, ging ich ins Schlafzimmer, das Bett war noch nicht aufgedeckt. Ich zog mich aus, kroch unter die Decke, drehte das Gesicht in die Ecke, die vom Schirm und der Wand gebildet wurde, hielt die Hände vor die Augen und suchte den Schlaf.

Aber dann hörte ich das Klingelzeichen, dann wurde mein Name gerufen, ich hörte Schritte, man riß alle Türen auf, der Lärm kam immer näher, plötzlich stand das Zimmermädchen vor meinem Bett. »Es gibt Abendbrot«, sagte sie. »Mir ist schlecht«, sagte ich in meiner Ecke, »ich möchte schlafen.« Sie lief hinunter und kam zurück und sagte: »Du sollst Dich anziehn und erscheinen.« Ich

sah die fetten, bösen Gesichter im gelblichen Licht, das sich schräg durch die Fenster einen Weg bahnte, ich sah das freundliche, gemeine Grinsen, die Kinder waren schon gegangen, hier saßen die Erwachsenen, ich dachte an die kollerigen Truthähne, die sich vor dem Futternapf aufreihen, niemand sagte etwas, es war ganz still. Der weiße, mit der rotgelben Masse gefüllte Teller stand unten am Tisch. Ich blieb unter der Tür stehn und starrte ihn an. Mein Vater rief: »Nimm den Teller und geh nach nebenan; ich mag dies beleidigte Gesicht nicht sehn!« Ich nahm den Teller in die Hand, meine Mutter sagte: »Wir haben Dir noch etwas frischen Saft darüber getan, das schmeckt wirklich gut!« Ich fühlte die Wärme des Bettes noch am ganzen Körper, ich merkte, wie er abkühlte, wie er steif und gefühllos wurde. Ich trug den Teller in den Salon meiner Mutter. Jemand stand auf und schloß die Tür hinter mir, und ich hörte Gemurmel und Worte und bald Gelächter und saß vor dem Teller, der auf einem ganz kleinen Tisch stand, und starrte ihn an und wußte, ich würde eher sterben, als auch nur einen Bissen davon zu essen. Und ich wußte, daß niemand mir helfen würde, daß jeder Angst hatte vor der krachenden Stimme meines Vaters, vor den geschwollenen Adern an seiner Stirn, vor den donnernden Beleidigungen. Sie wohnten in seinem Haus, sie aßen an seinem Tisch, sie lachten, wenn er einen Witz erzählte, sie verehrten ihn, sie liebten ihn.
Der Salon liegt zu ebener Erde. Draußen vor dem Fenster rankt sich Wein an einem Spalier bis ins zweite Stockwerk, ein Fenster stand offen. Ich zog meine Sandalen aus, nahm den Teller in die Hand, schlich zum Fenster, stellte den Teller auf das breite Fensterbrett, stieg zum Fenster hinaus, kriegte Halt an dem Weinspalier, nahm den Teller in die Rechte, klammerte mich mit der Linken an den braunen Rahmen, kletterte Sprosse für Sprosse hinunter, fühlte den weichen Boden des Beetes unter mir, duckte mich, lief unter den Fenstern durch zum Gartenschrank, holte den Spaten, grub ein Loch, schüttete den ekligen Brei hinein, schaufelte das Loch zu, brachte den Spaten zurück, stieg durchs Fenster ein, stellte den leeren Teller auf den Tisch und setzte mich und dachte nach. Ich war frei. Ich konnte gehn. Ich konnte gehn, wohin ich wollte, ich konnte die andren Kinder suchen und mit ihnen durch den abendlichen Park laufen, ich konnte zurückgehn ins Bett und schlafen und vergessen. [...]
Ich öffnete die Tür zur Halle, ging rasch an den dort Sitzenden vorbei, das Gespräch verstummte. »Ich bin fertig!« sagte ich

kurz. Verandatür – und hier, als ich dem Terror entronnen war, setzt die Erinnerung aus. Ich hatte das Entsetzliche aus der Welt geschafft, der ungeheure Druck, der mir den Nacken gebeugt hatte, ließ nach, ich lief, ich weiß nicht mehr wohin, und kam erst, als es dämmrig wurde, zurück. Meine Mutter stand im Garten und wässerte die Rosen, sie sah an mir vorbei, sie sagte: »Dein Vater will Dir noch gute Nacht sagen«, ich zuckte zusammen, ich kapitulierte, ich ging widerstandslos weiter, ich stieg die Treppe hinauf, die Tür seines Zimmers am Ende des dunklen Gangs schien unendlich fern, ich schleppte mich an den Bücherregalen vorbei, ich klopfte an, ich hörte sein »Herein«, ich öffnete die Tür. Noch verdeckte ihn der Kachelofen, beim nächsten Schritt sah ich ihn, er lag auf dem Sofa, er legte das Buch aus der Hand, er nahm die Lesebrille ab, er schnappte nach Luft und schrie: »Schämst Du Dich nicht! Schämst Du Dich gar nicht?« Er sprang auf, er zitterte am ganzen Körper, er hatte einen feisten Bauch, mein Gesicht war in der Höhe seiner bebenden Gürtelschnalle. »Mein Vater hat mich drei Dinge gelehrt«, schrie er mit seiner dunklen, dröhnenden Stimme, »erstens: spotte nie über körperliche Gebrechen andrer! Zweitens: belustige Dich nie über den Namen andrer Leute, für seinen Namen kann keiner! Drittens: wirf nie Brot auf die Erde! Hast Du verstanden? Wirf nie Brot auf die Erde! Brot ist etwas Heiliges in dieser Welt des Hungers und des Elends! Ich bin alt geworden und habe diese goldnen Regeln meines Vaters immer beherzigt. Ich dulde nicht, daß mein eigner Sohn sie mißachtet! Wir haben die Spur unter dem Fenster gefunden, wir haben den Teller aufgehoben, an dessen Rand man deutlich sehn kann, daß er ausgegossen wurde, wir haben schließlich das Loch aufgegraben! Man könnte meinen, man hätte es mit lauter Wahnsinnigen zu tun!«
Ich hörte nicht mehr hin, ich fühlte nichts mehr, ich sah, wie er zum Bücherregal ging, wo über den Kunstbänden und Geschichtswerken der Siebenstriem lag, er stürzte sich auf mich, legte mich über die harte, hölzerne Lehne seines Sofas, drückte mir mit einer seiner großen Hände den Kopf herunter und schlug auf mich ein. Es brannte höllisch (ich fühlte nichts), ich fühlte mich hilflos (Tränen liefen aus meinen Augen über die herunterhängende Stirn, ich schrie nicht). Er schlug zögernd, fast mißmutig, als ob er sich einer Verpflichtung entledigte, nicht aus wilder Freude, sondern weil es sein mußte. Nach einiger Zeit hörte er auf. »Jetzt geh ins Bett«, rief er ermattet, »ich will Dich nicht mehr sehn.« Ich kletterte vom Sofa herunter, ging langsam zur

Tür, der Ofen drehte sich vor mir, die Bücherrücken flackerten. »Gute Nacht«, sagte ich, als ich die Tür öffnete. Er sagte nichts, er stand da, erstarrt, den Siebenstriem wie eine gesenkte Fackel in seiner Rechten.

Am nächsten Tag redeten meine Eltern kein Wort mit mir, und die Kinder lachten mich aus, weil ich mich hatte erwischen lassen, und sie essen Grießbrei doch so gern, und die Mädchen redeten nur mit mir, wenn gerade niemand in der Nähe war. Eine Woche lang mußte ich vor dem Nachtisch aufstehn, und am Sonntag gab es keinen Kuchen. [...]

»Ja«, sagte meine Mutter, »unser Sohn ist jetzt im Trotzalter, man kennt das ja, aber wir haben eine sehr gute Methode entwickelt. Wenn er einen Bock kriegt, stellen wir ihn vor die Tür, und wenn er wieder vernünftig ist, darf er hereinkommen, da gibt es überhaupt keine Probleme.«

Und man begann, mich daran zu erinnern an jene Zeit, wo ich ein höflicher, bescheidener Junge gewesen war, über den irgendein Idiot, der meinen Vater besuchte, in seinen Erinnerungen so lobende Worte geschrieben hatte, und den sie, meine Eltern, die jetzt die schlechten Einflüsse, die mich verzogen hatten, zu meinem eigenen Besten bekämpften, Einflüsse, die von irgendwoher, von andren Kindern, aus der Schule, aus dem Dorf in das gut funktionierende System ihrer Erziehung einbrachen, ein Junge, den sie bereits für die Diplomatenlaufbahn vorgemerkt hatten. Aber wenn ich schmutzig war, wenn ich unordentlich war, wenn ich nicht jeden Befehl, den ich erhielt, mit den Worten »ja, verstanden« wiederholte, wie das beim preußischen Militär üblich, das für die dort herrschende Ordnung in der ganzen Welt berühmt und gelobt, – wie könnte dann je im Leben etwas aus mir werden. [...]

Mittags, wenn alles schlief, holte ich mir den Schlüssel zur Küche vom Schrank herunter, schlich zum Eisschrank, trank die Sahne von der Milch, grabschte eine Handvoll Kirschen, verschloß die Tür lautlos, lief, aufgeregt springend, die Früchte in der Hand, hinter die Gartenbutze, setzte mich aufs Holz, gab den Kindern, die dort warteten, von den Kirschen. Plötzlich stand mein Vater vor uns, der vom Badezimmerfenster aus mich beobachtete, an der Schnelligkeit, der Freude, mit der ich hinter dem Haus verschwand, gemerkt, daß ich wieder etwas ausgefressen, »so«, rief er, »Du willst also in diesem Sommer keine Kirschen mehr essen?« Und schlug mich nicht. Er hatte keinen Stock dabei, vielleicht war auch der Anlaß zu gering; er schlug nie mit der Hand, er hatte seine menschlichen Grundsätze. Und als meine Mutter in der Stadt, das Taxi, das vorgefahren, sich entfernt, öffnete ich den Schrank, in dem sie die Zigaretten für die Gäste, denn rauchen ist ungesund und hier wird nicht geraucht, und versteckte sie auf dem Speicher des alten Hauses hinter der Räucherkammer, die man über die schmale Bodentreppe und eine Leiter, die an den Dachbalken lehnte, erreichen konnte. Hier, wo unter den Ziegeln das Stroh der Starennester hervorstarrte, saßen die Kinder und rauchten, und ich steckte eine Zigarette an und hustete, das Zeug beizte die Zunge, irgendwie war es unfaßlich, daß Leute daran Gefallen finden konnten.

Und ich merkte, daß etwas sich veränderte im Verhalten meiner Mutter, und mein Vater sagte: »Deine Mutter will mit Dir sprechen.« Und ich klopfte an die Tür des Salons, sie saß an ihrem Biedermeierschreibtisch und ordnete irgendwelche Papiere und sah mich nicht an, sondern ließ mich an der Tür warten, bis sie zu irgendeinem Ende ihrer Arbeit gekommen war. Dann fragte sie, ohne den Kopf zu bewegen: »Was hast Du mir zu sagen?« Ich antwortete: »Nichts!« Und sie sagte: »Überleg es Dir bis morgen.« Und am nächsten Tag fragte sie, als ich an der Tür stand, am Rande des Bucharateppichs, auf den man nicht mit den schweren Schuhen treten darf, denn er ist sehr wertvoll: »Hast Du wieder so viel ausgefressen, daß Du gar nicht weißt, was Du mir zu sagen hast?« Und als ich schwieg, begann sie zu schreiben, und nach einer halben Stunde sagte sie: »Wie ist es denn zum Beispiel, wenn man raucht?« Und ich hatte schon wieder gestohlen, und als Martin Luther zwei Nüsse vom Tisch nahm, schlug ihn sein Vater, daß ihm das Blut übers Gesicht lief, aber ›er meinte es doch herzlich gut mit mir‹. Und ich sagte: »Ich weiß nichts davon.« Und hatte meine Mutter angelogen, und mein Vater sagte, ich sollte mich bei ihr entschuldigen, denn seine Mutter belügt man nicht, einer Mutter kann man alles erzählen. Sie redete einige Tage nicht mit mir, und als ich keine Anstalten machte, ›die Sache aus der Welt zu schaffen‹, sagte mein Vater: »Bis heute abend muß die Sache aus der Welt geschafft sein.«

Und ich legte mich unter das Bett meiner Schwester und ließ mich nicht mehr blicken. Man rief mich im Park und im Haus, aber niemand hatte mich gesehn, dann kam das Mädchen, das vor dem Schlafengehn die Betten aufdeckt und die Bettvorleger, die tagsüber unter den Betten liegen müssen, damit man nicht mit

Schuhen darauf tritt, unter dem Bett hervorzieht, und ich fürchtete, sie würde, wenn sie sich bückte, mich unter dem Bett entdecken und mich verraten, und ich schob, bevor sie sich bücken konnte, den Teppich nach vorn. Da entdeckte sie mich und sagte es meiner Mutter, die im Garten arbeitete, die in ihren Salon ging, die sich an den Schreibtisch setzte und auf die Nachricht wartete, daß ich käme, um mich zu entschuldigen. Das Abendessen, das Punkt halb sieben beginnt, kam näher; es blieb mir wenig Zeit, ich ging durch die Halle, klopfte an die offenstehende Salontür, meine Mutter saß an ihrem Schreibtisch, ich sah nur ihren feisten Schatten vor dem Gartenfenster, ich näherte mich ihr bis auf drei Schritte und flüsterte: »Ich entschuldige mich.« »Wofür?« fragte sie mich. (Nimm die Zähne auseinander, Kerl. Laut und deutlich sprechen. Immer im ganzen Satz antworten.) »Ich entschuldige mich dafür, daß ich Dich belogen habe.« »Aha«, sagte sie, »jetzt fällt es Dir wieder ein. Du hast geraucht.« »Ja«, sagte ich. Später sagte sie meinem Vater in meiner Gegenwart, ich hätte mich nicht sehr überzeugend entschuldigt, aber für diesmal wolle sie Gnade vor Recht ergehen lassen.
Und an einem Nachmittag, als niemand im Haus war und die Mädchen in der Plättstube flickten, nahm ich den flachen, großen Achat in die Hand, unter den man die Briefe legte, die Punkt fünf durch das Kind, das an diesem Tag Postdienst hatte, zur Post gebracht werden mußten, ein glatter, kühler, braungelber, von weißen Schlieren durchzogener Stein, dessen Oberfläche schon so schön und geheimnisvoll im Halbdunkel des Flurs leuchtete, daß es nicht auszudenken war, wie sein Inneres beschaffen sein mußte, um das Licht zu erzeugen, das aus ihm hervorzubrechen schien. Ich holte einen Hammer und zerschlug den Stein und sah die schrundige, stumpfe Bruchstelle, verglich sie mit der polierten Oberfläche, und tiefe Enttäuschung befiel mich. Ich holte Uhu und klebte den Stein wieder zusammen, und als man den Schaden nach ein paar Tagen entdeckte, konnte man nicht mehr feststellen, wer ihn geschändet hatte, der Verdacht fiel auf mich, aber die Tat lag lange genug zurück, ich hatte kein schlechtes Gewissen mehr, und es gelang mir, völlig glaubwürdig zu lügen.
Am ersten Regentag, als wir in der Plättstube, die zwischen den Waschtagen nicht benutzt, spielten, zerstörten wir die scheußlichen Wandbilder, die Renate dort angebracht, bohrten mit den Fingern in der Fitzwand, schmierten rote Kreide und Wasser über die blauen Pferde, die Heidehäuser, die läppischen Bauern.

Und plötzlich hörten wir Schritte heranstürmen, die Tür sprang auf, Marlene stürzte herein, griff mich, ich weiß nicht, warum mich, fensterte mir eine, der erste Schlag ins Gesicht, und am Abend lief alles hin, um sich das Werk der Zerstörung anzusehn und in Klagen auszubrechen über den unersetzlichen Verlust, und dann wieder mein Vater und der Siebenstriem, aber ich hatte in seiner Abwesenheit drei der braunen, harten Lederstriemen, die unten einen Knoten hatten, rausgeschnitten, und es schmerzte nicht mehr so stark.
Ich wurde nur wenige Male geschlagen. Und diese Schläge hätten nicht ausgereicht, mich den Haß zu lehren. Ich wußte immer ziemlich genau, wofür man mich schlug. Ich fand die Wandbilder widerlich, und ich hatte recht damit. Aber ich hatte eine unbestimmte Ahnung, daß die Erwachsenen, die ich durch meine Taten herausforderte, nicht anders reagieren konnten. Die Welt, die wir Kinder uns gemacht hätten, hätte von ihrer nichts mehr bestehn lassen. Wenn sie Gewalt einsetzten, waren die Fronten klar. Sie mußten bei der Frage ›entweder wir oder ihr‹ eine Entscheidung zu ihren Gunsten *erzwingen*. Die unendliche Gemeinheit lag nicht in der offenen Konfrontation, denn daran gab es nicht viel zu durchschauen, sondern in den hinterhältigen, langsam, aber entsetzlich wirkenden Methoden. Die blauen Flecken der Schläge vergehn. Aber die Verheerungen, die sie dadurch anrichteten, daß sie die Bedürfnisse nach Freiheit, Liebe und Kreativität zerbrachen, sind nie mehr rückgängig zu machen.
Diesmal blieb es nicht bei den Schlägen, mein Vater schien tiefer gekränkt als je zuvor. Den Angriff auf die dilettantische Malerei empfand er als Angriff auf irgend etwas sehr Wertvolles, als eine ausgemachte Roheit, die das, was ein Kind normalerweise nicht durfte, weit überschritt. Es war etwas in mir, das sich gegen seine Werte stemmte, etwas, das nicht von ihm stammte, etwas, das nicht von meiner Mutter stammte, oft sagten beide wie aus einem Munde: »Von mir hat er das nicht.« Diesmal war er es, der nicht mehr mit mir sprach, und da sich meine Mutter seiner Bestrafungsaktion anschloß, vergingen Tage, Wochen, ohne daß sie meinen Gruß erwiderten, meine Fragen beantworteten, das Wort bei Tisch an mich richteten, mich riefen, mir etwas auftrugen, mich befragten, wo ich gesteckt, mich losschickten, mich ermahnten, mich zurückwiesen. Ich lief durch das Haus, durch den Park, ich überquerte die Wiese, das durften wir nicht, ich lärmte, ich machte mich auf alle möglichen Arten bemerkbar,

ich reichte ihnen bei Tisch das Brot, ich goß ihnen Milch ein, ich brachte meinem Vater den Hut, als er ihn suchte, ich machte den Hund los, wenn er das Haus verließ, weil er ihn immer mitnahm. Ich sprach nur noch mit den Kindern; wenn meine Eltern etwas von mir wünschten, ließen sie es durch das Kindermädchen ausrichten. Eines Nachmittags, als angespannt wurde und meine Eltern ins Moor fuhren, meine Schwester mitnahmen, mich allein zurückließen, schrieb ich mit vielen Buntstiften einen Zettel: »Lieber Vater, bitte rede wieder mit mir, sonst komme ich nie wieder.« Ich zog eine goldene Kordel durch das Blatt und hängte sie an seine Zimmertür und holte aus dem Schrank meiner Mutter zwei Kerzen und aus der Küche etwas Brot und Backobst und versteckte mich auf dem oberen Flur hinter einem langen Einbauschrank, der an einer Dachschräge stand, so daß dahinter ein etwa fünf Meter langer Gang entstand, in den ich gerade hineinpaßte.

[...]
Ich saß da, die Kerze flackerte, in der Ecke hingen schwarzbestaubte Spinnweben, auf dem Boden klebte angetrocknete Hundescheiße. Ich war den Tränen nahe, ich nahm eine Pflaume in den Mund und kaute auf ihren sauren Runzeln herum. Ich dachte zum ersten Mal daran, wegzugehn, wirklich und für immer; ich überlegte meinen Fluchtweg, aber ich kam nicht weiter als bis zum Parkzaun, bis zum Bahnhof vielleicht, aber darüber war ich noch nie hinausgekommen, ein oder zweimal war ich in Gifhorn gewesen, aber dort konnte ich nicht bleiben, man würde mich finden und zurückbringen. Oder sollte ich durch die großen Wälder im Westen oder Norden davonlaufen, ich würde ins Moor geraten und dort versacken, ich würde mich verlaufen, das Essen, das ich klauen konnte, würde höchstens für ein paar Tage reichen.
Als mir klar wurde, daß ich dasaß, gefangen auf diesem kleinen Stück Land zwischen den Parkzäunen, ausgeliefert allem, was man mit mir machen würde, heulte ich wirklich los. Ich unterdrückte die Laute, um mich nicht zu verraten. Auf einmal hörte ich Schritte; mein Vater ging ins Badezimmer. Ich hörte das Klosett rauschen, er ging zurück, an der Tür blieb er stehen, eine Weile lang regte sich gar nichts, dann hörte ich sein Lachen, und während er noch lachte, rief er nach meiner Mutter, und dann hörte ich ihn halblaut sagen: »Das ist ja eine furchtbare Drohung!« Und als meine Mutter unten an der Treppe erschien, sie

scheute wegen ihrer Beleibtheit die Stufen, rief sie: »Was ist denn?« Und mein Vater rief: »Unser Herr Sohn hat uns einen Brief geschrieben!« Und dann las er den Text vor, den ich mir ausgedacht hatte, und meine Mutter rief: »Das werden wir auch noch überleben!« Da klingelte es zum Abendessen, und alles lief in der Halle zusammen, niemand rief nach mir, niemand suchte mich, die Mündung des Ganges, in dem ich hockte, wurde dunkler, die Nacht kam.

Ich schlich mich heraus und ging ins Badezimmer und pißte, ohne zu ziehen, zog ich mich zurück. Dann war das Abendessen beendet, und die Leute standen noch eine Weile vor der Halle und schwatzten, dann gingen sie in ihre Zimmer, einige am langen Schrank entlang, nur einen Meter entfernt. Sie redeten über gleichgültige Dinge. Ich überlegte, was ich tun könnte. Ich hatte keine Verbündeten. Die Mädchen, die uns heimlich halfen, würden es nicht wagen, sich einzumischen. Ich mußte mir eingestehn, daß ich verloren hatte. Ich blies die Kerze aus und wartete, bis alles ganz still geworden war. Meine Schwester schlief schon, ich schlich mich ins Schlafzimmer, zog mich im Dunkeln aus und legte mich ins Bett.

Ich lag wach, bis meine Eltern schlafen gingen, sie merkten, daß ich zurückgekommen war, redeten nicht darüber. Ich lag da mit geschlossenen Augen. Am nächsten Tag sagte mein Vater: »Laß diesen Unsinn!« Und so hatte er sein Gesicht gewahrt und gleichzeitig mit mir zu reden begonnen.

Eines Tages sah ich vor dem großen Spiegel unter dem Achatstein einen Brief, der an meine Patentante Ilse gerichtet war, die in einer Mansarde des Hauses wohnte, ohne Briefmarke, der weiße Umschlag war noch verschlossen, warum hatte sie ihn nicht geöffnet, der Brief schien herrenlos, ich nahm ihn, schloß mich im Badezimmer ein, öffnete und las ihn. Es stand irgend etwas darin, was mich nicht interessierte. Ich zerriß den Brief, warf ihn in die Schüssel und zog. Am Nachmittag vermißte man den Brief, begann ihn zu suchen, ich beteiligte mich daran, kroch unter die Kommode: »Vielleicht ist er hier?« Aber der Brief blieb verschwunden. Ich sagte keinen Ton. Nach dem Abendessen rief mich mein Vater in sein Zimmer, da stand meine Patentante, sie sagte: »Warum hast Du nicht gleich gesagt, daß Du den Brief ins Klo geworfen hast?« »Ich habe ihn nicht ins Klo geworfen.« »Lüg nicht!« sagte mein Vater, »Du hast vergessen, daß Papier auf dem Wasser schwimmt.« Er hielt einen Fetzen des Briefes hoch, den er aus dem Klo geangelt haben mußte. Ich schwieg.

»Vielleicht erledigst Du das mit ihm«, sagte mein Vater zu meiner Patentante.
Sie nahm mich mit in die Mansarde. Ich setzte mich an ihren Schreibtisch und heulte. »Es war ein wichtiger Brief!« sagte sie, »außerdem ist es verboten, fremde Briefe zu öffnen. Das nennt man Briefgeheimnis.« (Der geheimnisvolle Brief, den ich von der Kommode nahm, den ich, auf der Brille sitzend, aufriß, um sein Geheimnis zu ergründen...) Ich verstand nicht, was sie sagte. »Im *Leben* wird das mit Zuchthaus bestraft«, sagte sie. (Die Zuchtrute, die Zuchtstute, das Findelhaus, das Zuchthaus.) »Im Leben«, sagte sie, »Du mußt es rechtzeitig lernen, sonst wirst Du Schwierigkeiten haben.« »Ja«, sagte ich. »Das darfst Du nicht wieder machen«, sagte sie. »Ja.« Irgendwie kam sie nicht richtig in Fahrt. Ich merkte, daß es nichts weiter geben würde und die Sache interessierte mich nicht mehr. Das war die Zeit, als meine Mutter anfing, über mich nur als »mein ungeratener Sohn« zu reden. Natürlich sagte sie das nur scherzhaft.

Es war an einem Abend im Juli, die Verandatür stand auf, ich saß in meinem Bett, die Nacht kam. Ich stand auf, ich teilte die Vorhänge und sah hinaus in die schwarzen Schatten des Parks. Oben drüber ein paar Sterne. Von der Tür kam ein Luftzug, mich schauderte. Ich öffnete das Fenster. Ich spürte, wie sich etwas in mir bewegte. Ich ging auf Zehenspitzen ins Zimmer meiner Schwester, holte einen Bleistift und ein Heft aus meinem Schulranzen. Ich stand am Fenster, den Bleistift in der Hand, ich sah in die Nacht hinaus, ich hörte einen Zug über die Allerbrücke donnern, weit entfernt. Der Himmel wurde dunkler, die Zeit verging. Ich wollte etwas aufschreiben, ich wollte morgen, wenn ich es las, noch einmal diesen Augenblick erleben. Ich schrieb: ›Es handelt sich um eine Sternennacht.‹ Ich konnte das Heft kaum erkennen, ich schrieb es einfach blind hin. Ich sagte mir den Satz noch einmal laut vor. Ich merkte, wie erbärmlich er klang, nichts von diesem Sommer, der den Atem anhielt, nichts von meinem zitternden Körper unter dem dünnen Nachthemd. Ich legte den Bleistift hin. Ich kroch in mein Bett zurück. Ich wagte nicht, zu denken, denn all das, was ich dachte, war etwas ganz andres als das, was ich eigentlich denken wollte, was nur in meinem Körper steckte, in der Brust, in den Lungen, die auf- und abschwollen. Ich schlief ein.
Am nächsten Tag sagte meine Mutter beim Mittagstisch: »Unser Sohn ist unter die Dichter gegangen.« Sie holte unter dem

blauweiß bedruckten Set das Heft hervor und las: »Es handelt sich um eine Sternennacht. Aus. Weiter ist der Roman bisher nicht gediehen.« Ich erstarrte. Ich hörte ein unbändiges Gelächter. Ich fühlte, daß ich unter eine schäbige Bande geraten war, ich sprang auf, wollte hinausstürzen. »Bei Tisch bleibt man sitzen, bis alle fertig sind!« sagte mein Vater. Später erstellte Herr Doktor Schmidt, der Sekretär meines Vaters gewesen war, ein ›Hausquartett‹, in dem alle geflügelten Worte des Hauses enthalten waren. »Haben Sie vielleicht: Es handelt sich um eine Sternennacht?« »Bedauere, aber haben Sie vielleicht...« Ja, sie hatten keine Schwierigkeiten, das auszudrücken, was sie empfanden. Ich war eingekreist.

[...]
Vor Ostern, ehe unser Park sich belaubte, mußten wir Holz sammeln, die von den Winterstürmen herabgeworfenen morschen Äste, die beim Fällen des einen oder andren toten Baums zurückgebliebenen Zweige, den Schneebruch, die Brombeerranken, die Szinke ausriß, man muß sie ausreißen mitsamt der Wurzel, sonst kommen sie wieder. Im Krieg waren Osterfeuer verboten, ein riesiger Stapel hatte sich auf der Osterfeuerwiese angesammelt, dort bauten wir unsre Hütte, bis zu jenem Ostern, da Unbekannte Feuer an das Reisig legten und der ganze Haufen mit riesigen, wehenden Flammen gen Himmel zu fahren schien. Am nächsten Tag rösteten wir Kartoffeln in der Glut, suchten wir die Skelette verbrannter Kaninchen, zogen ausgeglühte Drähte aus der schwelenden Asche hervor, das Gras rings war dürr, wir rissen Bentgrasfahnen ab, entzündeten sie und ließen sie flattern. Dann legten wir kleine Feuer an, ließen sie ein Stück vor dem Wind laufen, traten sie aus, entfernten uns immer weiter vom Brandplatz, erreichten die ersten Kiefern am Rande des Parks. Ich sah in die heißen Flammen, die im hellen Licht der Sonne schimmerten wie der Glasguß, den wir in den Trümmern der abgerissenen Glashütte gefunden hatten, ich hörte das anschwellende Brausen des Feuers, wenn es an einem neuen Büschel hochleckt, ich verfolgte die spinnwebdünnen Aschfäden verglühter Grashalme. Die Flammen brausten, sie breiteten sich aus, sie hüpften über die Wiese, die grünen, saftigen Blüten aussparend, man mußte sie laufen lassen, noch war es zu früh, die wilde, sich auswalzende Feuerwand mit einem Birkenzweig auszupatschen, noch sollten sie sich ausbreiten, wie sie wollten – das herrliche Spiel mit dem Feuer. Plötzlich fegte ein Windstoß

über die Parkäcker, peitschte die Flammen, wirbelte Glut auf, Funken segelten durch die Luft, weit vorn fing trockenes Laub Feuer, bildeten sich neue Herde, Dornen und Unterholz fingen Feuer, rauchige Flammen blakten auf, züngelten in die untersten Äste der Kiefern, sprangen von dort auf die höheren Tannen: eine prasselnde, qualmende Feuerwand, die sich mit dem Wind in den Park hineinwälzte. Die Kinder liefen herbei, aber unsre Zweige waren machtlos, wir schrien: »Hilfe! Feuer!« Der Gärtner, der im Gemüsegarten Kohl setzte, brach, um den Weg abzukürzen, durch die Hecke. »Wir müssen den Weg halten!« schrie er von weitem. Das in Brand geratene Stück war vom übrigen Park durch eine kleine Schneise getrennt. Hier gelang es, das Bodenfeuer zu halten, die Schonung der Nadelhölzer grenzte hier an Eichen und Hainbuchen, auf die die Flammen nicht überspringen konnten. Was bereits brannte, mußte man sich selbst überlassen, da war nichts mehr zu retten.
Mein Vater, der durch die Schreie aus dem Mittagsschlaf gerissen worden war, kam vom Haus her gerannt, ich hatte ihn noch nie rennen sehn, er sah die rauchenden Baumstrünke, er überblickte die Gefahr, in der sein Park sich befunden hatte. »Du hättest den ganzen Park angesteckt«, rief er. »Du hättest das Haus, die Menschen gefährdet. Feuer ist kein Spielzeug.« Ich stand da und dachte, daß er recht hatte, aber die Vorstellung, daß alles in Flammen aufgegangen wäre, beunruhigte mich nicht, im Gegenteil, ich hätte es gern erlebt, wie das Feuer, vom Westwind gejagt, durch die Bäume preschte, wie das Haus von einem Flammenmeer umgeben selbst zu brennen anfing, dort, im Herzen der Waberlohe lag in Brünne und Panzer Brünhild, Siegfried auf seinem Schimmel setzte über die Glut und befreite sie, und in König Etzels brennender Halle stand der grimme Hagen, schützte sich mit dem Schild gegen die herabfallende Glut und sagte verbissen: »Sie sollen nur kommen!«
Mein Vater schwieg. Die gerade noch eingedämmte Gefahr hatte ihn scheinbar überwältigt. Er hatte eine braune, handgewebte Jacke, grüne, handgewebte Breeches und rotbraune Gamaschenstiefel an. Er holte sein Taschenmesser aus der Tasche. Er ging zum Rand der Wiese, wo vor den Bäumen hüfthoher Anflug wuchs. Er suchte sich eine kleine Eiche aus und schnitt sie ab. Diese Eiche war schon früher einmal abgeschnitten oder abgebrochen worden. Aus dem Stumpf, der mindestens daumendick war, war seitlich ein Schößling ausgebrochen, der höchstens kleinfingerstark war. Ich hatte meine ersten Lederhosen an. Er

legte mich übers Knie und begann zu schlagen. Ich rührte mich nicht, ich wartete wie gebannt, bis er aufhörte und mich fallen ließ. Ich stand auf, mein Hintern schmerzte, ich lief den Weg entlang, kletterte über den Zaun, lief um den Teich herum in Richtung auf den Bahnhof, überquerte die Geleise, sprang über den Graben und verschwand in einer Schonung.

Ich blieb stehen, niemand folgte mir, auf den Parkäckern liefen zwei Trecker, es war ein herrlicher Tag. Ich trottete weiter, kam an einen Hochsitz, kletterte hinauf und setzte mich. Ein Häher flog vorbei. Nach einer Weile ging ich tiefer in den Dragen hinein, der Weg wurde sumpfig. Ich kam durch einen toten Birkenschlag, ein Wald von schwarzweißen Stangen über grauem Morast. Dann kamen wieder Schienen, dann ein Farnwald, schließlich wurde es heller, der Wald war zu Ende, eine Wiese, ein Fluß, eine Holzbrücke, am Horizont ein langgestrecktes Dorf. Hier war ich noch nie gewesen. Ich setzte mich ins Laub und fühlte mich unendlich frei. Eines Tages würde ich immer so glücklich sein, wie ich es jetzt war. Ich lief den Fluß entlang, kam auf eine Asphaltstraße, folgte ihr, hinter den Schranken ein Wegweiser: Triangel. Ich wollte nicht nach Haus. Ich lief weiter, nach ein paar Kilometern stieg der Weg leicht an, vom Hügel aus sah ich unter der tiefstehenden Sonne die Silhouetten der Schornsteine der Torfplattenfabrik, dahinter, im Dunst, die dunkle Masse der Parkbäume und, vielleicht vermutete ich es auch nur, ein Stück des Hausdachs. Alles lag so still und friedlich da. Und ich fiel in einen Traum, der alles vergessen ließ, was ich erlebt hatte, und ich dachte daran, wie gut es wäre, jetzt nach Hause zu gehn, sich ins Bett zu legen und zu schlafen. Und ich ließ mich von dem Traum überwältigen. Ich lernte nichts. Ich lernte unendlich langsam. Und ich ging über die Koppeln hinunter [nach Hause und schlief].

[...]

Irgend jemand schenkte mir eine Katze. Die Angorakaninchen, die Schafe, die im Gatter auf den Parkwiesen weideten, der Hund, Tiere, die allen gehörten. Natürlich gehörten sie auch den Kindern, sie durften sie füttern, die Ställe reinigen, die Kiepe mit Gemüseputz in die Raufe kippen, ich konnte sie ansehn und streicheln, so oft ich wollte. Aber ob man sie schor oder nicht, ob man sie hier oder dort weiden ließ, ob man sie jetzt oder später fütterte, ob man sie schlachtete oder leben ließ, wurde nicht von den Kindern entschieden.

Ich glaube, die Katze stammte aus dem Dorf Gamsen, sie kam in einer Aktentasche, mein Onkel brachte sie auf einem Fahrrad. Ich gab ihr einen Namen. Ich nannte sie Murr. Kater Murr. Er war noch sehr jung, vielleicht sechs Wochen alt, zartgrau gefärbt mit schwarzen Tigerstreifen, einem weißen Fleck auf der Nase und weißen Pfoten. Kater Murr schlief in einer Kiste, auf einem schwarzen Kissen, das ich mit weichem Heu ausgestopft hatte, im Flur unter der Heizung, wo der Mauervorsprung vor Zugluft schützt. Ein wenig entfernt stand eine Kiste mit Sand. Kater Murr lernte, in diese Kiste zu klettern und dort zu scheißen. Dann kratzte er mit den Hinterpfoten den Haufen, den er abgesetzt hatte, zu. Morgens, ehe ich zur Schule ging, kriegte Kater Murr mit Wasser verdünnte Milch, er hockte auf meiner Schulter, legte seinen schwarzen Schwanz um meinen Hals und wenn er abspringen wollte, zerkratzte er mir die Haut. Der Hund knurrte, als er sie sah, er wollte sich auf sie stürzen, ich nahm Kater Murr auf den Arm, aber er riß sich los, sprang dem Hund auf den Kopf und biß und kratzte und ohrfeigte ihn, so daß er sich erschrocken in seine Hütte zurückzog. Der Hund griff ihn nie wieder an.
Wenn ich aus der Schule kam, lag Kater Murr meist in einem Sandbad in der Sonne, wälzte sich auf dem Rücken, haschte nach seinem Schwanz, kümmerte sich nicht darum, wenn ich näher kam, ließ sich nicht fangen und strich mir nur manchmal um die nackten Beine und ließ sich streicheln. Er wuchs, wurde groß und wild, fing die erste Maus und trieb sie einen halben Tag lang mehr tot als lebendig über den Küchenhof, bis er ihr das Genick knackte und sie fraß. Am Abend sah ich ihn, wie er irgendwo auf der Wiese vor einem Mauseloch saß, manchmal dauerte es Stunden, bis er zusprang, manchmal ereignete sich gar nichts, er stand einfach auf und lief weiter. »Er darf sich nicht zu weit vom Haus entfernen!« sagte mein Vater. »Man muß ihn schließlich im Auge behalten.« Und dann ließ er vom Sattler ein Halsband machen, an dem eine lederne Platte hing. »Das verhindert, daß er auf einen Baum steigt«, sagte er, »wenn er hinauf will, fällt ihm die Platte vors Gesicht und er kann nichts sehen. So wird er kein Unheil anrichten.« Ich brachte Kater Murr Milch, und er saß da, streckte den Hals vor, schlabberte mit der roten Zunge vom Rand her die Schale leer. »Wir haben eine Nachtigall im Park«, sagte mein Vater, »Du mußt dafür sorgen, daß der Kater im Haus bleibt.« Jeden Abend brachte ich Kater Murr in seine Kiste. Ich hatte nicht den Eindruck, daß er sich sehr viel aus den Vögeln machte.

Kater Murr saß auf dem Schoß meiner Mutter. Sie kraulte ihn. Plötzlich fauchte er auf, schlug mit der Tatze nach ihr, zog mit den Krallen eine vierbahnige, rote Spur über ihre Hand. »Du falsches Biest!« rief sie und warf ihn zu Boden. »Ein Hund würde das nie tun. Katzen sind eben falsche Tiere.« Aber warum sollte man es nicht doch auf den Versuch ankommen lassen? »Er ist wirklich ein nettes Tier«, sagte mein Vater, »eine Ausnahme unter den Katzen. Wenn er beim Mäuseln bleibt, kannst Du ihn gern behalten.« Ich hörte in allem, was über Kater Murr gesagt wurde, eine versteckte Drohung, ich merkte, daß Kater Murr, der tat, was er wollte, in einer ständigen Gefahr schwebte. Ich versuchte, ihm das zu erklären. Aber konnte ich ihn ändern? »Katzen«, sagte mein Vater eines Abends, »sind eine fremde, unberechenbare Rasse. Sie passen nicht zu uns. Sie stammen aus dem Orient, aus Ägypten. Sie könnten sich in unserer Natur gar nicht am Leben erhalten, wenn der Mensch sie nicht im Winter durchfütterte und wärmte. Das danken sie uns dann dadurch, daß sie im Frühjahr die Nester ausnehmen. Man kann sie nicht erziehen. Sie ordnen sich in keine Gemeinschaft ein. Sie bleiben auch nicht beim Menschen, sondern beim *Haus.* In meiner Jugend hatte mein Onkel eine rote Katze, die schwamm über den Rhein, um wieder in ihr Haus zu gelangen. Es sind Stadttiere, sie gehören nicht aufs Land. Irgendwie sind sie asozial. Die Deutschen lieben die Hunde. Man sieht sie schon auf den Bildern alter Meister. Ich hatte einen Hund, der mich jeden Tag am Waldrand erwartete, wenn ich aus der Schule kam.« Ich hielt den Atem an, mir sollte etwas beigebracht werden. Kater Murr, sein weiches, glänzendes Fell, seine ungebärdige, geschmeidige, tänzerische Kraft, der unberechenbare Spuren durch Haus und Park zog.

Eines Morgens, als ich noch im Bett lag, hörte ich meinen Vater rufen: »Da haben wir es!« Und hörte, wie er die Treppe hinunterrannte, den Schlüssel krachend umdrehte und aus dem Haus stürzte. Ich zog mich an, ich lief ihm nach, ich ahnte, daß sein Augenblick gekommen war, im Garten, hinter der Azaleenwand, auf einem kleinen Rasenplatz saß ein Junghase. Mein Vater stand auf dem Weg und rief: »Das war Kater Murr, ich habe es vom Fenster aus beobachtet, wie er sich an den Hasen heranschlich, ihn anfiel.«

Von Kater Murr war nichts zu sehn. Der Hase sah mich kommen, sprang auf, rannte los, aber er konnte seine Läufe nur noch auf der einen Seite bewegen, er lief im Kreis, er war einseitig gelähmt. »So machen sie es mit den Mäusen«, sagte mein Vater,

»der typische Katzenbiß, eine Hinterhältigkeit, eine Gemeinheit.« Man fing den Hasen, sperrte ihn in einen leeren Kaninchenstall, er fraß nichts, er saß da, mit hervorgetretenen Augen, am Nachmittag war er tot. Ich suchte Kater Murr. Er lag in seiner Kiste auf dem schwarzen Kissen und schlief. Ich streichelte ihn, ich glaubte keinen Augenblick lang, daß er den Hasen gefangen hatte, ich spürte, daß Kater Murr ein Hindernis war für irgend etwas, was ich nicht begriff. Am Mittagstisch sagte mein Vater: »Es geht nicht länger. Kater Murr muß weg.« Das war das Urteil. Er atmete auf und griff nach dem Suppenlöffel. »Gesegnete Mahlzeit«, sagte er. »Danke«, antwortete der Chor.
Ich stand auf und ging raus. Niemand rief mich zurück. Ich hockte mich neben die Kiste und heulte. Der Gärtner kam vorbei und sah mich. »Ja«, sagte er, »da kann man nichts machen.« »Was soll denn aus ihm werden?« fragte ich. »Er wird erschossen, und zwar morgen«, sagte der Gärtner. Ich schrie auf. Ich riß Kater Murr hoch und preßte ihn an mich, er wehrte sich wild, kratzte und biß, sprang runter und witschte aus der Tür. Am Nachmittag war er wieder da. Er kam zu mir, als wir am Kaffeetisch saßen. »Darf ich ihm Milch geben?« fragte ich. »Ja, sicher«, sagte meine Mutter. Ich gab ihm immer ein paar Löffel von der Kaffeesahne. Er saß auf der Veranda, den Schwanz um die Pfoten gelegt und leckte die Schale aus. Sie drehte sich. Dann stand er auf und strich an der Hauswand entlang und verschwand hinter dem Wassertrog. »Lauf weg«, rief ich, »Kater Murr, lauf weg!« Katzen bleiben beim Haus. Sie richten sich nicht nach den Befehlen der Menschen. Am nächsten Tag war Kater Murr verschwunden. Die beiden Kisten standen noch einige Tage an der Heizung, dann kam ein Sonnabend, der Flur wurde gescheuert, man schaffte sie fort. Ich sprach nie mehr über Kater Murr. Einige Wochen später sagte ich, als ich mit Frau Werthmann im Auto über die Dörfer fuhr: »Ich habe meine Katze erschossen.« »Das ist nicht wahr«, sagte sie. »Du hast sie nicht selbst erschossen.« »Doch«, sagte ich. Ich konnte es nicht ertragen, daß andre es getan hatten.
[...]

PROBST HEINRICH GRÜBER

Häftling in Sachsenhausen und Dachau 1940–43

[...]
Am 19. Dezember 1940 holte mich die Gestapo. Für diesen Tag war die Bescherung der Kinder angesetzt. Als die Gestapo in das Büro eindrang, fand sie die Mitarbeiter damit beschäftigt, den Weihnachtstisch aufzubauen. Jede Tätigkeit mußte sofort eingestellt werden. Das Telefon wurde gesperrt, die Kasse und sämtliche Akten wurden beschlagnahmt. Vormittags hatte ich eine Besprechung mit einem schwedischen Freund und amerikanischen Quäkern gehabt und war deshalb erst später in mein Büro gekommen. Ich sah, daß alle aufgeregt herumstanden und daß die Eingangstür von zwei Gestapo-Leuten bewacht wurde. Einer von ihnen trat gleich auf mich zu, führte mich ins Haus und sagte: »Sie haben das Zimmer nicht zu verlassen und mit niemandem zu sprechen.« Er erklärte mir, daß ein Schutzhaftbefehl wegen »kommunistischer Umtriebe« gegen mich vorliege, daß meine Arbeit verboten sei und mein Büro geschlossen werde. Ich bat mir noch aus, allen anwesenden Mitarbeitern die Hand geben zu dürfen. Das wurde mir gestattet. Dann fuhren sie mit mir davon.
Nach meiner Verhaftung hat Werner Sylten, unterstützt von unserem Beirat, das Büro noch zwei Monate lang weitergeführt. Im Februar 1941 wurde er ebenfalls abgeholt. Nach längerer Haft im Polizeipräsidium Berlin überführte man ihn in das Konzentrationslager Dachau. Dort sahen wir uns wieder und dort blieben wir zusammen, bis er auf einem der sogenannten Invalidentransporte ermordet wurde. [...]

Von den letzten Mitarbeitern meines Büros, es waren nur noch ungefähr dreißig, haben wenige den Tag der Befreiung erlebt; alle anderen sind gestorben, vergast oder, wie es damals hieß, »auf der Flucht erschossen« worden. [...]

Die Gestapo brachte mich zum Polizeipräsidium am Alexanderplatz, das ich bereits durch meine erste Verhaftung im Jahre 1937 kannte. Zu der Besprechung am Vormittag hatte ich meinen alten

Lutherrock und einen Pelzmantel angezogen. So wurde ich ins Polizeipräsidium geführt. Dort stellte man zunächst, wie üblich, meine Personalien fest, nahm Fingerabdrücke und machte eine Fotografie für das Verbrecheralbum. Als ich den Beamten fragte, ob ich ins KZ käme, sagte er: »Das kann ich nicht sagen; haben Sie Ihren Hut mitgebracht?« Ich sagte achselzuckend: »Jawohl.« Darauf er: »Dann können Sie sich vielleicht das weitere denken.« Daraus reimte ich mir zusammen, daß mir wohl eine Reise bevorstehen würde.

»Kann ich wenigstens meine Frau noch einmal anrufen«, fragte ich, »denn heute nachmittag habe ich verschiedene Amtshandlungen; sie muß eine Vertretung besorgen.« Zu meiner Überraschung wurde mir das gestattet. So teilte ich meiner Frau mit, daß ich im Polizeipräsidium sei, sie würde gewiß in den nächsten Tagen Bescheid bekommen. Sie verstand mich sofort und beseitigte alle Akten, die nicht in die Hände der Gestapo fallen durften. Drei Stunden später kamen Gestapo-Männer in unsere Wohnung. Sie fanden nichts. Meine Frau erklärte ihnen, ich sei auf dem Polizeipräsidium und hätte von dort angerufen. Sie waren erbost: »Wie war das möglich?« Meine Frau sagte, ich hätte ihr nur mitgeteilt, daß eine Vertretung besorgt werden müßte.

[...]

Die Gestapo hatte mich nicht vernommen, und ich habe auch nie die Gründe für meine Verhaftung erfahren. [...]

Die amerikanischen Quäker, die mich noch am Vormittag gesehen hatten, haben die Verhaftung über die amerikanische Botschaft der Öffentlichkeit bekanntgegeben. Präsident Roosevelt ist in einer Pressekonferenz darauf eingegangen. Die Nachricht lief auch über ausländische Sender. Sie war schon im Lager bekannt, als ich dort ankam; denn die SS und einige Häftlinge, die zur Lagerführung gehörten, empfingen ausländische Sender.

Im Lager Sachsenhausen, das nördlich von Berlin bei Oranienburg liegt, wurden wir mit Schlägen und Verwünschungen begrüßt. Die SS-Leute hatten die Angewohnheit, sich aus jedem Transport einen oder zwei Häftlinge zu »schnappen«, die sie ohne Grund verprügelten, um den anderen Respekt einzuflößen. Meist waren Juden die Prügelknaben; diesmal war ich es. Ein Scharführer hat mich mit einem Häftling verwechselt, der wegen

Abtreibung ins Lager kam. Während ich verprügelt am Boden lag, hörte man vom nahen Oranienburg die Glocken zum vierten Advent läuten, der unter dem Apostelwort steht: »Freut Euch in dem Herrn allewege!«

[...]
Seit dem Ende des Krieges sind zahlreiche Berichte über die Verhältnisse in Sachsenhausen erschienen. Davon möchte ich hier nichts wiederholen. Man wird auch die Zeugenaussagen aus den großen Prozessen noch im Ohr haben. Der Unterschied zwischen dem Inferno in Dantes *Göttlicher Komödie* und dem Infernissimo der Konzentrationslager bestand darin, daß die Menschen bei Dante wenigstens noch klagen und schreien durften. Nur einige persönliche Eindrücke möchte ich hier wiedergeben.
Daß wir Pfarrer nicht zuerst in den sogenannten Übergangsblock, sondern gleich in den »Pfaffenblock« gebracht wurden, war noch einigermaßen angenehm. Hier traf ich eine ganze Reihe von Bekannten, darunter die holländischen Geistlichen, mit denen ich zu tun gehabt hatte, vor allem aber Pfarrer der Bekennenden Kirche.
Im Judenblock, der gleich neben unserer Baracke lag, herrschte, so absurd das klingt, »Freude« über meine Einlieferung. An einem Weihnachtstag kamen zwei aus Kassel stammende Männer und sagten: »Herr Pfarrer, es ist für uns das schönste Weihnachtsgeschenk, daß Sie nach Sachsenhausen gekommen sind.« Diese Menschen hatten das Gefühl, daß ich auch hier noch etwas für sie tun konnte.
Am Heiligabend kamen einige SS-Leute, bei denen ja oft Brutalität und Sentimentalität nebeneinander auftraten, zu uns in den Pfarrerblock. Sie wollten mit uns Weihnachtslieder singen und hörten auch die Ansprache, die ich meinen Kameraden hielt. »Wie wollen wir hier zusammen leben?« fragte ich, »wollen wir wie Schlamm oder wie Stahl sein? Wenn Stahl gepreßt wird, dann wird er fester und zäher. Wenn Schlamm gepreßt wird, dann spritzt er auseinander.« Die SS-Leute hörten zu und sagten nichts.

[...]
Als Blockältester war ich zugleich auch Einkäufer und Brotholer. Dadurch konnte ich mich im Lager einigermaßen frei bewegen. Es war Vorschrift, daß jeder Weg im Laufschritt

zurückgelegt werden mußte. Nur wer eine Last trug, durfte im Schritt gehen. Deshalb hatte ich meistens die Einkaufskiste bei mir und ging, wie man es damals nannte, »berbern«, das heißt, ich streunte durch das Lager. Beim Brotempfang versuchte ich oft, für die jungen Kameraden, die stärker als wir älteren an Hunger litten, eine Scheibe Brot »schwarz« mitzunehmen.
Die ersten Wochen im Lager waren unsagbar schwer. Wie viele andere habe ich die bittere Erfahrung machen müssen, daß gemeinsames Leid und gemeinsam ertragener Zwang die Menschen nicht zusammenbringt, sondern sie gegeneinanderstellt. Unter den harten Lebensbedingungen haben zahlreiche Häftlinge, um zu überleben, die Roheit ihrer Peiniger nachgeahmt und so das allgemeine Leid noch vergrößert. Die infame Organisation des Konzentrationslagers machte sich diese Schwäche des Menschen zunutze, denn die Nazis wiesen nicht nur religiöse oder politische Gegner des Regimes in die Lager, sondern auch asoziale, kriminelle und sonst abwegig veranlagte Menschen. Viele, die eine Gefängnis- oder Zuchthausstrafe verbüßt hatten, kamen anschließend ins Lager. Natürlich hatten diese Menschen oft kein Verständnis für das, was wir eine zusammenhaltende und tragende Gemeinschaft nannten.
Die Winkel an den Hosen und Jacken der Gefangenen zeigten an, zu welcher Gruppe sie gehörten: Grün trugen Berufsverbrecher, Schwarz die Asozialen und Rot die Politischen. Eine Sondergruppe waren die Bibelforscher, die Zeugen Jehovas. Sie gehörten im KZ zu den saubersten und anständigsten Menschen. Ihre Glaubenshaltung haben wir oft bewundert. Wenn sie unter anderen Verhältnissen durch Fanatismus und Intoleranz auch manchmal schwierig sind – im Konzentrationslager verhielten sie sich vorbildlich. [...]

Es gab viele, die keine Familie hatten oder von ihren Angehörigen nichts wußten. Wir konnten jeden Monat für unsere persönlichen Bedürfnisse zehn Mark empfangen. Da ich Nichtraucher bin, hatte ich für meine Kameraden Geld oder Zigaretten übrig.
Für die Kommunisten war ich in besonderer Weise tätig, weil sie am meisten schikaniert wurden und unter der Not ihrer Familien litten. Schon bei meiner ersten Gefängnishaft 1937 hatte ich mit einem Funktionär der Roten Hilfe zusammengesessen und von ihm gehört, daß es vielen Familien der verhafteten Kommunisten sehr schlecht ging. [...]

Unter den Häftlingen, die eines Tages eingeliefert wurden, fiel mir ein alter jüdischer Mann mit einem langen Bart auf. Während er in der vorgeschriebenen strammen Haltung dastand, kam einer der besonders brutalen SS-Leute und hielt ihm ein brennendes Streichholz an den Bart, so daß der ganze Bart aufflammte. Als der alte Mann das Feuer löschen wollte, wurde er verprügelt, weil er sich ohne Erlaubnis gerührt hatte.
Eines Nachts, ich hatte in unserer Baracke gerade Wache, hörte ich Schreie. Dann sah ich, wie zwei betrunkene SS-Leute die Belegschaft der Judenbaracke herauskommen ließen. Es war im Winter, bei hohem Schnee. Die Menschen mußten, nur mit Hemden bekleidet, lange im Schnee »rollen« und dann, als es den SS-Leuten vielleicht zu kalt wurde, wieder in ihre ungeheizte Baracke gehen. Naß und kalt, wie sie waren, legten sie sich unter ihre dünnen Decken. Die Menschen, die damals an Lungenentzündung starben, brauchten nicht mehr erschossen oder vergast zu werden. Es ist später viel von den Quälereien die Rede gewesen. Wer dabei war, ahnt, daß alles, was bekannt wurde, nur ein Bruchteil von dem ist, was wirklich geschah. Die größten Brutalitäten sind nie offenkundig geworden. Für sie gibt es keine Zeugen; sie vollzogen sich in den Bunkern. Die Menschen, die lebendig begraben wurden, können nicht reden. Aber sie werden in der Ewigkeit reden.
Die Situation in Sachsenhausen verschärfte sich im August 1941 auf furchtbare Weise. Damals wurden drei Baracken geräumt und mit Stacheldraht isoliert. Dann sahen wir lange Kolonnen von Häftlingen, teils in Zivilkleidung, teils in russischer Uniform ankommen. Es waren russische Kriegsgefangene, von denen die SS behauptete, sie seien Partisanen. Ihre Zahl haben wir nie erfahren – es sollen etwa 12 000 gewesen sein. Jeden Abend nach Arbeitsschluß wurden der Appellplatz und die Lagerstraßen geräumt, keiner durfte seinen Block verlassen. Wir sahen von unserem Block aus, wie die Russen immer zu zwanzig bis dreißig in einen Gefängniswagen gepreßt und zum Industriehof gefahren wurden. Dort sind sie alle im Zeitraum von vier Tagen erschossen worden. Es waren ganz junge Burschen darunter.
Wir politischen Häftlinge, die im Lager eine Funktion hatten, versuchten den Russen Erleichterungen zukommen zu lassen. Einige von uns standen zusammen und berieten, ob es nicht angebracht sei, der SS zu bekunden, daß wir sie des tausendfachen Mordes anklagen. Wir haben nach reiflicher Überlegung von einer Intervention abgesehen, nicht aus Rücksicht auf unser

Leben, sondern weil wir uns darüber klar waren, daß bei einem lautstarken Protest die SS-Wachmannschaften in ihrem Blutrausch vielleicht viele von unseren Kameraden getötet hätten. Aber dieses Schweigen lastet noch immer auf mir. Tagelang wurden in den zusätzlich errichteten Krematorien, die mit elektrischem Strom betrieben wurden, die Leichen verbrannt. Die Mannschaften der SS waren nach den Exekutionen vollständig betrunken, weil sie große Mengen Alkohol bekommen hatten. Wie wir später erfuhren, haben einige von ihnen für die Teilnahme an diesem Massenmord das Kriegsverdienstkreuz und vierzehn Tage Italien-Urlaub erhalten. Die Berufsverbrecher aus dem Lager, die bei diesem Unternehmen mitwirkten, bekamen in diesen Tagen nicht nur dasselbe Essen wie die SS, sondern auch Zulagen an Alkohol und Zigaretten. Sie wurden während der ganzen Zeit von uns isoliert und, wie wir später feststellten, anschließend alle umgebracht.

Mir lag daran, den Häftlingen, soweit es möglich war, einen biblischen Zuspruch zu vermitteln. So schrieb ich jeden Sonnabend Bibelworte und Liederverse, die ich im Gedächtnis hatte, auf mehrere Zettel und ließ diese Worte durch Freunde in den einzelnen Blocks die Runde machen. Martin Niemöller war ja auch in Sachsenhausen. Allerdings konnten wir nie mit ihm sprechen. Wir sahen ihn nur selten. Aber wir Pfarrer fühlten uns mit ihm stark verbunden. Er saß im Bunker in Einzelhaft. Am Anfang seiner Haftzeit hatte er eine Hungerzeit durchmachen müssen. Er war wochenlang auf Wasser und Brot gesetzt. Das hatte er seiner Frau bei einem Besuch erzählt, aber nur beiläufig, ohne sich darüber zu beschweren. Frau Niemöller berichtete darüber in ihrer Familie, und eines ihrer Kinder erzählte einer Schulfreundin davon. Diese Freundin schrieb an Himmler. Er wußte nichts von den Hungerrationen und verfügte, daß Niemöller von dieser Zeit ab Mannschaftsverpflegung der SS bekam. Niemöller hat diese Bevorzugung ebensowenig beeindruckt wie die Hungerperiode davor.
Die Straße zum Bunker führte an unserem Block vorbei. Alle vierzehn Tage, immer wenn Niemöller zur Politischen Abteilung geholt wurde, konnten wir ihn von weitem sehen. Eines Tages in der Osterzeit hatte ich gerade die Lagerstraße zu harken, dabei zog ich mit der Harke ein paar Buchstaben: »Vivit« – er lebt. Niemöller sollte diesen Gruß der Verbundenheit und der Verheißung lesen, wenn er von der Politischen Abteilung zu-

rückkam. Als ich wieder einmal die Lagerstraße vor dem Bunker harkte, kam ein SS-Mann, er hieß von Tetzen, herausgestürmt und behauptete, ich hätte durch das Schlüsselloch der Bunkertür geguckt. Zur gleichen Zeit waren jedoch viele Häftlinge in der Nähe. Sie hatten ihre »Freizeit«, in der sie auf dem Hof vor dem Bunker spazierengehen konnten. Vielleicht war einer von ihnen am Schlüsselloch gewesen. Damals war ich noch so dumm zu glauben, mich rechtfertigen zu können. Der SS-Mann schlug mich nieder. Dann trat er mir mit dem Stiefelabsatz mehrere Schneidezähne aus. [...]

Im Sommer 1941 wurden die ersten Pfarrer von Sachsenhausen nach Dachau verlegt. Das war für uns keine angenehme Aussicht. Wir hatten zwar gehört, daß in Dachau in mancher Beziehung bessere Verhältnisse herrschen sollten, aber wir lebten inzwischen in einer festen Gemeinschaft und hatten gelernt, mit unserer Umgebung einigermaßen zurechtzukommen. [...]

In Dachau fielen die Geistlichen zahlenmäßig ganz anders ins Gewicht als in Sachsenhausen. Hier gab es zwei Blocks mit Geistlichen, einen Block mit deutschen und einen mit polnischen. Sie waren jeweils in vier Stuben unterteilt. Auf dem deutschen Block hatte man nur drei Stuben belegt, und zwar mit je hundert bis hundertfünfzig Insassen, auf dem polnischen Block gab es vier Stuben mit je zweihundert bis zweihundertfünfzig Insassen. Später kam noch ein dritter Block dazu. Wir evangelischen Pfarrer lebten in einem Raum mit katholischen Geistlichen zusammen. In den beiden anderen Stuben des deutschen »Pfarrerblocks« waren nur Katholiken.
Jeden Abend, nachdem das Licht gelöscht worden war, hielt ein Protestant oder Katholik eine Andacht, die mit dem gemeinsamen Vaterunser schloß. [...]

Die katholischen Pfarrer waren im Laufe der Zeit erheblich in der Mehrzahl, weil die okkupierten Länder – zum Beispiel Polen, Tschechoslowakei, Belgien und Frankreich – eine überwiegend katholische Bevölkerung hatten. Dort verhaftete man meistens die Pfarrer, weil sie großen Einfluß auf die Bevölkerung ausübten. Im Lager verstanden sich die Angehörigen beider Konfessionen sehr gut. Äußerst heikel waren dagegen die nationalen

Probleme. Insbesondere unter den polnischen und tschechischen Geistlichen waren manche, die uns Deutsche ablehnten. Ihnen habe ich oft klarzumachen versucht, daß wir eigentlich eine doppelte Last zu tragen hatten. Wir litten ja nicht nur unter den Schlägen und Schikanen, unter Kälte und Hunger wie sie, sondern bei uns kam noch ein Bewußtsein der Mitschuld und der Scham hinzu, weil die Peiniger unserem Volk angehörten.
Das habe ich nach dem Krieg im Ausland wiederholt: Die Männer und Frauen des deutschen Widerstands hatten einen schwereren Stand als etwa der Maquis in Frankreich oder die Widerstandskämpfer in Holland. Dort arbeiteten Patrioten für den Sieg und für die Freiheit ihres Landes, für die Wiederherstellung ihrer eigenen Ordnung. Die deutschen Widerstandskämpfer lehnten sich gegen Hitlers Herrschaft auf und taten alles, um seinen Sieg zu verhindern. Für das Gros der Bevölkerung waren wir Landes- und Hochverräter, Verräter an unserem Vaterland.
Man hat in Holland und in Frankreich wohl nie ganz begriffen, daß wir uns in einer anderen Situation befanden als die Widerstandsgruppen im Ausland. Wenn wir dem »Feind« eine Nachricht zukommen ließen, sagen wir den Norwegern über den bevorstehenden Einfall, oder wenn wir die Holländer vor dem Angriff auf ihr Land warnen konnten, dann haben wir dadurch unsere eigenen Söhne, unsere Verwandten und Freunde, die Soldaten waren, gefährdet. Darin bestand für uns das große Problem.

Meine Verbindung zu den kommunistischen Kameraden war in Dachau stärker als in Sachsenhausen. Die Lagerselbstverwaltung lag im wesentlichen in den Händen der SPD, vor allem der österreichischen Sozialdemokraten, die sich mit ihren christlichsozialen Landsleuten stillschweigend die Arbeit und die Posten geteilt hatten. In Sachsenhausen hatten vorwiegend nichtkommunistische Häftlinge das Krankenrevier betreut, in Dachau waren hauptsächlich Kommunisten im Revier beschäftigt. Die Sozialdemokraten standen im wesentlichen unter dem Einfluß von Kurt Schumacher, dem späteren Parteivorsitzenden der SPD, der als Schwerkriegsbeschädigter in der Bibliothek arbeiten konnte. Mir fiel auch hier wieder die Aufgabe zu, für Holländer und Flamen, zum Teil auch für Wallonen und Franzosen zu dolmetschen.
Als ich nach Dachau kam, waren kaum noch Juden im Lager; die meisten hatte die SS schon in die Todeslager gebracht. Aber das Morden ging weiter. Wir konnten später die folgende »Regel«

feststellen: Wenn die Lebensmittel knapper sind als die Menschen, werden die überflüssigen Esser beseitigt. Wenn die Menschen knapper werden als die Lebensmittel, versucht man die Arbeitskräfte nach Möglichkeit zu erhalten. Bis zum Sommer 1942 waren die Lebensmittel knapper.
Auch über diese Dachauer Zeit möchte ich nichts wiederholen, was in vorliegenden Berichten von Häftlingen bereits gesagt worden ist. Diese Berichte sollen nur durch einige persönliche Eindrücke ergänzt werden. So muß ich berichten von der letzten Fahrt meines Freundes Werner Sylten.

Werner Sylten, geboren am 9. August 1893, gehörte zu der Theologen-Generation, die am Ersten Weltkrieg teilgenommen hatte und durch die Jugendbewegung sowie die evangelisch-soziale Arbeit Friedrich Naumanns stark beeinflußt worden war. Seelsorge und Fürsorge gehörten für Sylten zusammen. Nachdem er, wie schon gesagt, 1933 als »Mischling« die Leitung eines Mädchenerziehungsheimes hatte aufgeben müssen, war er Geschäftsführer der thüringischen Bekennenden Kirche geworden. 1938 hatte ich ihn gebeten, als Seelsorger in die Arbeit der Hilfsstelle für evangelische Rassenverfolgte einzutreten. Bei dieser Arbeit für die verfolgten und bedrängten Menschen hatte er den ganzen Reichtum seiner seelsorgerischen Güte entfalten können. [...]

Wie die meisten Pfarrer in Dachau gehörte Werner Sylten dem Arbeitskommando »Plantage« an. Mehrere tausend Häftlinge arbeiteten in der nahe beim Lager gelegenen Heilkräuterplantage der SS, die im Auftrag Himmlers dort angelegt worden war. Die Kräuter gingen an eine Hamburger Medikamentenfirma. Im Sommer und Winter waren die arbeitenden Häftlinge der Witterung im Dachauer Hochmoor ausgesetzt. Während der Arbeitszeit gab es keine Möglichkeit, sich zu erfrischen oder ein wenig Schutz vor der Sonne zu suchen. Hocken, Sitzen oder Knien bei der Arbeit war strengstens verboten. Die Verpflegung der schwer arbeitenden Männer bestand aus einer dünnen Wassersuppe und einer knappen Brotration, die abends empfangen und dann von vielen gleich verzehrt wurde, so daß ein großer Teil des Kommandos morgens ohne Frühstück zur Arbeit ging. Der unbarmherzig heiße Sommer 1942 forderte viele Opfer unter den Männern.

Eines Abends kam Werner Sylten von der Arbeit zurück und hatte den Körper voller Blasen, die vom Sonnenbrand kamen. Er wagte nicht, ins Krankenrevier zu gehen, weil er befürchten mußte, der »Invalidenkommission« zum Opfer zu fallen. Diese Kommission bestand aus einigen SS-Männern, darunter einem Arzt, die von Zeit zu Zeit im Lager auftauchten und eine vorgeschriebene Zahl von nicht arbeitsfähigen Männern aussuchten, die dann getötet wurden. In der Regel nahmen sie dreihundertfünfzig Mann mit. Die Kommission machte sich ihre Arbeit leicht und fing meistens im Krankenrevier an, wo sie so viele Menschen fand, wie sie suchte.
Sobald die Invaliden abtransportiert worden waren, was oft während der Nacht geschah, hörten wir nichts mehr von ihnen. Einige Zeit darauf kamen ihre Privatsachen wieder in die Kleiderkammer zurück. Sie wurden den Angehörigen zugeschickt, zusammen mit der Urne des Toten. Meistens wurde ein Brief der Lagerleitung beigelegt: »Wir müssen Ihnen die traurige Mitteilung machen, daß der Häftling N. N. an (abwechselnd Herzschlag, Lungenentzündung oder Typhus) gestorben ist. Alle Bemühungen, die angestellt wurden, ihn am Leben zu erhalten, scheiterten zu unserem großen Leidwesen. Wir bedauern dies um so mehr, als seine Führung im Lager sich so gebessert hatte, daß mit einer baldigen Entlassung aus der Schutzhaft zu rechnen war.«
Der erste »Invalidentransport«, an den ich mich erinnern kann, wurde im Frühjahr 1941 in Sachsenhausen zusammengestellt; zu ihm gehörte ein evangelischer Pole, Pfarrer Kahane aus Gdingen. Im Lager Stutthoff hatte ihn die SS zum Krüppel geschlagen. Eines Nachts wurde er aus der Baracke geholt und hatte gerade noch Zeit, mit mir in einer stillen Ecke den 23. Psalm zu beten – dann hörten wir nichts mehr von ihm, bis wir auf Umwegen von seiner Frau erfuhren, sie habe von der SS die Nachricht erhalten, ihr Mann sei im Lager verstorben. Seit dieser Zeit lag der Begriff »Invalidentransport« wie ein Alp auf jedem Häftling, denn jeder konnte plötzlich durch Unfall oder Krankheit arbeitsunfähig werden und dann dem Zugriff dieser Männer ausgeliefert sein.
Werner Sylten hatte immer eine dunkle Ahnung und fürchtete sich vor dieser »Invalidenkommission«. Er hatte deshalb auch eine besondere Abneigung gegen das Krankenrevier. Da seine Schmerzen aber immer größer wurden und die Arbeit in der Sonne für ihn unerträglich war, meldete er sich schließlich krank und kam ins Revier. Wir erhielten schon nach kurzer Zeit gute Nachrichten über seine Genesung. Aber dann kam eines Morgens

die Schreckenskunde: Die »Invalidenkommission« ist im Revier und hat siebenhundert Männer ausgesucht, darunter vier Pfarrer, zwei süddeutsche katholische Geistliche, Pfarrer Werner Sylten und den Berliner Pfarrer Ernst Berendt. Berendt war der Pfarrer der Anstalt in Berlin-Weißensee. Ihm hatte das Lager die letzte Spannkraft genommen; er war nicht mehr arbeitsfähig.

Die ausgesuchten Opfer mußten sofort die Verbindung zu den anderen Häftlingen aufgeben. Sie wurden in isolierte, mit Stacheldraht gesicherte Baracken gelegt. Jeder, der versuchte, mit ihnen Kontakt aufzunehmen, wurde streng bestraft. Es gab im Lager verschiedene »Strafen«. Entweder der einzelne SS-Mann ergriff unmittelbar eine Maßnahme; er schlug, trat mit Füßen und schoß auf den Häftling, oder aber die Lagerführung verhängte eine Strafe. Am häufigsten gab es »Bock«, »Baum« und »Bunker«. »Bock« bedeutete: Stockschläge, mindestens fünfundzwanzig. Der Häftling wurde dazu über einen Holzbock gelegt und festgespannt. Die nächst schwerere Strafe verbüßte man am »Baum«: Der Häftling mußte die Arme auf dem Rücken verschränken, wurde mit einer Kette gefesselt und hochgezogen, so daß er frei schwebte. Nicht nur die Schmerzen der ausgerenkten Arme waren unerträglich, sondern auch die Qualen durch Insekten und die Witterung, gegen die man sich nicht schützen konnte. Die Strafe »Baum« bezeichneten die Häftlinge als »Christbaumschmuck«, weil die Opfer an ihren Ketten hingen wie ein Weihnachtsengel am Baum. Die Bunkerstrafe wurde jeweils für längere Zeit verhängt und in einem lichtlosen Bunker, oft ohne Sitz- und Liegegelegenheit, vollstreckt.

Mehrmals versuchte ich, mit Werner Sylten Fühlung zu bekommen. An einem Sonntag gelang es mir endlich. Sonntags wurde mit Rücksicht auf die Wachmannschaften, die die Arbeit beaufsichtigten, nur bis vier Uhr nachmittags gearbeitet. Die zum Sonntagsdienst kommandierten SS-Leute waren an diesem Tag oft mit ihren Gedanken woanders. Dadurch konnte ich in den späten Nachmittagsstunden zu Sylten vordringen und ihm sogar eine Scheibe Brot und zwei Kartoffeln mitbringen. Am Tag vorher war Pfarrer Berendt im Invalidenblock gestorben. Sein schwaches Herz hatte die Schikanen und Aufregungen nicht ertragen. So wurde er vor dem schwersten Weg bewahrt. Sylten hatte ihm in der Sterbestunde den letzten seelsorgerischen Dienst erweisen können.

Das Gespräch mit Sylten in jener Sonntagabendstunde wird mir unvergeßlich bleiben. Diese Stunde gehört zu den schwersten meines Lebens. Mit dem todgeweihten Mann, meinem Freund und Mitarbeiter, mußte ich über den Weg, der vor ihm lag, und die wenigen Hoffnungen, die wir noch hatten, sprechen. Ich konnte ihm erzählen, daß ich mich darum bemüht hatte, seinen Namen, das heißt seine Nummer, von der Invalidenliste streichen zu lassen. Er wußte, daß das schon einmal bei einem tschechischen Pfarrer gelungen war.

Die Häftlinge, die in der sogenannten Lagerselbstverwaltung als Schreiber tätig waren, hatten schon öfter versucht, Kameraden dadurch zu retten, daß sie in die Liste eine andere Nummer eintrugen, und zwar die Nummer eines Häftlings, der entweder schon gestorben war oder gerade im Sterben lag. Wir hatten ja alle eine Nummer und wurden auch nur als Nummern verbucht. Mit den Schreibern hatte ich vereinbart, daß Sylten für eine »freiwerdende« Nummer eingesetzt werden sollte. Alle Beteiligten riskierten dabei ihr Leben. Beim ersten Schub blieb Sylten noch zurück. Er sollte zwischen dem ersten und zweiten Schub aus der Baracke verschwinden, seine Nummer mit der eines verstorbenen Kameraden vertauschen. Aber beim Abtransport des ersten Schubs passierte das Unheil. Der SS-Arzt fragte: »Ist der Pfaffe dabei, der Jude?« Damit war Sylten gemeint. Der Häftling, der die Liste führte, meldete, daß Sylten für den zweiten Schub vorgesehen sei. Jetzt wagte keiner mehr, die »Schiebung« mitzumachen. Wir mußten Werner Sylten scheiden sehen. Jeden Abend haben wir bei den Gebeten, die wir Katholiken und Protestanten gemeinsam sprachen, auch an ihn gedacht wie an alle, die zum Transport registriert waren. Die Fürbitte für Werner Sylten, der wohl kaum einen Gegner auf seinem Block hatte, war besonders herzlich. Gott hatte unsere Bemühungen erfolglos bleiben lassen, und wir beugten uns seinem Willen.

[...]

Am Abend des Tages, an dem dieser treue Bruder von uns ging, haben wir uns der Tränen nicht geschämt. Aber wenn wir mit dem Psalmisten beten: »Zähle die Wege meiner Flucht, fasse meine Tränen in deinen Krug. Ohne Zweifel, du zählst sie«, dann können wir auch bekennen: »Ich will rühmen Gottes Wort, ich will rühmen des Herrn Wort. Ich habe dir, Gott, gelobt, daß ich dir danken will.« Den Gottesdienst am folgenden Sonntag gestalteten wir als Feierstunde für Werner Sylten. Auch von den katholischen Kameraden fehlte keiner.

[...]

ALEXANDER UND MARGARETE MITSCHERLICH

Die Unfähigkeit zu trauern – womit zusammenhängt: eine deutsche Art zu lieben

I

[...]
In der Nacht des 22. Juni 1941, 15 Minuten vor Beginn des deutschen Angriffs auf Rußland, weckte man Mussolini aus dem Schlaf, um ihm einen Brief Hitlers vorzulegen, worin er ihm den »entscheidenden Entschluß seines Lebens« mitteilte. Auf die Frage seiner Frau, was das zu bedeuten habe, soll Mussolini geantwortet haben: »Das bedeutet, daß der Krieg verloren ist.«[1]

Der Krieg ging verloren. So gewaltig der Berg der Trümmer war, den er hinterließ, es läßt sich nicht verleugnen, daß wir trotzdem diese Tatsache nicht voll ins Bewußtsein dringen ließen. Mit dem Wiedererstarken unseres politischen Einflusses und unserer Wirtschaftskraft meldet sich jetzt mehr und mehr unbehindert eine Phantasie über das Geschehene. In etwas vergröberter Formulierung ließe sich sagen, daß durch die Verleugnung der Geschehnisse im Dritten Reich deren Folgen nicht anerkannt werden sollen. Vielmehr will man die Sieger auf Grund ihrer eigenen moralischen und politischen Maßstäbe zwingen, die Konsequenzen der Naziverbrechen so zu handhaben, als ob es sich um einen belanglosen kriegerischen Konflikt gehandelt hätte. Nach dieser Interpretation des Weltgeschehens haben wir dann natürlich auch »Ansprüche«, zum Beispiel auf die verlorenen Ostgebiete jenseits der Oder-Neiße-Linie. Zwar hat uns das Beharren auf diesen Phantasien in der politischen Realität keinen Schritt weitergebracht; die Kluft zwischen den beiden deutschen Staaten hat sich unnötig vertieft; wir bestehen jedoch auf der Idee eines Rechtsanspruches, den wir in einem Friedensvertrag zur Geltung zu bringen hätten. Zwar ist ein solcher Vertrag nicht in Aussicht, und oft genug hat in der Geschichte der Menschheit die Regel gegolten, daß, wer einen Krieg zur völligen Vernichtung des Gegners begann, bei einer Niederlage mit entsprechenden

[1] Zit. nach Sebastian Haffner *Ein Jahrestag mahnt.* Stern, Nr. 26, 26. Juni 1966.

Konsequenzen zu rechnen hatte. Denn es ist leicht abzusehen, in welcher Weise ein nationalsozialistischer Staat, wenn ihm der Sieg zugefallen wäre, die östlichen Staaten behandelt hätte – wir aber bringen nach all dem »Rechtsansprüche« vor, Rechtsansprüche, die wir selbst, wären wir die Mächtigen geblieben, nie als verbindlich anerkannt hätten. In den zwanzig Jahren seit Kriegsende und insbesondere seit Stalins Tod hat sich die definitive Festigung der Sowjetunion als Weltmacht vollzogen. Des ungeachtet beharren wir auf der Erwartung, ein Friedensvertrag werde uns die Rückkehr nur »provisorisch unter fremder Verwaltung stehender Gebiete« bringen – also eine restitutio ad integrum. Das Dritte Reich, Hitlers Krieg nur ein Traum.

[...]
Weder unseren Regierungen noch unseren Parteien noch sonstigen Gruppen unserer Öffentlichkeit ist es gelungen, uns alle von einer einfachen, logisch verknüpften Kette von Tatsachen zu überzeugen: Wir haben die Sowjetunion mit Krieg überzogen, haben dem Land unendliches Leid gebracht und dann den Krieg verloren. Das hat zu einer Verschiebung der machtpolitischen Einflußzonen geführt. Nach der bedingungslosen Kapitulation müssen wir uns realpolitisch in die Tatsache schicken, daß der Sieger – der seinerseits den Sieg nur unter größten Opfern erreichte – seine Bedingungen so stellt, wie er sie für seine Interessen glaubt stellen zu müssen. Daß Rußland, ob bolschewistisch oder zaristisch, nach einem gewonnenen Krieg Gebietsforderungen stellen und eine Ausweitung seiner Einflußzone mit Nachdruck verfolgen würde, konnte man im vorhinein wissen. Indem wir in Rußland einmarschierten, waren wir dieses kalkulierbare Risiko eingegangen; aber wir sind jetzt nicht fähig, die Forderungen Rußlands als Kriegsfolge anzuerkennen, als ob die ganze Auseinandersetzung ein Kabinettskrieg und nicht ein ideologischer Kreuzzug gewesen wäre.

II

[...]
Wir verlangen also nach näherer Aufklärung über den Sprung, den so viele vom Gestern ins Heute taten. Es war eine blitzartige Wandlung, die man nicht jedermann so mühelos zugetraut hätte. Durch Jahre war die Kriegführung und waren die Kriegsziele der

Naziführer mit minimaler innerer Distanz bejaht worden, Vorbehalte blieben jedenfalls ohne Auswirkungen. Nach der vollkommenen Niederlage kam die Gehorsamsthese auf, plötzlich waren nur noch die unauffindbaren oder abgeurteilten Führer für den in die Tat umgesetzten Völkermord zuständig. Zwar hatten alle Schichten, und vornehmlich die führenden, die Industriellen, die Richter, die Universitätslehrer, entschiedene und begeisterte Unterstützung gewährt, mit dem Scheitern sahen sie sich jedoch wie selbstverständlich von der persönlichen Verantwortung entbunden.
Die große Majorität der Deutschen erlebt heute die Periode der nationalsozialistischen Herrschaft retrospektiv wie die Dazwischenkunft einer Infektionskrankheit in Kinderjahren, wenn auch die Regression, die man unter der Obhut des »Führers« kollektiv vollzogen hatte, zunächst lustvoll war – es war herrlich, ein Volk der Auserwählten zu sein. Dieser Glaube ist für sehr viele zwar nicht unerschüttert geblieben, aber auch nicht widerlegt. [...]

Die »intellektuelle Aufgabe« kann es deshalb zunächst nur sein, in aller Vorsicht die Selbsttäuschungen, die zu der Entstehung eines neuen Selbstbildnisses nicht unerheblich beitragen, als das, was sie sind, sichtbar werden zu lassen. Vielleicht trifft Freuds Bemerkung, die Neurose verleugne die Realität nicht, sie wolle bloß nichts von ihr wissen, auch für die kollektiven Anstrengungen zu, die wir in unserer Umgebung beobachten. Natürlich beherrschen solche Abwehrvorgänge nicht nur die deutsche Szene, sie sind allgemeinmenschliche Reaktionsformen. Trotzdem bleibt es entscheidend, wie jeder einzelne und jedes einzelne Kollektiv der spezifisch gehegten Selbsttäuschungen innezuwerden und sie zu überwinden verstehen.

III

[...]
Bei der Behandlung der individuellen Neurose haben wir es überwiegend mit der Aufhellung der infantilen Erinnerungslükken, mit den Trieb- und Ambivalenzkonflikten im Umgang mit den unmittelbar erlebten und später internalisierten Autoritäten zu tun – mit Konflikten also, die, da sie unbewußt bleiben, aus der Kindheit herüberreichen – und mit der aus diesen Zwiespäl-

tigkeiten und Kränkungen der Gefühle entstehenden Angst-, Schuld- und Schamproblematik. Um diese Angst, diese Schuld und Scham zu vermeiden oder wenigstens zu verringern, werden seelische Abwehrvorgänge von der Art der Verdrängung, der Verleugnung, der Projektion und andere mobilisiert.

Bei der Abwehr gegen Schuld, Scham und Trauer um ihre Verluste, die das Kollektiv der Bevölkerung Nachkriegs-Deutschlands vollzieht, haben wir es zwar mit dem gleichen infantilen Selbstschutz zu tun, aber nicht mit infantilen Schulderlebnissen, sondern mit realer Schuld größten Stiles. Die Anwendung kindlicher Entlastungstechnik auf die Konsequenzen aus gescheiterten gewaltigen Eroberungszügen und Ausrottungsprogrammen, die ohne den begeisterten Einsatz dieses Kollektivs gar nicht hätten begonnen, geschweige denn bis »fünf Minuten nach zwölf« hätten durchgehalten werden können, muß erschrecken. Die Versuche, auf diese Weise der Vergangenheit Herr zu werden, wirken auf den distanzierten Beobachter grotesk. Trotz der Überempfindlichkeit solcher Beobachter für deutschnationale Töne muß ein wenig durchdachtes, kindliches Verhalten verständlicherweise die Angst aufrechterhalten, daß eine Überraschung nicht unmöglich ist und daß noch einmal Gehorsamsakte, welche die individuelle Verantwortung auslöschen, zu deutscher Politik werden könnten.

Zu den Mitteln der Schuldleugnung gehört die seither häufig vertretene Auffassung, das Hereinbrechen einer Diktatur sei ein Naturereignis, das sich getrennt von Einzelschicksalen vorbereite und gleichsam über sie hinweggehe. Bei näherer Betrachtung ist das eine ungenaue und nur halb richtige Aussage. Freilich ist es sehr schwierig, den Zusammenhang darzustellen zwischen individuellen Verhaltensmustern, bereitliegenden Reaktionen und dem politischen Erfolg eines Diktators. Hier spielen Interdependenzen eine bedeutende Rolle und nicht nur ein passives Ergriffenwerden des wehrlosen Mannes auf der Straße. Man darf die Problematik nicht erst in der Katastrophe, sondern muß sie in den Tagen des ungetrübten Einverständnisses zwischen Volk und Diktator beginnen lassen. Wir waren sehr einverstanden mit einer Führung, die typisch deutsche Ideale mit unserem Selbstgefühl aufs neue zu verbinden wußte: Da wurde die Chance zur uniformierten Darstellung unseres Selbstwertes gegeben. Sichtbar gegliederte Autoritätshierarchien traten plötzlich in Fülle vor das Auge des durch »Parteiengezänk« enttäuschten Volksgenossen. Die Präzision unseres Gehorsams wurde gebührend erprobt, und der fast grenzenlose Wille, uns den Hoffnungen des Führers würdig zu erweisen, durfte ausschweifen. Angenommen, dieser Führer hätte sich mit kleineren Annexionen begnügt und auch in seiner Judenverfolgung gemäßigt bis zu jener Grenze der Infamie, zu der beträchtliche Gruppen in den übrigen christlichen Staaten ihm mit stillschweigender Billigung zu folgen bereit gewesen wären, das Ende des Tausendjährigen Reiches wäre wohl noch heute nicht abzusehen. Die Abschaffung der parlamentarischen Demokratie bei gleichzeitiger Ankurbelung des Arbeitsmarktes hätte keine deutsche Revolution ausgelöst. Auch noch das Funktionieren eines pedantisch gelenkten Apparates der Menschenvernichtung ist ein Stück Wirklichkeit, das keine tiefe Spaltung zwischen allgemeiner Wertschätzung der Pünktlichkeit, Zuverlässigkeit, dem Hang zur totalen Lösung einer Aufgabe und dem Spezialfall der Anwendung dieser Tugenden auf die Vernichtung eines »karteilich erfaßten Personenkreises« erkennen läßt. [...]

Wenn auch die Funktion des Führers Adolf Hitler durchaus individuell faßbar ist, so verlangt er doch nichts, worin nicht Millionen ihm zu folgen bereit sind; er führt, nicht unfaustisch, Sadismus und Sentimentalität, Fremdenhaß und Vergottung des Selbstideals als Herrenwesen in barbarische Maßlosigkeit hinein. Achtet man auf die psychischen Vorgänge, so vollzieht sich hier in zahllosen Schattierungen ein aggressiver Triebdurchbruch gegen freigegebene Objekte. Dies ist der Erfolg der Umdrehung des Gewissens. Der Führer personifiziert ein neues. Erst sein Scheitern, nicht das alte Gewissen, verhilft Schuldgefühlen zum Durchbruch.

[...]
Im allgemeinen gilt die Regel: Je stärker die Aggressionen eines Menschen sind, um so rigider und intoleranter pflegt seine Gewissensbildung zu sein. In jedem zwanghaft geübten Gehorsamsakt wird das Problem der Ambivalenz all unserer Gefühle nicht ausgetragen und gelöst. Es wird höchstens verleugnet, daß es eine solche Ambivalenz der Gefühle einem überhöhten, vergotteten Objekt gegenüber gibt. Das muß im psychischen Geschehen zu einer Vertiefung der Doppelwertigkeit und Zunahme der untergründigen Haßgefühle gegen dieses Idol führen. Der Teufelskreis besteht darin, daß die Abwehr dieser unerlaubten – und ja auch im alltäglichen Leben hochgefährlichen – Haßgefüh-

le im Bewußtsein zu einer Verstärkung der Idealisierung und einer um so heftigeren Identifizierung mit dem Idol führt. Identifiziere ich mich mit ihm und erhöhe es nach Kräften, so spüre ich die von ihm ausgehende Unterdrückung nicht mehr als Last, sondern als Lust. Auf diesem Weg fällt dem Idol, in unserem Fall dem »Führer«, die Qualität der Einzigartigkeit zu. Ihm zu gehorchen wird ein Vergnügen, eine in die Geschichte eingehende Auszeichnung. Die Angst des schwachen Ichs, das sich dieser kollektiven Wahnverkennung nicht zu widersetzen vermag, geht dabei im subjektiven Bewußtsein verloren.

Nach dem Sturz des Idols meldet sich dann dieses schwache Ich wieder und bekennt, es sei einem Übermächtigen erlegen; und wie das schwache Kind sei es schuldlos an den Erziehungsfehlern der Erwachsenen. Sosehr sie es nachträglich zu beschönigen versuchte, Hitler hatte der deutschen Öffentlichkeit in Stadt und Land mit verschwindenden Ausnahmen möglich gemacht, an die Realisierbarkeit ihrer infantilen Omnipotenzphantasien glauben zu dürfen. Es waren archaische Triebrepräsentanzen, denen Befriedigung versprochen worden war. Der Verzicht auf diese primärprozeßhaft erlebte Geborgenheit in einem gemeinsam geteilten Ich-Ideal brachte für große Teile der Bevölkerung eine erhebliche Beängstigung mit sich. Es herrschten Ratlosigkeit und Desorientierung. In der schon erwähnten Weise wurden sie durch den Versuch eines Rückgreifens auf unkompromittierte Autoritäten und durch den Abzug der Affekte aus der durch die Niederlage entwerteten Vergangenheit beantwortet.

Wir können jetzt also zusammenfassend formulieren: Die Unfähigkeit zur Trauer um den erlittenen Verlust des Führers ist das Ergebnis einer intensiven Abwehr von Schuld, Scham und Angst; sie gelingt durch den Rückzug bisher starker libidinöser Besetzungen. Die Nazivergangenheit wird derealisiert, entwirklicht. Als Anlaß zur Trauer wirkt übrigens nicht nur der Tod Adolf Hitlers als realer Person, sondern vor allem das Erlöschen seiner Repräsentanz als kollektives Ich-Ideal. Er war ein Objekt, an das man sich anlehnte, dem man die Verantwortung übertrug, und ein inneres Objekt. Als solches repräsentierte und belebte er aufs neue die Allmachtsvorstellungen, die wir aus der frühen Kindheit über uns hegen; sein Tod und seine Entwertung durch Sieger bedeutete auch den Verlust eines narzißtischen Objekts und damit eine Ich- oder Selbstverarmung und -entwertung. [...]

IV

[...]

Wo Schuld entstanden ist, erwarten wir Reue und das Bedürfnis der Wiedergutmachung. Wo Verlust erlitten wurde, ist Trauer, wo das Ideal verletzt, das Gesicht verloren wurde, ist Scham die natürliche Konsequenz. Die Verleugnungsarbeit erstreckte sich gleichermaßen auf die Anlässe für Schuld, Trauer und Scham. Einer der ökonomischen Vorteile dieses globalen Rückzuges aus der eigenen Vergangenheit war, daß man sich entsprechend in mehreren Richtungen ungebrochen der Gegenwart und ihren Aufgaben hinzugeben vermochte. Man hielt das für besser als »fruchtloses Wühlen in der Vergangenheit«. Wenn überhaupt Erinnerung, dann als Aufrechnung der eigenen gegen die Schuld der anderen. Manche Greuel seien unvermeidbar gewesen, weil die Greuel der Gegner das Gesetz des Handelns vorgeschrieben haben. Schließlich löst sich eine besondere Schuld auf dem eigenen Konto vollends auf.

In der Pyramide der Verantwortung stellt sich das dann so dar, daß der »Führer« durch den politischen Druck von außen zu seinen Entscheidungen gezwungen war. Das löste eine Befehlskette aus, der sich niemand zu entziehen vermochte; allenthalben herrschte – so vernimmt man es in retrospektiver Selbstrechtfertigung – ein alles entschuldender Befehlsnotstand. Bei diesen Versuchen, Schuld abzuschütteln, wird bemerkenswert wenig der Opfer gedacht – gleichgültig, ob es sich um die eigenen oder um die der Gegenseite handelt. Das läßt das Ausmaß des Energieeinsatzes erkennbar werden, der zur Verleugnung der in Wahrheit keineswegs so eindeutigen Zwangslage der Vergangenheit notwendig ist. Die Gefühle reichen nur noch zur Besetzung der eigenen Person, kaum zu Mitgefühlen irgendwelcher Art aus. Wenn irgendwo überhaupt ein bedauernswertes Objekt auftaucht, dann ist es meist niemand anderer als man selbst.

Bei der Analyse des seelischen Geschehens, das die Trauer ausmacht, finden wir den Schmerz um den Verlust eines Wesens, mit dem der Trauernde in einer tiefer gehenden mitmenschlichen Gefühlsbeziehung verbunden war. Mit dem betrauerten Objekt ging etwas verloren, was ein wertvoller Inhalt unserer erlebten Umwelt war. Es gibt jedoch eine krankhafte Steigerung der Trauer, die Melancholie. Freud war es, der den Unterschied zwischen Trauer und Melancholie sehr klar gemacht hat. In der Trauer fühle ich mich verarmt, aber nicht in meinem Selbstwert

erniedrigt. Diese letztere Erfahrung macht jedoch der Melancholiker. Ihm widerfährt »eine außerordentliche Herabsetzung seines Ich-Gefühls, eine großartige Ich-Verarmung«.
Der Verlust des »Führers« war für Millionen Deutsche nicht der Verlust irgendeiner Person (so spurlos der Untergang und so rapide die Abkehr von ihm erfolgte), sondern mit seiner Person verbanden sich Identifikationen, die im Leben der Anhänger zentrale Funktionen erfüllt hatten. Denn er war, wie wir ausführten, zur Verkörperung des eigenen Ich-Ideals geworden. Der Verlust eines derart hoch mit libidinöser Energie besetzten Objektes, an dem man noch nicht zweifelte, nicht zu zweifeln wagte, als die Heimat in Trümmer fiel, wäre in der Tat ein Anlaß zur Melancholie. Nicht nur verlor unser Ich-Ideal in der Katastrophe seinen realen Rückhalt, der »Führer« wird auch noch von den Siegern als herostratischer Verbrecher entlarvt. Mit diesem plötzlichen Umschlag seiner Qualitäten erfährt das Ich jedes einzelnen eine zentrale Entwertung und Verarmung. Zumindest die Voraussetzung zur melancholischen Reaktion ist geschaffen.
An dieser Stelle bietet sich die Gelegenheit zur Einführung unserer Arbeitshypothese. Die Bundesrepublik ist nicht in Melancholie verfallen, das Kollektiv all derer, die einen »idealen Führer« verloren hatten, den Repräsentanten eines gemeinsam geteilten Ich-Ideals, konnte der eigenen Entwertung dadurch entgehen, daß es alle affektiven Brücken zur unmittelbar hinter ihnen liegenden Vergangenheit abbrach. Dieser Rückzug der affektiven Besetzungsenergie, des Interesses, soll nicht als ein Entschluß, ein beabsichtigter Akt verstanden werden, sondern als ein unbewußt verlaufendes Geschehen, das nur wenig vom bewußten Ich mitgesteuert wird. Wir haben uns das Verschwinden ehemals höchst erregender Vorgänge aus der Erinnerung als das Ergebnis eines gleichsam reflektorisch ausgelösten Selbstschutzmechanismus vorzustellen. Mit dieser Abwendung der inneren Anteilnahme für das eigene Verhalten im Dritten Reich wurde ein in ungezählten Fällen kaum zu bewältigender Verlust des Selbstwertes und damit der Ausbruch einer Melancholie vermieden. Die Auswirkung dieser außergewöhnlichen psychischen Anstrengung des Selbstschutzes, die keineswegs aufgehört hat, ist der heute herrschende psychische Immobilismus angesichts brennender Probleme unserer Gesellschaft. Wegen der Fortdauer dieser autistischen Haltung ist es einer großen Zahl, wenn nicht der Mehrheit der Bewohner unseres Staates nicht

gelungen, sich in unserer demokratischen Gesellschaft mit mehr als ihrem Wirtschaftssystem zu identifizieren.
Um noch einmal den Unterschied zwischen Trauerreaktion und Melancholie anschaulich zu machen: Wenn heute kein lebendiges, spannungsreiches Leben unter unserer demokratischen Verfassung in der Bundesrepublik aufkommen will, weil uns immer wieder autoritäre Verwaltungsroutine und sterile Reaktionsweisen dazwischentreten und das höchstens mit passiven Ressentiments beantwortet wird, so ist Trauer die angemessene Reaktion; Trauer, weil eine erhoffte Entwicklung nicht eingetreten ist, obgleich viele Versuche gemacht wurden. [...]

Der kollektiven Verleugnung der Vergangenheit ist es zuzuschreiben, daß wenig Anzeichen von Melancholie oder auch von Trauer in der großen Masse der Bevölkerung zu bemerken waren. Einzig die Verbissenheit, mit der sofort mit der Beseitigung der Ruinen begonnen wurde und die zu einfach als Zeichen deutscher Tüchtigkeit ausgelegt wird, zeigt einen manischen Einschlag. Vielleicht ist es auch von dieser manischen Abwehr her zu verstehen, mit wie wenig Anzeichen äußerer Gemütsbewegung die Nachrichten von den größten Verbrechen in unserer Geschichte hingenommen wurden.
Genau betrachtet sind es also drei Reaktionsformen, mit denen die Einsicht in die überwältigende Schuldlast ferngehalten wird. Zunächst ist es eine auffallende Gefühlsstarre, mit der auf die Leichenberge in den Konzentrationslagern, das Verschwinden der deutschen Heere in Gefangenschaft, die Nachrichten über den millionenfachen Mord an Juden, Polen, Russen, über den Mord an den politischen Gegnern aus den eigenen Reihen geantwortet wurde. Die Starre zeigt die emotionelle Abwendung an; die Vergangenheit wird im Sinne eines Rückzugs alles lust- oder unlustvollen Beteiligtseins an ihr entwirklicht, sie versinkt traumartig. Die quasi-stoische Haltung, dieser schlagartig einsetzende Mechanismus der Derealisierung des soeben noch wirklich gewesenen Dritten Reiches, ermöglicht es dann auch im zweiten Schritt, sich ohne Anzeichen gekränkten Stolzes leicht mit den Siegern zu identifizieren. Solcher Identitätswechsel hilft mit, die Gefühle des Betroffenseins abzuwenden, und bereitet auch die dritte Phase, das manische Ungeschehenmachen, die gewaltigen kollektiven Anstrengungen des Wiederaufbaus, vor.
Der Rückzug alles libidinösen Interesses, der vielfältigen Identi-

fikationen von dem, was die Wirklichkeit des Dritten Reiches ausgemacht hat, sei es in Taten, sei es in Worten und Phantasien, gelingt scheinbar mühelos. Die Schnelligkeit des Vorgangs verdeckt leicht, daß es sich trotzdem um ein gewaltsames Losreißen von der eigenen Identität, von den gepflegten und gehegten Größenideen handelt, das hier stattfindet. Zwar ist der ökonomische Gewinn für den seelischen Haushalt durch dieses Aufgeben libidinöser Besetzungen groß, aber auch der ökonomische Aufwand, der in diesem Rückzug von den narzißtisch gepflegten Wertvorstellungen steckt, ist nicht unbedeutend. Man sieht sich nachdrücklich gezwungen, sich in Meinungen, Einstellungen, Idealbildung, Geschmacksurteilen zurückzuhalten, in denen man bisher »völkisch«-kollektiv gesichert war. Wer nicht in der Beobachtung weiter wirkender seelischer Motivationsketten geübt ist, könnte der Meinung sein, die damals so erfolgreich abgewehrte Trauerreaktion (oder Melancholie), die sich auch auf den ganzen Umkreis der »völkischen« Ideale erstreckte, habe keine Spuren hinterlassen, sondern sie habe das Geschehen beendet. Die Opfer seien nun gebracht und vergessen, und neue Aufgaben würden jetzt die Menschen beanspruchen. Wäre dem so, dann hätte man es mit einem »abgeschlossenen Kapitel« der Geschichte zu tun.
Dieser Schein trügt, sonst hätte inzwischen nicht der Begriff der »Sühnedeutschen« erfunden werden können für jene nicht große Gruppe, die sich nicht der Illusion überläßt, Schuld sei historisch durch Verleugnung zu beseitigen. Die Hoffnung, die Nachkriegszeit sei abgeschlossen, was wiederholt von führenden deutschen Politikern geäußert wurde, muß sich deshalb als Irrtum erweisen, weil nicht wir allein bestimmen, wann es genug ist, Folgerungen aus einer Vergangenheit zu ziehen, die Leben und Glück einer so großen Zahl von Menschen vernichtet hat. Die Anhänger der Krankheitstheorie der Diktatur sind da rasch mit einem Abschied von dem, was hinter uns liegt, bei der Hand. Es besteht jedoch eine Weltöffentlichkeit, die keineswegs das, was im Dritten Reich sich zugetragen hat, vergessen hat noch zu vergessen bereit ist. Wir hatten Gelegenheit, zu beobachten, wie es nur der Druck der Meinung außerhalb Deutschlands war, der uns zwang, Rechtsverfahren gegen Nazitäter durchzuführen, die Verjährungsfrist zu verlängern oder den Hergang von Massenverbrechen zu rekonstruieren. Wegen dieser Differenz zwischen unserer eigenen eingeschränkten Erinnerungsfähigkeit und der keineswegs behinderten unserer ehemaligen Kriegsgegner und

Opfer sind wir gezwungen, unsere psychischen Abwehrpositionen unter fortwährendem Energieaufwand aufrechtzuerhalten.
In diesen Zusammenhang gehören auch Akzentverschiebungen in der Aufmerksamkeit. So wird etwa am Jahrestag schwerer Bombardements auf deutsche Städte »zur Erinnerung an die Toten« unsere Flagge auf öffentlichen Gebäuden halbmast gehißt. Dieses Gedenken kann dazu beitragen, ein neues Geschichtsbewußtsein zu festigen, und damit könnte sich jährlich die Frage wiederholen, unter welcher Devise diese Opfer gebracht werden mußten. Aber es bleibt doch eine sehr einseitige Erinnerung, denn bisher ist es nicht dazu gekommen, einen dem Bombardement auf Dresden oder Frankfurt vergleichbaren Gedenktag für die Opfer der Konzentrationslager, für die holländischen, polnischen oder russischen Opfer der Gestapo und Sonderkommandos festzulegen und zu begehen.
Dieser Ausfall an Mitgefühl ist psychologisch doppelt begründet: Die Ideologie der Nazis ist zwar nach 1945 pauschal außer Kurs geraten, was aber nicht bedeutet, daß man eine sichere innere Distanz zu ihr gefunden hätte. Dazu wäre eine kritische Auseinandersetzung, zum Beispiel eine Untersuchung auf die Wahnhaftigkeit mancher Teile dieser »Weltanschauung«, notwendig gewesen; aber sie kam nicht zustande. So haben sich, sozusagen naiv, weil unreflektiert, Teilstücke dieses Weltbildes völlig unbehelligt erhalten. Das folgenreichste dürfte der emotionelle Antikommunismus sein. Er ist die offizielle staatsbürgerliche Haltung, und in ihm haben sich ideologische Elemente des Nazismus mit denen des kapitalistischen Westens amalgamiert. So ist eine differenzierte Realitätsprüfung für alles, was mit dem Begriff »kommunistisch« bezeichnet werden kann, ausgeblieben. Das unter Adolf Hitler eingeübte Dressat, den eigenen aggressiven Triebüberschuß auf das propagandistisch ausgenutzte Stereotyp »Kommunismus« zu projizieren, bleibt weiter gültig; es stellt eine Konditionierung dar, die bis heute nicht ausgelöscht wurde, da sie in der weltpolitischen Entwicklung eine Unterstützung fand. Für unsere psychische Ökonomie waren der jüdische und der bolschewistische Untermensch nahe Verwandte. Mindestens, was den Bolschewisten betrifft, ist das Bild, das von ihm im Dritten Reich entworfen wurde, in den folgenden beiden Jahrzehnten kaum korrigiert worden. Die Einstellung zu den Juden hat eine gewisse Veränderung erfahren. Zunächst hat man ihnen gegenüber den Krieg nicht verloren, sondern in der

»Endlösung« nahezu das Ziel der Auslöschung einer Minorität erreicht. Die Gewissensseite wurde später immerhin so weit mobilisiert, daß eine Distanzierung von diesem Orgiasmus der Destruktion erfolgte. Korrigierend wirkte ferner die Tatsache, daß es im Nachkriegsdeutschland kaum noch jüdische Mitbürger gab. Das erschwerte den Fortbestand der Wahnprojektion auf sie (zum Beispiel ihre verschwörerischen Absichten); und schließlich hat die Gründung Israels eine neue Anschauungsform jüdischen Daseins geschaffen, das sich weitgehend von der jüdischen Assimilation in den Industrie- und Nationalstaaten des Westens unterscheidet. [...]

V

[...]
Wir haben keine kleinliche Wiedergutmachungsleistung an jenen Überrest europäischer Juden bezahlt, die wir verfolgten und noch nicht töten konnten. Aber die wirklichen Menschen, die wir da unserer Herrenrasse zu opfern bereit waren, sind immer noch nicht vor unserer sinnlichen Wahrnehmung aufgetaucht. Sie sind ein Teil der derealisierten Wirklichkeit geblieben. Liest man zum Beispiel in manchen ärztlichen Gutachten, die wegen körperlicher oder seelischer Verfolgungsschäden erstattet werden, so begegnet man einem erschreckenden Ausmaß von Einfühlungslosigkeit. Der Gutachter ist durchaus befangen und unbewußt mit der Seite der Verfolger identifiziert geblieben. Er kann sich nicht vorstellen, was es heißt, wenn eine vierzehnjährige Tochter eines Textilhändlers einer badischen Landstadt von der Macht eines Polizeistaates, von uniformierten, wohlgenährten, selbstbewußten Männern ergriffen und in der Art eines Ungeziefers behandelt wird. Er kann sich nicht vorstellen, daß das auch seiner vierzehnjährigen Tochter hätte widerfahren können. Er kann sich nicht in ein Mädchen hineindenken, dessen Eltern im gleichen Lager, in dem es selbst gewesen ist, vergast wurden und in dem es dann allein zurückblieb und schließlich nur durch Zufall der Vernichtung entging. Sollten solche Schrekken keine Narben hinterlassen? Kurt R. Eißler hat die für uns beschämende Frage gestellt, die Ermordung von wie vielen seiner Kinder ein Mensch symptomfrei ertragen müsse, damit ihm unsere Gutachter eine normale Konstitution zubilligen. Zwischen dieser *Form* administrierter Wiedergutmachung und den

Formen administrierter Tötung einer ganzen Volksgruppe ist kein prinzipieller Unterschied. Zunächst verhinderte die emphatische Selbsthingabe und Auflösung des eigenen Ichs in den Ideen und Ansprüchen des Führers eine Einfühlung in die Verfolgten als Menschen. Schuldgefühle über Unmenschlichkeiten, über Morde in einer Zahl, die wir nur objektiv wissen, aber nicht erlebend nachzuvollziehen vermögen, sind ebensowenig aus der unbewußten Wahrnehmung zu entfernen wie die Scham darüber, daß wir unser Gesicht als zivilisierte Nation verloren haben. Als Konsequenz der Abwehr fehlen uns in unserer psychischen Ökonomie ständig die Energien, die wir im Dienste unseres Selbstgefühls darauf verwenden, die Vergangenheit zu entwirklichen, um Schuld und Scham zu vermeiden.
Die Getöteten können wir nicht zum Leben erwecken. Solange es uns aber nicht gelingen mag, den Lebenden gegenüber aus den Vorurteilsstereotypen unserer Geschichte uns zu lösen – das Dritte Reich stellte nur eine letzte Epoche dar –, werden wir an unseren psychosozialen Immobilismus wie an eine Krankheit mit schweren Lähmungserscheinungen gekettet bleiben. »Die kollektive Verantwortung einer Nation für einen Abschnitt ihrer Entwicklung«, schreibt Georg Lukács, »ist etwas derart Abstraktes und Unbegreifbares, daß sie an den Widersinn streift. Und doch kann ein solcher Abschnitt wie die Hitlerzeit nur dann im eigenen Gedächtnis als abgetan und erledigt betrachtet werden, wenn die intellektuelle und moralische Einstellung, die ihn erfüllte, ihm Bewegung, Richtung und Gestalt gab, radikal überwunden wurde. Erst dann ist es für andere – für andere Völker – möglich, auf die Umkehr zu vertrauen, die Vergangenheit als wirklich Vergangenes zu erleben.« Man kann aber nur auf Grund eines zuverlässig im Bewußtsein verankerten Wissens, auch eines solchen, das zunächst peinigen muß, »radikal überwinden«, da das, was geschah, nur geschehen konnte, weil dieses Bewußtsein korrumpiert war. Was unter einer über zwei Jahrzehnte andauernden Zensur unseres Bewußtseins nicht als schmerzliche Erinnerung eingelassen wird, kann ungebeten aus der Vergangenheit zurückkehren, denn es ist nicht »bewältigte« Vergangenheit geworden: Vergangenheit, um deren Verständnis man sich bemüht hat. Trauerarbeit kann nur geleistet werden, wenn wir wissen, wovon wir uns lösen müssen; und nur durch ein langsames Ablösen von verlorenen Objektbeziehungen – solchen zu Menschen oder zu Idealen – kann die Beziehung zur Realität wie zur Vergangenheit in einer sinnvollen Weise auf-

rechterhalten werden. Ohne eine schmerzliche Erinnerungsarbeit wird dies nicht gelingen können, und ohne sie wirken unbewußt die alten Ideale weiter, die im Nationalsozialismus die fatale Wendung der deutschen Geschichte herbeigeführt haben. [...]

ALFRED ANDERSCH

Jesuskingdutschke

»Das ist nur eine Platzwunde«, sagte Carla, während sie Marcels Schädeldecke untersuchte. »Nur oberflächlich.«
Sie schob seine schwarzen Haare auseinander und prüfte den Verlauf der Wunde, so gut es im Licht der Laterne ging. Marcel stand an den Lampenpfahl gelehnt, Blut rann ihm in zwei Bahnen über das Gesicht, er wischte es vorsichtig weg, wenn es ihm in die Augen drang.
»Er muß verbunden werden«, sagte Carla zu Leo. »Am besten bei mir in der Klinik. Ob wir hier irgendwo ein Taxi auftreiben?«
Carla war Medizinstudentin. Sie diente gerade ein Praktikum ab, im Moabiter Krankenhaus.
»Du solltest erst einmal nach Hause, dich umziehen«, sagte Leo. »Du mußt ja bis auf die Haut naß sein.«
Sie schüttelte den Kopf. »Nicht nötig«, sagte sie, »der Mantel hat das meiste abgehalten. Ich hab in der Klinik Sachen zum Wechseln.«
Ihre Haare, die genauso schwarz waren wie die von Marcel, klebten ihr am Kopf. Sie trug einen hellen Regenmantel, der mit einem Gürtel geschlossen war.
Während sich Leo zwang, das Blut zu betrachten, wie es in Marcels Bart sickerte, hörte er hinter sich die Schritte der Demonstranten, die durch die Kochstraße abzogen. Sie liefen nicht mehr, weil die Polizei nur bis zur Ecke Charlottenstraße angegriffen hatte. Der Wasserwerfer dort war noch immer in Tätigkeit, obwohl die Straße schon leer war. Leo, sich von Marcel und Carla abwendend, sah dem Strahl zu, wie er von den Scheinwerfern jenseits der Mauer illuminiert wurde. Plötzlich wurde er abgedreht. Sekundenlang herrschten nichts als Schweigen und der schwarze Glanz der nassen Fahrbahn. Dann erst wurden die Polizisten im Hintergrund der Straße sichtbar, es wimmelte von ihnen, nichts wie Helme und Mäntel um das Pressehaus, hinter dessen Fenstern alle Lichter brannten. Ungefähr hundert Meter vor dem Wasserwerfer, fast schon an der Ecke zum Checkpoint Charlie, lag ein Mann auf dem Bürger-

steig, mit dem Gesicht nach unten. Ein Zivilist, anscheinend ein Arzt, den die Polizisten durchgelassen hatten, die in mehreren Ketten den Sektorenübergang zernierten, ging auf den Liegenden zu.
Möglich, daß trotz der Tumulte ein paar Taxis vor der U-Bahn-Station Kochstraße stehen, dachte Leo, aber in diese Richtung gehen hieße der Polizei direkt in die Fänge laufen.
»Kommt!« sagte er. »Am Askanischen Platz gibt es Taxis.«
Sie waren unter den letzten, die den Schauplatz verließen. Als sie durch die Anhalter Straße gingen, war die Nacht irgendeine April-Nacht in Berlin, kühl und leer. Jedesmal, wenn sie in einen Lichtkreis gerieten, stellte Leo fest, daß Carla Marcel aufmerksam beobachtete; offenbar befürchtete sie, das Blut würde auf einmal zu quellen beginnen, hell und in Strömen.
Am Grün-Rondell des Askanischen Platzes stand eine einzige Taxe. Der Fahrer hatte einen Arm aufs Steuerrad gestützt und den Kopf in die Hand gelegt, er schien zu schlafen, aber als Leo schon die Hand am Türgriff hatte, sagte er, ohne seine Stellung zu verändern: »Lassen Se man die Pfoten wech! Ick fahre keene Studenten.«
Wie immer, wenn ihm etwas Derartiges zustieß, dachte Leo zuerst einmal an seine Bärenkräfte, daran, daß viele seiner Bekannten ihn einen Bullen nannten. So, wie er gebaut war, würde er den Mann mit einem einzigen Griff aus seinem Auto heben. Aber als er schon nach der Türe neben dem Fahrersitz greifen wollte, fiel ihm ein, wie er vor einer halben Stunde versäumt hatte, den Schlag abzuwehren, der Marcels Kopf getroffen hatte.
»Wir haben einen Verletzten bei uns«, sagte Carla. »Er muß so schnell wie möglich behandelt werden.«
Der Mann gab keine Antwort, sondern kurbelte nur das Wagenfenster hoch. Sie sahen, wie er nach dem Mikrophon seines Sprechfunkgeräts griff.
»Gehen wir zum Halleschen Tor!« schlug Leo vor. [...]

Sie gelangten an den Landwehrkanal, wandten sich nach rechts. Reichspietschufer, las Leo. Die Nacht sollte eigentlich nach Mord riechen, dachte er, nach Köbis und Reichspietsch, nach Liebknecht und Luxemburg, von Rechts wegen sollte sie eine nach Hilfe schreiende Nacht sein, aber sie war nur schlecht beleuchtet und aprilen, das Wasser des Kanals stand dicht und nichtssagend zwischen den hellen Steinböschungen, manchmal fuhr ein Auto durch die schwach sich bewegenden Lichtkreise, die auf dem Boden der Uferstraße lagen.

[...]
In der Linkstraße tat Marcel zum erstenmal wieder den Mund auf.
»Lukács' Kritik an Bucharin ist doch falsch«, sagte er. »Bucharin hat einiges schon damals gesehen, was Lukács eben noch nicht gesehen hat.«
»Sag mal«, fragte Leo, »hast du etwa den Bucharin aufgetrieben?«
»Ja«, sagte Marcel, »bei dem Antiquar in der Flensburger Straße. Ich dachte, ich seh nicht recht. Die deutsche Ausgabe von 1922.«
»Mensch!« sagte Leo. »Wann kann ich sie kriegen?«
»Vorläufig noch nicht. Wir machen erst mal ein Seminar darüber.«

[...]
Sie hörten plötzlich auf zu sprechen, weil ein Polizei-Jeep neben ihnen hielt. Der Polizist, der neben dem Fahrer saß, sprang heraus und kam auf sie zu.
»Darf ich um Ihre Ausweise bitten!« sagte er.
»Warum denn?« fragte Leo. »Dürfen wir hier nicht gehen?«
»Wenn Sie Schwierigkeiten machen wollen, können Sie gleich einsteigen!« sagte der Beamte.
Leo holte seinen berliner Personalausweis heraus und reichte ihn dem Mann. Als Studenten waren sie daran gewöhnt, ohne Grund kontrolliert zu werden; sie trugen darum immer Ausweispapiere bei sich.
Der Polizist sah Marcel an. »Was ist denn mit Ihnen los?« fragte er.
»Er ist gestürzt und hat sich den Kopf aufgeschlagen«, sagte Carla.
»So«, sagte der Polizist. »Einfach so gestürzt.«
»Nein«, sagte Carla, »nicht einfach so gestürzt, sondern gestürzt. Das gibt es. Ich arbeite im Moabiter Krankenhaus, und wir bringen ihn gerade dorthin.«
Sie gab ihm ihren westdeutschen Paß. Er zog ein Notizbuch heraus und begann, ihre Namen einzutragen.
»Sie haben nicht das Recht, uns aufzuschreiben«, sagte Leo.
»Sie würden sich wundern, wenn Sie wüßten, wozu ich das Recht habe«, erwiderte er, ganz ruhig.

Leo spürte, wie Carla ihre Hand auf seine Schulter legte.
»Keine Angst«, sagte er laut. »Ich tu ihm schon nichts.«
Der Polizist sah ihn an. »Sie sollen vorhin einen Taxifahrer bedroht haben«, sagte er.
»Das ist nicht wahr«, sagte Carla. »Er hat sich geweigert, uns zu fahren, und wir haben kein Wort gesagt und sind weggegangen. Kein Wort! Obwohl er gesagt hat, daß er Studenten nicht fährt.« Sie schrie es fast.
Nicht einmal dieser Polizist überhörte es, daß sich hier jemand sein Recht holen wollte. Er ließ von Leo ab.
»Ihren Ausweis noch!« sagte er zu Marcel, während er Carla und Leo die Papiere zurückgab.
Als er Marcels schweizer Paß sah, wurde er beflissen.
»Wir bringen Sie zur nächsten Unfallstation, wenn Sie es wünschen«, sagte er.
»Ich wünsche«, sagte Marcel, »daß Sie auch meinen Namen noch in Ihr Buch schreiben.«
»Das ist nicht nötig«, erwiderte er.
Marcel schnappte seinen Paß von den Fingern des Polizisten weg, drehte sich um und ging weiter.
Den Kerl einfach stehenlassen war nicht nur ein guter Abgang gewesen, dachte Leo, als er und Carla Marcel folgten, sondern auch die beste Taktik. Wer weiß, was alles passiert wäre, wenn ich noch lange diesem Polypen gegenübergestanden hätte. Ach was, dachte er sofort, das ist Angabe. Ich bin ein Angeber. Gar nichts wäre passiert. Und Marcel weiß es vielleicht. Wenn er vorhin, ehe er den Schlag bekam, noch fähig gewesen ist zu beobachten, was um ihn herum vorging, dann müßte er es wissen. [...]

Aber Marcel schien an ganz anderes zu denken. Noch während sie hörten, wie der Jeep hinter ihnen wendete und wegfuhr – das Geräusch hörte sich an wie ein Fluch, der in der Nacht verklang –, setzte er schon ihr Gespräch fort.
»Bucharin hat bestritten, daß man die Geschwindigkeit der gesellschaftlichen Prozesse voraussagen kann«, berichtete er. »Er wollte aus der Soziologie eine Naturwissenschaft machen. Man muß das mal durchdiskutieren.« [...]

»Wißt ihr eigentlich«, fragte Carla, »wie Bucharin umgekommen ist?«
»Natürlich wissen wir das«, antwortete Leo. »Stalin, die Schauprozesse und so weiter.«

»Wörter«, sagte Carla. »Leere Sprachhülsen: Stalin, Schauprozesse.«
»Was willst du damit sagen?«
»Bucharin hat sich vor Gericht als verbrecherischen Charakter bezeichnet. Er hat Trotzki verleugnet. Am Morgen seiner Erschießung mußte man ein wimmerndes Stück Fleisch aus der Zelle ziehen. Noch das Exekutionskommando hat er um sein Leben angebettelt.«
»Unsinn«, sagte Marcel. »Lies Merleau-Ponty, wenn du wissen willst, wie der Prozeß gegen Bucharin verlief!«
»Ich habe ihn gelesen«, antwortete Carla heftig.
Während sie sich stritten, begann Leo einen Stein zu kicken, der vor ihm auf der Straße lag. Er mußte einfach etwas tun. Diese Nacht wurde zur reinsten Katastrophe. Er rannte eine Weile hinter dem Stein her, kickte ihn immer weiter, dann blieb er stehen und wartete.
»Warum bist du eigentlich bei uns?« hatte er Carla einmal gefragt, kurz nachdem er sie kennengelernt hatte, vor ungefähr einem Jahr. Sie hatte ganz klare Auskünfte geben können. Ihr Vater, Chefarzt an einer Klinik in Duisburg, Chirurg – auch Carla wollte Chirurgin werden –, war in seiner Jugend einmal kurze Zeit in einem Konzentrationslager gewesen. Er hatte Carla eine ziemlich primitive, aber wirksame Theorie des Widerstandes beigebracht. »Wir haben damals alle gekuscht«, pflegte er zu sagen, »alle, ohne Ausnahme. Wir ließen uns einfangen wie die Hasen. Niemand, ich wiederhole: niemand ist auf die Idee gekommen, daß man gegen Gewalt Gewalt setzen könnte. Niemand hat gekämpft, ich meine wirklich gekämpft, mit der Waffe in der Hand. Es ist doch aussichtslos, hieß es immer. Du bist nur ein Mädchen, Carla, aber halte dich an die, die kämpfen, wenn sie vor der Gewalt stehen!« Der alte Herr – er war übrigens erst in den Fünfzigern – verhielt sich auch jetzt konsequent; er schrieb seiner Tochter verständnisvolle Briefe, diskutierte mit ihr jedoch taktische Fragen, um sie vor ausgesprochenen Dummheiten zu bewahren. Carla ist ein klarer Fall, dachte Leo, sie besitzt ein perfektes Über-Ich, ihren Vater. Auf Carla ist Verlaß. Auf Carla ist mehr Verlaß als auf alle, die zu uns kommen, weil sie ihre Eltern spießig finden.
Sie gingen noch immer an der Mauer entlang, aber schräg links von ihnen lag jetzt die Philharmonie, Scharouns steinernes Zelt, das Leo stets bewunderte, wenn er es erblickte. Von weißem Licht umsponnen, machte es die Mauer zu irgendeiner Mauer.

»Entschuldigt«, sagte Marcel, »aber ich glaube, ich muß mich mal eben einen Moment hinsetzen.«
Er setzte sich auf das Trottoir. Carla kniete sofort neben ihm.
»Leg dich hin«, sagte sie, »und atme ein paarmal tief durch!«
Er streckte sich aus, und Carla schob ihren Arm unter seinen Kopf. Leo sah ihre nassen Strümpfe und Schuhe.
»Herrgott, Carla, du holst dir noch was«, sagte er.
Sie schüttelte nur den Kopf und beobachtete Marcels Atemzüge, während sie seinen Kopf hoch stützte, damit die Wunde nicht wieder zu bluten begann.
Leo schlenderte umher. Es war ihm peinlich, daß er nichts zu tun hatte. Nach einer Weile entdeckte er die Schrift an der Mauer. Die Mauer war hier von der Philharmonie her schwach ausgeleuchtet.
»Menschenskinder«, rief er, »kommt mal her!«
Marcel hatte sich schon wieder aufgesetzt. Carla stützte ihn beim Aufstehen. Sie gingen dorthin, wo Leo stand. Gemeinsam lasen sie die Inschrift JESUSKINGDUTSCHKE, die irgend jemand mit dicker roter Kreide in einer Zeile und in Großbuchstaben auf die Mauer geschrieben hatte. Da er zwischen den drei Namen keinen Raum gelassen hatte, war aus ihnen ein einziger Name geworden.
»Es gibt doch Irre unter uns«, sagte Leo. Er lachte auf.
Die beiden anderen blieben stumm. Nach einer Weile sagte Carla: »Weißt du, so irre finde ich das gar nicht.«
Marcel starrte finster auf die Buchstaben.
»Alle diese Apostel der Gewaltlosigkeit!« sagte er.
»Na, Dutschke kannst du doch nicht zu denen rechnen«, wandte Leo ein.
»Hör mir mit Dutschke auf!« sagte Marcel. »Er quatscht immer nur vom langen Marsch durch die Institutionen. Mehr ist ihm bis jetzt nicht eingefallen.«
Leo war bereit, über Gewalt und Gewaltlosigkeit zu diskutieren, aber als er sich zum Gehen wandte, erblickte er das Taxi, das auf dem Kemperplatz, neben der Philharmonie stand. Er hechtete los.
Im Auto sackte Marcel zusammen; mit geschlossenen Augen lehnte er in seiner Ecke.
Leo saß vorne neben dem Fahrer. Er drehte sich halb um und streckte seinen Arm nach rückwärts aus, aber Carla ergriff seine Hand nicht.
»Nicht«, sagte sie leise, »nicht jetzt.«

Im Tiergarten war es dunkel. Es war fast so, als führen sie bei Nacht durch eine offene Landschaft.
Leo zog seinen Arm zurück und setzte sich gerade hin. Er hatte heute schon einmal seinen Arm zurückgezogen.
Er sah wieder den Polizisten auf Marcel zukommen, der noch immer methodisch und selbstvergessen Steine warf, auch als die Polizei schon angriff und alle liefen. Es war ganz richtig, daß sie liefen, und außerordentlich dumm von Marcel, daß er stehenblieb und weiter Steine warf. Der Polizist rannte mit erhobenem Knüppel auf Marcel zu, und als er heran war, hätte es eines einfachen Handgriffs von Leo, der neben Marcel stand, bedurft, um ihn außer Gefecht zu setzen. Leo hätte nur den zum Schlag erhobenen Unterarm packen und den ganzen Arm mit einer kurzen, eisern drehenden Bewegung aus dem Schultergelenk kugeln müssen: der Mann hätte sich brüllend vor Schmerzen am Boden gewälzt. Er hatte es nicht getan. Zwar hatte er seinen Arm ausgestreckt, aber zu langsam, in einer berechnet langsamen Geste, von der er wußte, daß sie zu spät kommen würde, und die damit endete, daß er nicht den Polizisten, sondern Marcel am Arm ergriff, nachdem der Schlag ihn getroffen hatte, daß er Marcel herumriß, ihn nach hinten stieß, schleifte, trug, bei welchem Geschäft ihn übrigens die Polizisten in Ruhe ließen. Leo war es schon gewohnt, daß sie ihn nicht angriffen. Er war fast zwei Meter groß, von Gestalt ein Athlet, ein federnder Riese. Er war kein Bulle. Er war aktiver Sportler, hatte sich auf Kugelstoßen und Hammerwurf spezialisiert; der Trainer beschwor ihn, sich weniger mit Politik zu befassen, er sagte, wenn Leo sich ganz auf Kugelstoßen konzentrieren würde, wäre er in einem Jahr in der Weltklasse. Leo trug seine blonden harten Haare kurz geschnitten; mit seinem *crew-cut* und infolge der Art, in der seine Backenmuskeln sein Gesicht umrissen, hielten ihn fast alle zuerst für einen Amerikaner.
»Es war fabelhaft von dir«, hörte er Carla sagen, »daß du bei Marcel geblieben und ihn herausgeholt hast.«
Er atmete auf. Sie hatte also nicht beobachtet, was wirklich geschehen war. Außerdem stimmte es ja: er war bei Marcel geblieben. Nur daß er dann Angst bekommen hatte, ganz gewöhnliche physische Angst, und nicht einmal besinnungslose, sondern klare Angst. Er hatte haarscharf berechnet, was kommen würde, wenn er den Angreifer entwaffnet hätte: sie hätten sich zu fünft, zu zehnt auf ihn gestürzt und ihn total zusammengeschlagen. Und Marcel dazu. Den Schlag auf Marcels Kopf

zuzulassen, war das kleinere Übel gewesen. Der ganze Prozeß war in seinem Bewußtsein abgelaufen. Es war, wie wenn er manchmal die Kugel nicht stieß, sondern aus seiner Handfläche in den Sand abrollen ließ, weil er festgestellt hatte, daß er nicht richtig atmete oder das rechte Bein nicht kraftvoll genug belastet hatte.

Die Lichtertürme des Hansaviertels. Die S-Bahn-Unterführung. Vor der Klinik mußten sie Marcel überreden, auszusteigen. »Laßt mich doch sitzen«, sagte er, »es ist so schön hier!« Carla sah besorgt aus.

Das Ambulatorium war ein fast leerer Raum. In der Praxis hat sich ergeben, dachte Leo, daß man in einem solchen Raum nicht mehr braucht als ein Untersuchungslager auf Rollen, einen Medikamentenschrank, drei Stühle. Er saß neben Marcel, weil Carla, als sie gegangen war, gesagt hatte: »Setz dich neben ihn! Es könnte sein, daß er umkippt.« Er dachte über rein funktionelle Räume nach. Dieses Untersuchungslager, dieser Medikamentenschrank erinnerten an nichts weiter als daran, daß sie ein Untersuchungslager, ein Medikamentenschrank waren. Solche Dinge, ein solcher Raum entsprachen seiner Vorstellung von Architektur – von Häusern und Räumen, die sich selbst definierten. Sie waren keine Fetische.

»Mir ist grausig schlecht!« Marcel sagte es so selbstvergessen, daß er Schweizerdeutsch sprach; er sagte ›gruusig‹, und das ch in schlecht brachte er ganz als Rachenlaut hervor. Leo sah sein bleiches Gesicht.

Gott sei Dank kam Carla jetzt zurück. Sie brachte einen Arzt mit. Obwohl sie nur ein paar Minuten weggewesen war, hatte sie es fertiggebracht, sich völlig zu verändern. Sie trug jetzt einen weißen Kittel und Turnschuhe, sie hatte ihre Haare getrocknet und gekämmt und dazu noch den Arzt aufgetrieben. Leo hatte sie noch nie in ihrer Arbeitsumgebung gesehen. Sie wirkte hier geschlossener, kompakter, fester als sonst. Er hätte sie gerne angefaßt.

Der Arzt war ein großer leptosomer und infolgedessen sich ein wenig gebeugt haltender Mann, um die Vierzig. Er ging sofort auf Marcel zu, stellte keine Fragen, sah sich nur die Wunde an, betastete sie und beobachtete Marcels Reaktionen. Leo hatte den Eindruck, daß Marcel dem Arzt sympathisch war. Marcel war allgemein beliebt. Er war schon ein Jahr in Berlin, aber er sah immer noch so aus, als käme er direkt aus dem Café Odeon in Zürich. Obwohl er seinen Bart ziemlich struppig wachsen ließ,

obwohl er sich große Mühe gab zu verwildern, wirkte er hübsch. Sogar jetzt noch, dachte Leo, sieht sein Gesicht aus, als wäre es von Celestino Piatti entworfen, das Gesicht eines blutenden, bleichen und glühenden jungen Mannes auf einem Buchumschlag. Dabei war Marcel alles andere als ein Modell für angewandte Kunst; er war ein methodischer kleiner Kämpfer, störrisch, hartnäckig, ein Schweizer mit verletztem Rechtsempfinden.
Sie hatten sich in der Bibliothek der Technischen Universität kennengelernt, vergangenen Herbst, während Leo an seiner baugeschichtlichen Examensarbeit schrieb. [...]

»Entschuldige, wenn ich dich störe«, sagte Marcel eines Tages zu Leo. »Bitte, was heißt ›Insulae‹? [...] Schreibst du einfach über Inseln?«
»Nein«, sagte Leo. »›Insulae‹ hießen die Mietskasernen im antiken Rom.«
»Ein merkwürdiger Name für Häuser.«
»Die ›Insulae‹ waren die ersten Wohngroßbauten. Man grenzte jedes dieser Häuser durch Straßen und Freizonen ab, um die *plebs*, die in ihnen wohnte, kontrollieren zu können. Die größten ›Insulae‹ entstanden unter Nero. Es ist heute so gut wie sicher, daß Nero den neronischen Brand nur veranstaltete, weil er die Slums und das Forum loswerden mußte, die ein Dschungel geworden waren, in dem die *plebs* nicht mehr überwacht werden konnte.«

[...]
Da er, wie alle, Marcel sogleich anziehend fand, fragte er: »Und du, was machst du?« Er deutete, vielleicht eine Spur geringschätzig, auf Marcels Zeitung.
Marcel schob ihm seinen Zettel hin.
»Da«, sagte er, »das hab ich heute gefunden. Nur heute. In einer einzigen Nummer.«
Leo nahm den Zettel und las erstaunt die Wörter, die Marcel in einer sehr geraden, ordentlichen, die Unterlängen verschluckenden Schrift geschrieben hatte: *Nichtstuer – Gammler – Störenfriede – Pöbel – SA-Methoden – Krawallgier radikaler Halbstarker – Krawallbrüder – Rädelsführer – Politische Phantasten – Politisches Rowdytum – Provokateure – Halbstarke Wirrköpfe – Mob – Terror – Ausschreitungen – Kriminelle.* In einigem Abstand davon standen noch die Wörter *Die Anständigen* und *hart und konsequent.*

»Ich arbeite an einer sprachsoziologischen Untersuchung über Mordhetze«, flüsterte Marcel. »Titel: *Vor dem Pogrom. Über die Technik der Einrichtung von Ghettos durch Sprache.«*
Leo hatte auf den Zettel gestarrt. »Siehst du die Lage so schwarz?« hatte er gefragt.
»Du etwa nicht?« Auf den Zettel deutend, hatte Marcel gesagt: »Das hier wird zu Mord führen, soviel ist sicher.«
Der Arzt ließ von Marcel ab. Er hob die Achseln. »Wir müssen auf jeden Fall eine Aufnahme machen«, sagte er.
Er bat Leo, Marcel beim Auskleiden behilflich zu sein. »Wir müssen zuerst einmal die Wunde säubern«, sagte er zu Carla. »Ich sehe mal nach, ob OP Zwo frei ist.«
Als er gegangen war, sagte Carla zu Marcel: »Das geht nur mit Teilnarkose. Du wirst überhaupt nichts spüren.« Marcel verhielt sich teilnahmslos; in der Wärme, unter dem grellen grauen Licht ließ er sich gleichgültig ausziehen, ging aber allein in Unterhose und Hemd zum Untersuchungstisch und legte sich darauf. Sie sahen, daß er einen mageren und zierlichen Körper hatte. Carla breitete eine Wolldecke über ihn.
»Es ist also doch mehr als eine Platzwunde?« fragte Leo leise.
»In solchen Fällen besteht immer Frakturverdacht«, sagte Carla.
Sie schüttelte unwillig den Kopf, als Leo sagte: »Du siehst prima aus in deinem weißen Kittel.«
Der Arzt kam zurück und berichtete, der Operationssaal sei in zehn Minuten frei. Er fühlte noch einmal Marcels Puls, dann setzte er sich auf einen der Stühle. Offensichtlich war er müde.
Plötzlich hörten sie, wie er sagte: »Ihr schnappt nach dem Bonbon der Revolution statt nach dem Brot der Reform.«
Leo lag eine scharfe Antwort auf der Zunge, aber er überlegte sich, daß er Carla nicht in Ungelegenheiten bringen wollte. Vielleicht mußte sie sich mit diesem Medizinmann gut stellen. Leo hatte sich auf das Fensterbrett gesetzt, weil es dort am dunkelsten war; in diesem medizinischen Raum kam er sich zu groß, zu klotzig vor.
Es war Carla, die antwortete, ohne sich zu besinnen.
»Wir wollen nur nicht mehr die Scheiße dieser Gesellschaft fressen«, sagte sie.
Leo sah zu dem Arzt hinüber. Würde er irgendein Zeichen des Unwillens, des Ekels von sich geben? Aber er schien es schon gewohnt zu sein, daß Mädchen, die sich mit lang fallenden dunklen Haaren und blassen Gesichtern ein romantisches Aus-

sehen gaben, bedenkenlos skatologische Ausdrücke in den Mund nahmen. Es schien, als zöge er sich wieder in seine Müdigkeit zurück.
»Gesellschaft«, sagte er nach einer Weile. »Es ist doch ganz gleichgültig, in welcher Gesellschaft man lebt. An einer Gesellschaftsordnung ist nur wichtig, ob sie von anständigen oder von unanständigen Leuten gemacht wird.«
»Ach du meine Güte!« sagte Carla.
Leo schaltete sich ein. »Also nur ein paar nette Leute an die Spitze«, sagte er, »und schon haben wir einen anständigen Kapitalismus. Glauben Sie wirklich an so was?«
»Oder einen anständigen Kommunismus«, antwortete der Arzt. »Ja, eigentlich ist das meine Meinung.«
»Eine unbrauchbare Elite-Theorie«, sagte Leo. »Hört sich gut an, wie alle diese liberalen Phrasen, aber ...«
Eine Schwester unterbrach ihn. Sie meldete, der OP-Raum sei vorbereitet. Zusammen mit Carla rollte sie den Tisch hinaus, auf dem Marcel lag. Der Arzt lächelte Leo höflich zu, als er ihnen folgte. Leo bedauerte, daß er ihm das Wort *Phrasen* an den Kopf geworfen hatte.
Sein Vater war noch auf, als er nach Hause kam. Sie bewohnten ein Reihenhaus in Lankwitz, er und sein Vater. Seine Mutter war bei seiner Geburt gestorben. Sein Vater war von 1933 bis 1945 im KZ gewesen, und als er herauskam, hatte er nichts Eiligeres zu tun gehabt, als ein Kind zu machen, an dem die vom Krieg und vom Warten erschöpfte Frau gestorben war. »Wenn sie wüßte, wat du für'n Laban jeworden bist!« sagte Leos Vater manchmal. Er selber war eher klein und mager. Jetzt war er fünfundsechzig und sah aus, als sei er Leos Großvater, nicht sein Vater. Er war Schlosser bei Siemens gewesen; sie hatten ihn vor drei Jahren als Werkmeister pensioniert. Von dem Geld, das er für die Jahre im KZ erhalten hatte, ließ er Leo studieren; zusammen mit den hundertachtzig Mark vom *Berliner Modell* reichte es gerade.
»Ick mache deine zwölf Jahre Oranienburg wieda jut«, hatte Leo einmal gesagt. [...]

FRITZ J. RADDATZ

Bruder Baader?

> »Redlich wünsche ich diesem öffentlichen Vorkommnis einen Untergang in Schanden ... Der Bursche ist eine Katastrophe; das ist kein Grund, ihn als Charakter und Schicksal nicht interessant zu finden.«
>
> Thomas Mann, »Bruder Hitler«

Hier soll nicht soziologischer Kaffeesatz gelesen, nicht zu Schalmeienklang rechtsherum getanzt werden, nicht »Archipel Buback« auf Fähnchen gestickt, die im linken Wind flattern; sondern von Menschen wird gesprochen. Bisher hat niemand versucht – niemand gewagt? – an Gemeinsamkeiten zu erinnern mit einem von denen, die »über den Fluß gegangen« sind. Eine Nation hat den Kopf in den Sand gesteckt, hat sich nicht erinnern wollen – weder an die eigene Geschichte noch an die Personen.
Ein Doppelsalto, der schließlich mit gebrochenem Rückgrat und Paralyse endet; denn sich erinnern, das ist eine moralische Kategorie. Damit eine politische. Und sei es nur im Hinzeigen, wie selten die beiden Begriffe zusammengehen. Sich erinnern, das heißt nach Gemeinsamkeiten forschen. Durchaus im Sinne jenes heiklen Essays von Thomas Mann.
Seltsam doch: Erst wenn einer der schießenden Desperados in Haft war, erfuhr man von einer Mutter, einem Bruder, einer Geliebten, einem Freund. Nie vorher. Identifizierung muß nicht immer den Fingerabdruck meinen, sondern das Forschen nach Gemeinsamem; nur daraus kann die wahre Absage kommen, das trauervoll schneidende Nein, überzeugender als alle Deklamationen. *Sympathein* heißt nämlich nicht in erster Linie »innerlich billigen«, heißt in seiner Grundbedeutung erst einmal »mitfühlen«. Also das Gegenteil jener Peinlichkeit auf halbmast wehender Mercedes-Fahnen. Automobilfabriken sollten bilanzieren, nicht flaggen, halbmast schon gar nicht. Eine Firma kann nicht trauern. Aber ein Mensch. Emphase, Teilnahme, Urteil: Das ist nur möglich, wenn Erbarmungslosigkeit sich nicht in der Aburteilung eines Einzelnen erschöpft, sondern zum Beurteilen einer Gesellschaft führt. Die Frage bleibt letztlich: Ist die Gesellschaft schuld?
Es ist die entscheidende Frage. Sie muß beantwortet werden. Der

Terrorist, der den Bankier Ponto erschoß, ist so gut Produkt dieser Gesellschaft wie der Bankier Ponto. Auch Fehlentwicklungen sind Entwicklungen. So töricht es ist, jedes legasthenische Kind als »Versagen der Gesellschaft« vorzuführen, so ohne Moral und Verantwortung ist es, ihr ersichtliches Versagen hinwegzumogeln.

80 000 drogenabhängige Jugendliche. 82 000 Jugendliche ohne Arbeitsplatz. 300 000 Jugendliche zwischen 14 und 29 Jahren alkoholgefährdet. Die höchste Rate an Kinderselbstmorden in Westeuropa (500 jährlich). Die höchste Rate an stellungslosen Akademikern in Europa (etwa 40 000), 40 Prozent der Studenten in psychiatrischer Behandlung. Die niedrigste Rate von studierenden Arbeiterkindern in Europa (13 Prozent) – und das alles soll keine Folgen haben? Und das alles, dieser Rostfraß unter dem Lack der Produktgesellschaft, soll nicht Ursache sein? Jeder neunte Jugendliche in der Bundesrepublik lehnt das bestehende Gesellschaftssystem ab, und einer, der es wissen muß, der Ex-Terrorist Hans Joachim Klein, dokumentiert: »Ich weiß von Siebzehn- und Achtzehnjährigen, die würden heute am liebsten ein Inserat in der FAZ aufgeben, um eine Knarre zu kriegen und in den Terror einzusteigen.«

Die sich da zu Tode fixen (84 allein im Jahr 1977 in Berlin); die sich da zu Tode trinken; die da schließlich andere totschießen – mit denen haben wir alle nichts zu tun? Unterwelt, Abschaum, Ratten? Auch, wenn es unsere Söhne und Töchter sind, die die saturierten Vorstadthäuschen verlassen haben, ins Nirgendwohin.

Hier ist zweierlei zu sagen. Wer diese Gebärde der Wegwerfgesellschaft zur Verfügung hat, der handelt unmoralisch. Menschen sind keine Einwegflaschen. Dem liegt eine verborgene Erbarmungslosigkeit zugrunde.

Es liegt aber noch etwas anderes zugrunde, das vielleicht Schlimmere, kaum mehr verborgen: Die gänzliche Unfähigkeit, analytisch zu denken, simpelste kausale Abfolgen zu erkennen. Das betrifft auch – oder gerade – die, bei denen ständige winzige Verletzungen des Menschlichen eines Tages das Unmenschliche hervorrufen. Wo die Titelzeile »Kennedy erschossen« garniert ist mit »Kein Schälen, kein Schneiden, keine Tränen! – Thomys Röst-Zwiebeln«; wo das Photo vom Mord an einem Vietcong garniert wird mit sekttrinkender Fürstenhochzeit und BMW-Reklame; wo das Wort »Dichtkunst« in ganzseitigen Anzeigen nur noch im Zusammenhang sanitärer Abdichtungen und das

Wort »revolutionär« für Schrankwände verwendet wird; wo Mannequin-Passagiere der »Landshut« eine Woche nach Mogadischu ihre läppischen »Erinnerungen« pfennigweise verkaufen – da *muß* doch, leise, langsam, unmerkbar erst, eine Verbiegung von Wahrnehmungen, ein Zerklirren von Werten stattfinden. Wie mühelos ließe sich eine Anthologie der ekelhaftesten »Gedankenlosigkeiten« zusammenstellen, Bilder verhungerter Kinder neben Kaviarreklame und Aufnahmen der Vergifteten von Seveso neben Chemiewerbung. In Wahrheit gibt es, bei wachen Aufnahmeapparaturen, keinen Tag ohne Schock. Schock heißt Angst. Angst heißt Haß.

Unserer bürgerlichen Welt begegnet eine ganze Generation in dieser Schock-Angst-Haß-Mischung. »Diese Menschen leben nur noch körperlich anwesend«, hieß es kürzlich in einem höchst eindrucksvollen Aufsatz. Sie leben in einem anderen Staat – wenn wir Glück haben: abgekapselt von der Wirklichkeit in einer selbsterrichteten Kunstwelt, eine Hohn- und Ekelmeile legend zwischen sich und das, was für sie alles dasselbe ist; Waschmittelwerbung oder Kanzlerinterview. Wer je erlebt hat, mit welch gleichgültiger Selbstverständlichkeit oder feixender Verachtung der Fernseher abgedreht wird in einer Runde dieser jungen Leute, der weiß, wie recht Norbert Klugmann mit dem erwähnten Artikel in der »Frankfurter Rundschau« hat: »Richtig ist: von hier droht kein Bombenwurf; Entführungen werden nicht geplant, Molotow-Cocktails nicht gebastelt Aber: von hier wird dem Staat und seinen Repräsentanten in unheimlich schweigender Manier der Prozeß gemacht, wird ihm seine Berechtigung abgesprochen, weiterhin in unerträglich penetranter Weise das alles umfassende Gemeinwohl für sich zu reklamieren. Der Zug ist schon abgefahren: Es gibt heute einen Staat im Staat. Einen anarchistischen, völlig gewaltlosen, unverbundenen Zusammenhang in Großstädten, schwächer bis sehr schwach in der Provinz (aber das wird noch werden), der praktisch nicht mehr angreifbar (= unansprechbar) ist. Dieser Staat begeht keine Rechtsbrüche (ich hüte mich, die wenigen idyllischen zu nennen), er nimmt auch kaum Rauschgifte zu sich und wenn, dann des Staates Lieblingsgift Alkohol. Dieser Staat im Staat wird nie eine Organisation haben, eine Führung schon gar nicht. Womit auch die vordergründige – zugegeben naheliegende – Assoziation vom Staat im Staat als einem funktionierenden, irgendeinem gewohnten Zweck nutzbar zu machenden Ratio-Gegenstand ad absurdum geführt wäre. Der Ausdruck Staat im Staat soll lediglich ein

(Aus-)Maß an Abschottung ausdrücken.« Sie sehen sich als eine Generation »Gewähr bei Fuß«. Eine Million von ihnen wurde als Bewerber für den öffentlichen Dienst überprüft; 285 Periodika, für die sie sich interessieren – vom *Argument* über das *Kursbuch* bis zur *Sozialistischen Zeitschrift für Kunst und Gesellschaft* –, wurden auf Schnüffellisten des Verfassungsschutzes festgehalten; 239 ihrer Bünde und Organisationen ebenso – von »amnesty international« bis zum »Werkkreis Arbeitswelt«. Nach der Schleyer-Entführung – keine deutsche Zeitung, lediglich die *New York Times* nannte ihn »a once hated SS-man« – wurde jeder von ihnen – jeder zwischen 20 und 30 –, der nach Frankreich fuhr, überwacht; selbst Mitglieder der Jungen Union. Gewiß das am besten geeignete Mittel, Trauer und Abscheu angesichts eines Ermordeten zu erzeugen. Die gräßliche Schnippischkeit des Berliner Witzes »Andreas und Gudrun heiraten – einen Schleyer haben sie schon«, ist das dünnste Resultat. Die Einführung des Wortes »Berufsverbot« ins Umgangsenglisch und -französisch ein anderes. Selbst die nicht direkt linkslastige *Financial Times* schreibt: »Westdeutschland leidet an einem leichten Anfall von Autoritarismus.«
Die Liste der Vergehen, derer man diesen Staat anzuklagen hat, wäre lang – von der untersagten Carl-von-Ossietzky-Namensgebung für eine deutsche Universität (gleichsam ein zweites Todesurteil für den pazifistischen Schriftsteller) bis zum entlassenen linken Armeekoch, einer Farce, die selbst Conrad Ahlers fragen läßt: »Hat er zu oft rote Beete serviert?« Nur gefriert einem das Witzeln; wer von kritischen Geistern als »Ratten und Schmeißfliegen« spricht – Ungeziefer, das man gemeinhin mit Gas ausrottet –, der ist nicht mehr zu bespötteln. Darunter liegt eine deutsche Sehnsucht nach Katastrophe und Untergang, die *ihn* mit derselben Intensität herbeibeschwört, wie sie Demokratie als das normale Miteinander von Gegensätzen nicht versteht, also zugrunde verteidigt.
Vakuum des historischen Bewußtseins ist immer auch Vakuum der Moral. Das ist beweisbar bis ins winzigste Detail von Redeweisen: Wer von »Zusammenbruch« spricht, ist das Ende der Hitler-Herrschaft gemeint, der bedauert etwas. Zusammenbruch ist nichts Herbeigewünschtes, gar selber Herbeigeführtes. Zusammenbruch ist erlittene Naturkatastrophe.
Heute liest sich das so: »Bald ist es soweit! Die Neue Partei wird gegründet. Sie soll NSPD, Nationalsozialistische Partei Deutschlands, heißen. Noch werden echte Mitbegründer mit

Nationalstolz gesucht!« Das ist kein Witz. Das steht, zwischen der Einladung der Kant-Gesellschaft und »scharfen Attraktionen hübscher Girls«, am 18. Januar 1978 als Annonce in der *Mainzer Allgemeinen Zeitung*. (Die Partei wurde am 28. Januar 1978 in Oberwesel am Rhein gegründet.) Kein Witz, keine Ausnahme. Im selben Frühjahr werden im Eisstadion von Berlin-Wilmersdorf Hakenkreuz-Anstecknadeln verkauft; wird das DKP-Kreiszentrum mit hakenkreuzverziertem Aufkleber »Kauft nicht bei Juden« beklebt; liest man eine Annonce »An Sammler: Adolf-Hitler-Büste, 190 mm hoch, für DM 250,– abzugeben«; meldete der *Tagesspiegel:* »Vom Eisernen Kreuz über NSDAP-Parteiabzeichen bis hin zum Ritterkreuz zum Preis von 365,– DM, all das bot ein privater Händler auf der 4. Internationalen Sammlerbörse (ISAB) am Funkturm am Wochenende an. Nachdem er am Sonnabend über acht Stunden lang unbehelligt sein umfangreiches Sortiment verkauft hatte, wurde die Börsenleitung auf ihn aufmerksam, die seinen Tisch räumen ließ«; meldete der *Kölner Stadtanzeiger:* »Tyra Reichsgräfin Klenau von Klenowa und Arnhard Reichsgraf Klenau von Klenowa hatten in einer Versteigerung ein paar hübsche Dinge anzubieten: eine Sturmfahne in der frühen Form, komplett mit Stange und Fahnenspitze, aus dem Sturm 11 der Standarte 40 für 1300 Mark; eine ›Kinderpuppe in SA-Uniform‹ für 150 Mark; zwei ›SA-Trommeln‹ für 120 Mark oder den ›Dienstdolch M 33 komplett mit Scheide und Gehänge‹ für 400 Mark«; konnte der Westberliner Filmproduzent Brauner von einer Party berichten, auf der zwei Damen Hakenkreuze als Halsschmuck – eines davon mit Diamanten besetzt – trugen; erschien als »Sonderausgabe zum 89. Geburtstag des Führers« der *Völkische Beobachter*, runengeschmückt, mit der Balkenüberschrift »Botschafter der arischen Rasse Adolf Hitler«.

Das kriecht wieder hervor und wimmelt und regt sich. Fast wöchentlich muß man Überschriften in der liberalen bürgerlichen Presse lesen: »Neonazis haben ihr Waffenarsenal gefüllt«, »Gewaltverherrlichung neonazistischer Gruppen«, »Mit Braunhemd und deutschem Gruß«, »Alte Nazis werden umschwärmt«, »Nazi-Literatur und Hitler-Symbole offen gehandelt«. Der Londoner *Observer* faßt das zusammen, am 26. Februar 1978: »Germany's new Nazis come into the open«.

Die kritiklose Geschwindigkeit, mit der ein unverdauter, in Schnellkochkursen angerührter Instant-Marxismus eingeschlürft wurde, und die schneller, schärfer werdende Rechts-

pirouette: sie haben *eine* Wurzel. Das Wort »Sinngebung« mag heikel sein; doch die Tatsache ist nicht hinwegzuretuschieren, daß einer neuen Generation, die nichts kennt als unsere Demokratie, deren Sinn und Wert nicht vermittelt wurde. Junge Menschen sind empfindlich gegen Lüge und Obszönität – ob es nun die kläglichen Winkelzüge des Marinerichters Filbinger oder die PS-Sehnsüchte des eigenen bürgerlichen Elternhauses sind oder Alfred Dreggers Satz: »Ich gebe mich mit dem Quatsch der Umfragen nicht ab – ich möchte vor allem regieren.« Wo Ideale nicht geboten werden, greift man zu Idolen: im Glücksfall Elvis oder die Beatles; im Mißverständnis Mao oder Che; im schlimmsten Fall Hitler.
Weil diese Gesellschaft monologisch statt dialogisch strukturiert ist, hat sie eine Generation aus dem Gespräch entlassen, sich der Möglichkeit zur Aussprache begeben. Ob RAF, Tunix oder Wikingerbund: Haben wir das Recht, den Stab zu brechen? Ich habe kürzlich in einer Illustrierten zwei Seiten von Photos junger Leute gesehen, die mit Berufsverboten belegt sind: Es sah aus, exakt, wie die Fahndungsliste von morgen. Wenn diese Gesellschaft keine anderen politischen Angebote machen kann als die an Schüler, beim Verfassungsschutz mitzuarbeiten, an Studenten, vor geschlossenen Numerus-clausus-Türen zu stehen, und an Lehrer, arbeitslos zu sein – wer von uns könnte da aufrichtig von sich sagen, er gehörte nicht vielleicht auch auf eine solche Photoliste der Verbotenen oder Gesuchten? Hat sich jeder von uns geprüft, wie er als junger Mensch reagiert hätte auf diese Welt von lächelndem Eis und samtenem Gift, die Angebot mit Sortiment verwechselt und Fragen mit Nachfrage, ein flimmerndes Riesenrad, dahinrasend zwischen Unbarmherzigkeit, Sentimentalität und Gnadenlosigkeit?
Die Väter dieses Staates sind es, die ihn zu unterwühlen beginnen. Sie ertragen nicht Zweifel an sich noch an der von ihnen gezimmerten Gesellschaft – und sie begreifen nicht, daß unterdrückter Zweifel zu Verzweiflung gerinnt. Sie haben einmal ihr Lied gesungen vom Weitermarschieren, bis alles in Trümmer fällt; nun sie die herbeigesungenen Trümmer beseitigt haben, ergreift sie Panik vor Unordnung, die ihrem Leben den Sinn nähme; denn Gesetz und Ordnung, wie sie sie begreifen, ist ihre Sinngebung. Sie haben das große Falsche in ihrem Leben einmal »bewältigt« – also nicht, weil sie nicht einmal die Wortwurzel »Gewalt« in diesem Vorgang entdeckten. Noch einmal wollen sie nicht unrecht haben, und wenn man wieder »bewältigt«,

damit dem Recht zu seinem Recht verholfen wird. Die jüngste deutsche Geschichte war ja ein Unfall, nicht etwa interpretierbare, erklärbare, schuldhafte Entwicklung. Gegen Unfälle hilft eine Lebensversicherung. Man vergißt, daß dies eines der probaten bürgerlichen Zudeckworte ist – die sichert ja nicht das Leben, sondern wird ausgezahlt nach dem Tode. So wird die Police zur Polizei. Sie gilt nun als die große Lebensversicherung, und der übermächtige Glaube an sie macht aus einem zu überwachenden Staat einen Überwachungsstaat. Geschichtliche Prozesse so kartographieren zu wollen, gleicht dem Weltverständnis der ersten Geographie-Mönche des Mittelalters. Wie jene schreiben nun diese über die ihnen unzugänglichen, unerforschlichen Gebiete: *Hic sunt leones.*

HANS MAGNUS ENZENSBERGER

fund im schnee

eine feder die hat mein bruder verloren
der rabe
drei tropfen blut hat mein vater vergossen
der räuber
ein blatt ist in den schnee gefallen
vom machandelbaum
einen feinen schuh von meiner braut
einen brief vom herrn kannitverstan
einen stein einen ring einen haufen stroh
wo sie der krieg begraben hat
das ist lang her

zerreiß den brief
zerreiß den schuh
schreib mit der feder auf das blatt:
weißer stein
schwarzes stroh
rote spur
ach wie gut daß ich nicht weiß
wie meine braut mein land mein haus
wie mein bruder
wie ich heiß

JAMES BALDWIN

Hundert Jahre Freiheit ohne Gleichberechtigung

I

[...]
Die Kirche war eine erregende Sache. Ich brauchte lange Zeit, mich von dieser Erregung zu lösen, aber im tiefsten Innern habe ich mich nie wirklich davon freimachen können und werde auch nie dazu fähig sein. Es gibt keine Musik wie diese Musik, kein Drama wie das Drama der frohlockenden Heiligen, der wehklagenden Sünder, der rasenden Tamburine und all der Stimmen, die sich vereinen und dem Herrn ihr »Heilig« zurufen. Für mich gleicht noch immer kein Pathos dem jener vielfarbigen, verhärmten, auf ihre Art triumphierenden und verklärten Gesichter, die aus den Tiefen einer sichtbaren, spürbaren und nicht endenden Verzweiflung von der Güte des Herrn sprechen. Nie habe ich etwas gesehen, das dem Feuer und der Erregung ähnlich wäre, die manchmal spontan eine Kirche erfüllen, und sie, wie Leadbelly und so viele andere bezeugt haben, zum »Rocken« bringen. Nichts ist mir seitdem begegnet, das der Macht und der Herrlichkeit gleichkommt, die ich manchmal fühlte, wenn ich mitten in einer Predigt wußte, daß ich irgendwie, durch irgendein Wunder, wie sie sagten, »voll des Wortes« war, wenn die Gemeinde und ich eins waren. Ihr Schmerz und ihre Freude waren die meinen und meine waren die ihren – sie legten ihren Schmerz und ihre Freude in meine Hände, ich legte meinen Schmerz und meine Freude in ihre Hände –, und ihre Rufe »Amen!« und »Halleluja!« und »Ja, Herr!« und »Preiset seinen Namen!« und »Sprich zu uns, Bruder!« stützten meine Soli und peitschten sie auf, bis wir alle eins wurden, schweißnaß, singend und tanzend, in Qual und Frohlocken, an den Stufen des Altars. Dieses Erlebnis war trotz – oder sogar wegen – der Schäbigkeit meiner Motive lange Zeit das einzige, was mich am Leben erhielt, mein Speis' und Trank. Ich rannte aus der Schule nach Hause, in die Kirche, vor den Altar, um dort allein zu sein, mich mit Jesus, meinem liebsten Freund, zu besprechen, der mich nie verlassen würde, der alle Geheimnisse meines Herzens kannte. [...]

II

[...]
Wahrscheinlich kam mir ungefähr zu dieser Zeit die Erkenntnis, daß das Bild, welches sich die Menschen vom Jenseits machten, nichts als ein Spiegelbild der Welt ist, in der sie leben – ein Spiegelbild mit Verzerrungen, die notwendigerweise aus ihrer Anschauung und ihrem Wunschdenken entspringen. Und das galt nicht nur für Neger, die nicht »einfältiger« oder »ursprünglicher« oder »christlicher« waren als andere – sie wurden nur noch mehr unterdrückt. Wie uns die Weißen für Nachkommen Hams hielten, für immer verflucht, so hielten wir die Weißen für die Nachkommen Kains. Und die Inbrunst, mit der wir den Herrn liebten, war immer ein Maßstab dafür, wie tief wir fast alle Fremden fürchteten und verdächtigten und schließlich haßten, ein Maßstab auch dafür, wie sehr wir uns mieden und verachteten.
[...]

Vielleicht verband uns alle – Zuhälter, Huren, Ganoven, Gemeindemitglieder und Kinder – die gemeinsame Unterdrückung und die besonderen und nur uns auferlegten Risiken; wenn es so war, erreichten wir innerhalb dieser Grenzen manchmal miteinander eine Freiheit, die beinahe Liebe war. Ich erinnere mich jedenfalls an gemeinsame Festessen und Ausflüge der Gemeinde, und aus späterer Zeit, da ich die Kirche verlassen hatte, an *rent* und *waistline parties*[1], bei denen Wut und Sorge im Dunkel blieben; wir aßen und tranken und schwatzten und lachten und tanzten und vergaßen völlig »den Anderen«. Wir hatten zu trinken, hatten Mädchen, Musik, und wir hatten uns. Wir konnten uns geben, wie wir waren. Dies ist die Freiheit, die man etwa in einigen Gospelsongs hört und im Jazz. Im Jazz, besonders im Blues, liegt etwas Herbes und Ironisches, Strenges und Doppelsinniges. Anscheinend glauben weiße Amerikaner, fröhliche Lieder seien *fröhlich* und traurige Lieder seien *traurig*, und genauso, Gott helf uns, singen die meisten weißen Amerikaner sie auch – in beiden Fällen klingt es so hilflos, so rettungslos albern, daß man über die Temperatur der Tiefkühltruhe, aus der ihre braven und geschlechtslosen Stimmchen kommen, lieber gar nicht erst Spekulationen anzustellen wagt. Nur Menschen, die selbst *down the line*

[1] Parties, bei denen die Gäste für den Gastgeber sammeln, damit er seine Miete bezahlen kann, oder ihm Lebensmittel mitbringen. – A. d. Ü.

(wie es in dem Lied heißt) gewesen sind, wissen, worum es in dieser Musik geht. Ich glaube, es war Big Bill Broonzy, der *›I Feel So Good‹* gesungen hat, ein wirklich fröhliches Lied von einem Mann, der unterwegs zum Bahnhof ist, um sein Mädchen abzuholen. Sie kommt nach Hause. Erst durch die unglaublich bewegende Überschwenglichkeit des Sängers fühlt man, wie bleiern die Zeit gewesen sein muß, in der sie fort war. Es gibt auch keine Garantie dafür, daß sie diesmal bleiben wird, wie der Sänger genau weiß, und dabei ist sie noch nicht einmal angekommen. Es kann durchaus sein, daß er heute abend oder morgen oder schon in den nächsten fünf Minuten singt: *»Lonesome in My Bedroom«*, oder darauf besteht: *»Ain't we, ain't we going to make it all right? Well, if we don't today, we will tomorrow night.«* Weiße Amerikaner verstehen nicht, aus welchen Tiefen eine solche ironische Hartnäckigkeit kommt, aber sie haben den Verdacht, daß diese Kraft sinnlich ist, und vor Sinnlichkeit haben sie Angst und verstehen sie nicht mehr. Das Wort »sinnlich« soll hier nicht die Vorstellung von erschauernden dunkelhäutigen Jungfern oder priapischen schwarzen Hengsten hervorrufen. Ich meine etwas viel Einfacheres und Alltäglicheres. Sinnlich sein heißt, glaube ich, die Lebenskraft, das Leben selbst achten und genießen, *gegenwärtig* sein in allem, was man tut, von der Anstrengung zu lieben bis zum Brotbrechen. Überdies wird es für Amerika ein großer Tag sein, wenn wir wieder Brot essen, anstatt des gotteslästerlichen und faden Schaumgummis, gegen das wir es eingetauscht haben. [...]

Es ist ein böses Zeichen, wenn die Menschen eines Landes ihren eigenen Regungen so tief mißtrauen wie bei uns, und so freudlos werden, wie sie es geworden sind. Es ist dieses Gefühl persönlicher Unsicherheit bei den weißen amerikanischen Männern und Frauen, diese Unfähigkeit, sich aus den Quellen ihres eigenen Lebens zu erneuern, was die Diskussion, ganz zu schweigen von der Lösung aller Rätsel – das heißt der Wirklichkeit –, so außerordentlich schwierig macht. Ein Mensch, der sich selbst mißtraut, hat keinen Prüfstein für die Wirklichkeit – denn dieser Prüfstein kann nur er selbst sein. Ein solcher Mensch legt zwischen sich und die Wirklichkeit ein Labyrinth von Verhaltensweisen, und zwar sind es, obwohl er es meist nicht merkt (er merkt soviel nicht!), überkommene und allgemeine Verhaltensweisen. Sie haben mit der Gegenwart ebensowenig zu tun wie mit seiner Person. Deshalb offenbart die geringe Kenntnis, die

der Weiße vom Neger hat, genau und unerbittlich, wie wenig er über sich selbst weiß.
[...]

III

[...]
»Des weißen Mannes Himmel«, singt ein Prediger von der Sekte der Black Muslims, »ist des schwarzen Mannes Hölle.« Man könnte vielleicht einwenden, dies sei zu sehr vereinfacht, und doch ist dieses Lied wahr und immer wahr gewesen, so lange Weiße die Welt beherrscht haben. [...]

Es ist nicht zuviel gesagt: jeder, der ein wirklich sittliches menschliches Wesen werden will (und wir wollen nicht fragen, ob das möglich ist oder nicht; ich meine, wir müssen *glauben*, daß es möglich ist), muß sich zunächst von allen Verboten, Verbrechen und Heucheleien der christlichen Kirche befreien. Der Begriff Gott ist nur dann gültig und nützlich, wenn er uns größer, freier und liebesfähiger machen kann. Wenn Gott das nicht kann, ist es Zeit, daß wir Ihn loswerden.

IV

[...]
Damals, vor noch gar nicht langer Zeit, als die Priester jener Kirche, die in Rom steht, den italienischen Soldaten den Segen Gottes mitgaben, ehe diese Soldaten hinausgeschickt wurden, um ein hilfloses schwarzes Land auszuplündern – das sich übrigens bis zu jenem Ereignis nicht für schwarz gehalten hatte –, konnte man doch nicht an einen schwarzen Gott glauben. Ein solcher Glaube wäre Wahnsinn gewesen. Aber inzwischen ist viel Zeit vergangen, und während dieser Zeit hat sich die christliche Welt als moralisch bankrott und politisch labil erwiesen. Die Tunesier hatten völlig recht, als sie 1956 – ein sehr wichtiger Augenblick in der westlichen (und afrikanischen) Geschichte – der Rechtfertigung der Franzosen für ihr Verbleiben in Nordafrika mit der Frage begegneten: »Sind die *Franzosen* reif für die Selbstbestimmung?«
Und dann: die Begriffe »zivilisiert« und »christlich« nehmen

einen seltsamen Klang an, besonders in den Ohren derjenigen, die man bisher weder für zivilisiert noch für christlich gehalten hat, wenn sich ein christliches Land einer so schmutzigen und gewalttätigen Orgie hingibt wie das Deutschland des Dritten Reiches. Wegen des Verbrechens ihrer Abstammung wurden Millionen Menschen mitten im 20. Jahrhundert und im Herzen Europas – der Festung Gottes – in einen so ausgeklügelten, so scheußlichen und so qualvollen Tod geschickt, wie ihn sich kein Zeitalter vor diesem erleuchteten hat ausdenken, geschweige denn ausführen und registrieren können. [...]

Nach meiner Ansicht macht allein die Tatsache, daß es einmal ein Drittes Reich gab, die Frage nach der christlichen Überlegenheit, außer auf technologischem Gebiet, für immer hinfällig. Die Weißen waren und sind überrascht von der Massenvernichtung in Deutschland. Sie haben nicht gewußt, daß sie sich so aufführen können. Aber ich bezweifle sehr, ob die Schwarzen ebenso überrascht waren. [...]

V

[...]
Die meisten Neger können nicht ohne Risiko von der Voraussetzung ausgehen, daß die Menschlichkeit den Weißen mehr bedeutet als ihre Hautfarbe. Und dies führt unmerklich, aber unvermeidlich zu einer Gemütsverfassung, die einen sehr leicht das Schlimmste denken läßt, da man lange zuvor gelernt hat, des Schlimmsten gewärtig zu sein. Die Brutalität, mit der Neger in diesem Land behandelt werden, kann gar nicht drastisch genug dargestellt werden, wie ungern die Weißen das auch hören mögen. Zuerst – und auch dies kann nicht drastisch genug dargestellt werden – kann ein Neger einfach nicht *glauben*, daß die Weißen ihn so behandeln, wie sie es tatsächlich tun; er weiß nicht, womit er diese Behandlung verdient hat. Und wenn ihm dann klar wird, daß die Art, wie man ihn behandelt, nichts mit dem zu tun hat, was er getan hat, daß der Versuch der Weißen, ihn zu vernichten – denn darauf läuft es hinaus –, völlig unbegründet ist, dann fällt es ihm nicht schwer, sich die Weißen als Teufel vorzustellen. Um die Schrecken zu beschreiben, die das Leben des amerikanischen Negers beherrschen, reichen Worte kaum aus. Die Heimlichkeit seiner Erfahrung, die erst

beginnt, sich in der Sprache abzuzeichnen und im offiziellen und populären Sprachgebrauch noch geleugnet oder ignoriert wird – daher das Negeridiom –, leiht jedem System Glaubwürdigkeit, das den Anspruch erhebt, diese Erfahrung zu klären. Und tatsächlich *hat* man dem Neger die Wahrheit über sich selbst, als historisches und menschliches Wesen, absichtlich und grausam vorenthalten; die Macht der Weißen ist immer dann bedroht, wenn ein Schwarzer sich weigert, die Definition der Weißen zu akzeptieren. So ist jeder Versuch gemacht worden, den Schwarzen zu Fall zu bringen – gestern wie heute. Wer hätte da die Autorität, zu sagen, wo die Wurzeln für soviel Schmerz und Unheil liegen? Warum sollte es denn nicht möglich sein, daß alles mit dem Schwarzen begann und daß er vollkommen war – zumal dies genau das ist, was die Weißen jahrelang für sich beansprucht haben? Und noch etwas: es steht heute eindeutig fest, daß Weiße auf der Welt in der Minderheit sind – in einer so kleinen Minderheit, daß man sie gut und gern für eine Erfindung halten könnte – und daß sie kaum hoffen können, sie länger zu beherrschen. [...]

VI

[...]
Von allen westlichen Völkern wäre Amerika am ehesten in der Lage, die Nutzlosigkeit und Antiquiertheit des Rassismus zu beweisen. Es hat jedoch nicht gewagt, diese Möglichkeit zu ergreifen oder sie auch nur als Möglichkeit zu begreifen. Die weißen Amerikaner haben dieses Problem als Schmach empfunden und die kultivierteren und eleganteren europäischen Völker, die nicht beunruhigt waren durch die Gegenwart schwarzer Menschen in ihrem Land, beneidet. [...]

Wenn wir darauf bestehen, uns als eine weiße Nation zu betrachten, obwohl man uns kaum dafür halten kann, läuft das darauf hinaus, daß wir uns mit den wirklich weißen Nationen zu Sterilität und Verfall verurteilen; wenn wir uns hingegen als das nehmen könnten, *was wir sind*, wären wir imstande, den westlichen Errungenschaften neues Leben einzuhauchen und sie zu verwandeln. Der Preis für diese Verwandlung ist die bedingungslose Freiheit des Negers; es ist nicht zuviel gesagt, daß er, der so lange zurückgestoßen wurde, nun umarmt werden muß, ganz

gleich, wie groß das psychische oder soziale Risiko ist. Er ist *die* Schlüsselfigur in seinem Land, und die Zukunft Amerikas ist genauso hell oder dunkel wie seine eigene. Und der Neger erkennt das auf negative Art. Daher die Frage: *Will* ich denn überhaupt in ein brennendes Haus aufgenommen werden?
[...]

VII

[...]
Deshalb wird Liebe so verzweifelt gesucht und so listig gemieden. Die Liebe reißt die Masken ab, von denen wir fürchten, daß wir ohne sie nicht leben können, und von denen wir wissen, daß wir mit ihnen nicht leben können. Ich gebrauche das Wort »Liebe« hier nicht nur im persönlichen Sinn, sondern im Sinne eines Seinszustandes oder Standes der Gnade – nicht in dem infantilen amerikanischen Sinn des Glücklich-Gemacht-Werdens, sondern im strengen und universalen Sinn des Suchens und Wagens und Wachsens. Und ich gebe weiterhin zu, daß die rassischen Spannungen, die die Amerikaner heute bedrohen, wenig mit wirklicher Antipathie – eher mit dem Gegenteil – und nur symbolisch mit der Hautfarbe zu tun haben. Diese Spannungen wurzeln in genau den gleichen Tiefen, wie die, denen Liebe oder Mord entspringt. Des Weißen uneingestandene – und offenbar unaussprechliche – heimliche Befürchtungen und Sehnsüchte werden auf den Neger projiziert. Der einzige Weg, auf dem er von der tyrannischen Macht, die der Neger über ihn hat, befreit werden kann, ist tatsächlich der, daß er einwilligt, selbst schwarz zu werden, ein Teil jenes leidenden und tanzenden Landes zu werden, das er heute sehnsüchtig von den Höhen seiner einsamen Macht beobachtet, und, bewaffnet mit geistigen Traveller-Schecks, verstohlen nach Einbruch der Dunkelheit besucht. Wie kann man die Werte eines Volkes respektieren, geschweige denn adaptieren, das, gleichviel auf welcher Ebene, weder so lebt, wie es zu leben behauptet, noch so, wie es zu leben wünscht. Ich kann die Lösung nicht akzeptieren, daß die vierhundertjährigen Mühen des amerikanischen Negers nur dazu gedient haben sollten, sich dem gegenwärtigen Niveau der amerikanischen Kultur anzupassen. Ich bin keineswegs davon überzeugt, daß sich die Befreiung vom afrikanischen Medizinmann gelohnt hat, wenn ich heute – um die sittlichen Widersprü-

che und die geistige Unfruchtbarkeit meines Lebens zu ertragen – abhängig werden soll vom amerikanischen Psychiater. Auf diesen Tausch lasse ich mich nicht ein. Das einzige, was die Weißen besitzen und die Schwarzen brauchen oder sich wünschen könnten, ist Macht – und keiner besitzt die Macht für immer. Die Weißen kann man im allgemeinen nicht zum Vorbild dafür nehmen, wie man leben soll. Es ist vielmehr so, daß der Weiße selbst dringend neue Wertmaßstäbe braucht, die ihn aus seiner Verwirrung erlösen und ihn wieder in fruchtbare Verbindung bringen mit den Tiefen des eigenen Seins. Und ich wiederhole: Der Preis für die Befreiung der Weißen ist die Befreiung der Schwarzen – die totale Befreiung, in den Großstädten, den Kleinstädten, vor dem Gesetz und im Denken. Warum ich zum Beispiel – zumal ich die Familie kenne – *wünschen* sollte, deine Schwester zu heiraten, ist für mich ein großes Geheimnis. Aber deine Schwester und ich haben jedes Recht zu heiraten, wenn wir es wollen, und niemand hat das Recht, uns daran zu hindern. Wenn sie mich nicht auf ihr Niveau emporheben kann, vielleicht kann ich sie auf meines emporheben.
Kurz gesagt: wir, die Schwarzen und die Weißen, brauchen einander sehr nötig, wenn wir wirklich eine Nation werden wollen – das heißt, wenn wir wirklich unsere Identität, unsere Reife als Männer und Frauen erlangen wollen. [...]

VIII

[...]
Als ich noch sehr jung war und mich mit meinen Freunden in jenen wein- und urinbefleckten Hauseingängen herumtrieb, fragte etwas in mir, *was wird aus all dieser Schönheit?* Denn schwarze Menschen sind, obwohl ich mir bewußt bin, daß manche von uns, Schwarze und Weiße, es noch nicht wissen, sehr schön. Und als ich an Elijahs Tisch saß und das Baby betrachtete, die Frauen und die Männer und wir über Gottes – oder Allahs – Rache sprachen, fragte ich mich, wenn einmal die Zeit der Rache gekommen, *was wird dann aus all dieser Schönheit?* Ich sah auch, daß die Unnachgiebigkeit und Unwissenheit der Weißen jene Rache unvermeidlich machen könnte – eine Rache, die nicht von irgendwelchen Personen oder Organisationen abhängt und nicht von ihnen geübt und die von keiner Polizeimacht oder Armee verhindert werden kann: eine historische Rache, eine kosmische

Rache, fußend auf dem Gesetz, das wir anerkennen, wenn wir sagen: »Was steigt, muß fallen.« [...]

Alles, so müssen wir annehmen, liegt jetzt in unserer Hand, wir haben kein Recht, etwas anderes anzunehmen. Wenn wir – und ich meine jetzt die Weißen und die Schwarzen, denen einigermaßen bewußt ist, worum es geht, und die, wie Liebende, dieses Bewußtsein im anderen stärken oder wecken müssen – jetzt in der Ausübung unserer Pflicht nicht erlahmen, können wir vielleicht, obwohl wir nur eine Handvoll Menschen sind, den Albtraum der Rassenfrage beenden und unser Land gestalten und den Lauf der Weltgeschichte ändern. Wenn wir jetzt nicht alles wagen, droht uns die Erfüllung jener Prophezeiung, die ein Sklave nach einem Bibelwort im Lied neu verkündete: *God gave Noah the rainbow sign, no more water, the fire next time!*

JEAN AMÉRY

Mister President (Lester Young)

Billie Holiday hat ihren Freund und Musik-Kameraden Lester Young den Präsidenten genannt, und als »Pres« ging er in die Jazzgeschichte ein. Billie war eine Republikanerin aus Grundgesinnung und eine Demokratin im Sinne der amerikanischen Parteisympathie. Der größte Mann, den die Geschichte je hervorgebracht hat, war ihrer Meinung nach Präsident Franklin D. Roosevelt, und es schien ihr darum recht und billig, den, der ihres Erachtens der größte aller Jazzmusiker war, mit dem Titel »Präsident« auszuzeichnen. »Was bedeuten ein König, ein Herzog, ein Graf in unserem Lande?« sagte sie. »Nichts! Aber ein Präsident – that's it.«

Um »Präsident« Lester Young war in der Tat immer eine merkwürdige Luft von Vornehmheit, wie sie übrigens keineswegs alle Präsidenten der Vereinigten Staaten charakterisiert hat. Der große, etwas korpulente Mann hatte den Kopf eines Intellektuellen, mit hoher, nachdenklich gerunzelter Stirn. Sein Mund war stets wie in überlegener Bitterkeit verzogen, Mund eines Mannes, der die Welt gekostet hat und findet, daß sie mäßig schmecke. Er war ein großer Herr, mochte er auch zufällig gerade stockbetrunken am Bartisch über einer jener seltsamen und originellen Mixturen dösen, wie nur er sie vertragen konnte, etwa: Courvoisier-Cognac mit Bier.

Er war nicht ohne Hochmut, was man ihm oft genug vorgeworfen hat. Sogar sein Spiel war arrogant in seiner vollkommenen Diskretion: der schlanke, niemals große, aber immer zauberhaft geschmeidige Ton seines Tenorsaxophons war sich gleichsam zu gut für spektakuläre Fülle. Hochmütig-absonderlich waren seine Umgangsformen, absonderlich im ursprünglichen Wortsinne: Lester Young wollte sich stets abheben von den anderen, nicht nur von der großen Masse, sondern auch von seinen Kameraden.

Er verstand es, auf unsäglich überlegene Weise zu schweigen, wenn die anderen schwatzten, und schwieg höchst ausdrucksvoll mit der sorgenvollen und leicht angeekelten Miene eines Mannes, dem die Dummheit der anderen auf die Nerven fällt. Wenn er

aber sprach, dann verwendete er nicht die Ausdrücke des Jazz-Slangs, sondern bewegte sich in einer eigenen, selbstgeschaffenen Sprachwelt, in der die anderen sich nicht zurecht fanden. Er nannte auch seine *männlichen* Kollegen häufig »Lady«. Wenn es ihm paßte, reagierte er auf sachliche Fragen seiner Mitarbeiter nur mit der Lautbildung »Ding-dong«. Es kam vor, daß er ernsthaft und hartnäckig behauptete, er spreche eine ganz eigene Sprache, wobei er nichtssagende Silben zusammenhanglos, aber höchst bedeutsam und melodisch aneinanderreihte. Die Absonderung und Absonderlichkeit erstreckten sich später auch auf seine äußere Erscheinung. Er trug bisweilen das Haar sehr lang, so daß es ihm unordentlich auf den Rockkragen fiel; vielleicht tat er es, um die amerikanische Sprachsitte, nach der seriöse klassische Musiker als »long hair-musicians« bezeichnet werden, ad absurdum zu führen. Er schaffte sich einen breitkrempigen Hut an, wie ihn einst in Europa Professoren und Anarchisten getragen hatten, und kam in einem fast bis auf den Boden reichenden Mantel daher.
Hinter all diesem Gebaren, dem Hochmut und der Absonderlichkeit, stand ein verletzlicher, unsicherer und äußerst weicher Charakter. Im Grunde fehlte dem Präsidenten jede Selbstsicherheit. Er haßte das »Wettspielen« während der Jam-Sessions, bei welchem die Musiker vielfach durch den brennenden Wunsch zu Meisterleistungen angetrieben werden, ihre Kollegen »an die Wand zu spielen«. Wurde er wirklich überspielt, was häufig vorkam, denn sein nonchalanter, eleganter Stil hatte gar nichts Akrobatisches, dann packte er still sein Instrument ein und schlich sich von dannen. Er verabscheute die Jazz-Demagogie und war tief verletzt, wenn ein Mitarbeiter wie Flip Philips grobe Effekte suchte und deutlich auf den Massengeschmack spekulierte. Auseinandersetzungen ging er aus dem Wege; es war fast unmöglich, mit ihm zu streiten, weil er sich aus jeder Diskussion in seine hochfahrende Pose flüchtete, die nur dazu bestimmt war, innere Schwäche und Müdigkeit zu verbergen. Wäre er im Grundkern seiner Person arrogant gewesen, wie zu sein er vorgab, er hätte sich wohl kaum mit so bewundernswerter Diskretion in den *Dienst* der anderen stellen können, er wäre kein so sich selbst verleugnender Begleiter gewesen. Lester Young als Begleitmusiker von Billie Holiday verstand es, sein Spiel fast bis zur Unhörbarkeit zu dämpfen; nur noch der junge Louis Armstrong als Begleiter von Bessie Smith kann an ritterlicher Zurückhaltung mit ihm verglichen werden.
Zur Flucht in das Pathos des Hochmuts kam bei »Pres« wie bei

vielen anderen die Flucht in den Alkohol. Fast alle Jazzmusiker waren schwere Trinker, und das Thema »Jazz und Alkohol« wäre einer psychologisch-medizinischen Fachbearbeitung ebenso würdig wie das Thema »Jazz und Rauschgift«. Lester Young aber übertraf in seinem Alkoholgenuß die meisten seiner Kameraden. Vollkommen nüchtern war er nur selten, am Ende seines Lebens fast niemals. Oftmals mußte man ihn gegen Mittag aus dem Bette holen, um ihn zur Arbeitsstätte zu bringen, entweder weil er gerade seinen Rausch ausschlief, oder weil er sich frühmorgens schon einen neuen Rausch angetrunken hatte. Er brauchte den Alkohol wie die Luft und die Nahrung, ja dringender noch als diese, denn er aß sehr wenig, und als er starb, kamen die Ärzte überein, daß Entkräftung zufolge von Unterernährung eine der Todesursachen war.

Sein Leben hatte keine tragischeren Voraussetzungen als die Existenz der meisten schwarzen Musiker.

Er wurde 1909 in der Nähe der Jazz-Stadt New Orleans geboren. Sein musikalisches Talent fand alle Bedingungen zur freien Entwicklung: der Vater, hauptberuflich Schmied, war im Herzen nichts als Musikant, ein ausgezeichneter Natur-Geiger. Die Geschwister machten Musik. Im Hause gab es Instrumente in Fülle. Das bißchen Schuhputzen und ein wenig Botendienst, womit er sich als Knabe Geld verdiente, war nur ein ganz kurzer, kaum vernehmbarer Auftakt seines Lebens. Voll setzte die Musik ein, als er dreizehn Jahre zählte und mit der Familien-Band durch den Süden reiste, erst als Schlagzeuger, dann als Altsaxophonist. Mit achtzehn Jahren verließ er das väterliche Ensemble und stellte sich auf eigene Füße, war Baritonsaxophonist bei King Oliver und kam schließlich 1934 nach Kansas City in die Band Count Basies, wo er endlich Tenorsaxophon spielen durfte, was er sich immer gewünscht hatte.

Der Präsident hatte Rang und Namen, wenn auch sehr wenig Geld, als ihn die Armee Onkel Sams zerschlug. Es begann damit, daß er anfangs 1944, als die USA mitten im Kriege standen und die Männer des »Show-Business« aus dem Wehrdienst gleichermaßen eine Ehr- und Publizitätssache machten, den Gestellungsbefehl erhielt. Er reagierte zunächst nicht. Der Gedanke, sich militärischer Disziplin zu unterwerfen, war ihm grauenvoll, mehr: er war ihm vollkommen unfaßbar, und so beschloß er, das Unfaßbare einfach zu ignorieren. Damit war die Sache aber nicht abgetan. Die Militärpolizei machte ihn dingfest; er wurde gewaltsam eingezogen.

Das war kein guter Start, und sein Akt bei den Militärbehörden hatte gleich einen so großen schwarzen Fleck, daß auch der Wohlwollendste ihn nicht übersehen konnte. Die Offiziere und Unteroffiziere aber waren alles eher als wohlwollend. Sie fanden es höchst unverschämt, daß Pres auf einem Fragebogen unverblümt angegeben hatte, er pflege Marihuana zu rauchen. Es war ihnen auch ein Ärgernis, daß er damals mit einer weißen Frau verheiratet war. Sie wiesen ihn darum nicht dem Musikkorps zu und machten ihm beim »basic training« in jeder Hinsicht das Leben sauer. Da gab es keine Flucht in den Hochmut mehr. Da half keine Privatsprache. Da mußte der Kelch geleert werden bis zur Neige.

Eines Tages entdeckte man unter seinen Sachen eine große Menge schmerzstillender Pillen, die er bei einem Lazarettaufenthalt gesammelt hatte, und machte ihm wegen »Rauschgift-Genusses« den Prozeß. Der militärische öffentliche Ankläger beantragte fünf Jahre Gefängnis. Dazu kam es zwar nicht, aber ein ganzes, unendlich bitteres Jahr hatte der Präsident doch abzusitzen – und als er herauskam, war er ein menschliches Wrack. Weder seine Musik, noch seine Familie – er hatte ein zweitesmal geheiratet und war Vater zweier Kinder – gaben ihm inneren Halt. Einziger Freund und Tröster blieb der Alkohol, dem er nunmehr vollkommen und rettungslos verfiel.

1955 versuchte er es mit einer Entziehungskur. Schon ein Jahr darauf aber, als er im Rahmen der Norman Granz-Veranstaltungen »Jazz at the Philharmonic« eine große Europa-Tournee unternahm, war er wieder der Sklave des Alkohols und war zudem musikalisch gerade noch ein schwacher Nachklang des Lester Young von einst.

Im Februar 1959 fand er sich in Paris zu einem mehrwöchigen Gastspiel im Blue-Note-Club ein. Die Fans von Paris hatten wenig Grund zur Begeisterung: Pres, von dem man ihnen so viel erzählt hatte, spielte freudlos und glanzlos; am liebsten lehnte er sein Instrument überhaupt in die Ecke und setzte sich mit dem alten Ausdruck unnahbarer Vornehmheit an die Bar, wo er im Erfinden von Cocktails mehr Phantasie zeigte als bei den Chorussen, die er mühselig und sich wiederholend herunterspielte. Mitte März fühlte er sich so elend, daß er sein Engagement vorzeitig abbrach und nach New York zurückflog. Er wagte es nicht mehr, seiner Familie unter die Augen zu treten und mietete sich in einem obskuren Hotel ein, wo er am 15. März an der Trinkerkrankheit Leberschwellung starb.

Freunde und Mitarbeiter trugen ihn zu Grabe. Die großen Zeitungen brachten nur kurze Abschiedsnotizen, denn hier war ein Mann von der Szene getreten, der schon vorher nicht eigentlich und im Vollsinne als Musiker gelebt hatte, ein Künstler, dessen Reich nie wirklich von dieser Welt gewesen war.

ROSS RUSSELL

Der Tod Charlie Parkers

Am 28. September 1954 ging Charlie Parker ins New Yorker Bellevue-Krankenhaus. Er sagte dem aufnehmenden Arzt der psychiatrischen Abteilung, daß er an Depressionen leide, er fürchte um sein Leben. Die Diagnose war: »Akuter Alkoholismus – undifferenzierte Schizophrenie.« Parker, so hieß es, habe seine Frau und seine Kinder unter Alkoholeinfluß bedroht und mehrere Selbstmordversuche gemacht. Am Schluß des Arztberichtes steht: »Hohe Intelligenz, aggressives Persönlichkeitsbild, primitive Sexualphantasien, verbunden mit Feindschaftsgefühlen, offensichtlich paranoide Gedanken.«

Bird – wie Musiker und Freunde ihn nannten – wurde von Abteilung zu Abteilung verlegt, von Arzt zu Arzt und von Psychiater zu Psychiater überwiesen. Durch seinen Charme entzückte er Ärzte und Krankenschwestern; die meisten wußten nicht, daß er ein berühmter Jazz-Star war. Ein Psychiater sagte zu Chan, Charlies Frau, daß Bird in eine Nervenheilanstalt gehöre; Elektroschocks seien die einzige Therapie. Als Chan protestierte, fragte der Arzt, ob sie »einen Ehemann oder einen Musiker« haben wolle.

Nach 14 Tagen wurde Charlie unter der Bedingung entlassen, daß er sich täglich in der Ambulanz der psychiatrischen Klinik vorzustellen habe. Aber Parker konnte die Krankenhauskosten nicht bezahlen. Sein Schuldenberg wurde immer größer. Er bat den Agenten Billy Shaw, ihm Auftritte zu vermitteln, die ihm schnell zu einer wesentlichen Summe Geldes verhelfen würden. Obwohl Shaw schlechte Erfahrungen mit Parker gemacht hatte, gab er ihm eine – wie er sagte: letzte – Chance. Er arrangierte eine große Europa-Tournee. Schon wenige Wochen später sollte sie beginnen. Aber im letzten Moment drang die Kunde von Charlies psychiatrischer Behandlung und seinem Alkoholismus an die Öffentlichkeit. Der Kontrakt wurde gelöst, Coleman Hawkins anstelle von Charlie Parker verpflichtet.

In maßloser Wut rannte Charlie Billy Shaw davon und schloß einen Vertrag mit Mo Gale, der eine Konkurrenzagentur leitete, die noch weniger Erfahrung in der Behandlung schwieriger

Künstler hatte. Das einzige, was die Gale-Leute vermitteln konnten, waren vereinzelte Auftritte als »single«, wobei Parker in den verschiedenen Städten von lokalen Rhythmusgruppen begleitet werden mußte...

Als Charlie Parker auf diese Weise nach Boston kam, wo er im »Storyville«, dem Club von George Wein, spielte – »fehlerhaft«, wie die Presse vermerkte –, ging er eines Nachmittags ins Leichenschauhaus. Er sagte, daß er nach einem verschwundenen Freund suche, und verbrachte unter diesem Vorwand viele Stunden in den eiskalten Räumen, einen Leichnam nach dem anderen inspizierend.

Eines Abends schlenderte er mit einem seiner Protegés, dem Altsaxophonisten Jackie McLean, durch das New Yorker Village. Im Club »Open Door« war Jam-Session. Parker wollte gern spielen. Man ließ ihn nicht. Er flehte den Clubbesitzer an, ihn mitspielen zu lassen. Hinterher sagte er zu McLean: »Ich muß mich erniedrigen, muß um Pennies betteln, damit ich was trinken kann. Ich bin Charlie Parker, und ich muß die Leute anflehen, damit sie mich spielen lassen. Tritt mich in den Arsch, Jackie.« Charlie bestand darauf, daß McLean dies auch wirklich tat. Es kam zu einer peinlichen Szene vor dem Club-Eingang, da die Passanten Charlie erkannten. Mit sonorer Stimme, der man immer noch anhörte, daß sie gewohnt war, Anordnungen zu geben, wiederholte er: »Jackie, du hast mich gehört, ich will, daß du mich in den Arsch trittst.«

Nervös und verlegen berührte McLean Charlies Rücken mit seinem Knie. Parker war das nicht genug. Er wollte verletzt und erniedrigt werden. Noch einmal sagte er, klar und laut: »Jackie McLean, ich will, daß du mich in den Arsch trittst, weil ich mich in eine solche Lage gebracht habe.« Schließlich tat McLean wie geheißen, und Charlie sagte: »Jackie McLean, paß auf dich auf, damit dir nie etwas ähnliches passiert.«

Eine Woche nach diesem Vorfall hatte Charlie kein Saxophon mehr, um ein Engagement zu erfüllen. Er borgte sich McLeans Instrument. Am nächsten Tag verpfändete er es und gab das Geld aus. Am 10. Dezember spielte Charlie zum letzten Mal für Norman Granz. Er nahm je zwei Versionen von »Love for Sale« und von »I love Paris« auf. Er war in schlechter Verfassung. Seine Zunge war geschwollen. Die Session mußte abgebrochen werden.

In der Weihnachtswoche traf ich Charlie in einem Kellerclub an der Eighth Avenue. Er war schäbig gekleidet. Sein Anzug war

seit Wochen nicht gereinigt worden. Ärmel und Kragen waren schmutzig. Charlie trug Pantoffeln. Sein Gesicht war aufgeschwemmt, seine Augenlider so geschwollen, daß man nur noch die Hälfte der Pupillen sehen konnte. Die ersten fünf Minuten seines Auftritts verbrachte er damit, daß er, so langsam er nur konnte, sein Saxophon zusammensetzte. Als er schließlich zu spielen anfing, hatte er Schwierigkeiten, Luft durch das Instrument zu blasen. Sein Saxophon-Ton, sonst so klar und brillant, war schlaff und ungenau. Seine Linien klangen fremdartig und aufgeregt. Als ob er in neue und unbekannte musikalische Gegenden vorstoßen wolle. Für jeden, der wußte, wer Charlie Parker war, wurde an diesem Abend die Tragödie des Jazzmusikers in Amerika – und überhaupt: die Tragödie des schwarzen Künstlers in einer ihm feindlich gesonnenen Umwelt – bedrükkend deutlich.
Charlie Parker bat mich um Geld. Er sprach von den Platten, die ich früher mit ihm gemacht hatte; er wollte viel Geld. Ich gab ihm die paar Dollar, die ich bei mir hatte. Er holte eine große, weiße Pille aus seiner Manteltasche und fing an, sie langsam zu zerkauen. Er sagte, es sei Codein. Damit könnte er die Schmerzen, die ihm seine Magengeschwüre bereiteten, unter Kontrolle halten. Als Bird wieder spielte, kam ein Club-Angestellter zu mir und sagte, daß Charlie eine Pistole bei sich habe. Er habe davon geredet, daß er mich erschießen wolle. Es sei wohl besser, wenn ich den Club verließe. Das war das letzte Mal, daß ich Charlie Parker gesehen habe.
Am Neujahrstag 1955 traf Bob Reisner, der Produzent der Sonntagnachmittag-Sessions des Clubs »Open Door«, Charlie Parker im Greenwich Village auf der Straße. »Ich hätte nie gedacht, daß mich das Jahr 1955 noch lebend sehen würde«, sagte Charlie, und dann zitierte er eine Strophe des persischen Dichters Omar Chaijam, den er besonders liebte:

Füll den Pokal im Feuer des Frühlings,
Die winterlichen Kleider deiner Reue – laß sie fliegen,
Der Vogel der Zeit hat nur noch kurzen Weg zu flattern.
Dann fliegt er davon, der Bird.

Charlie erzählte Reisner, daß er nicht mehr mit seiner Frau Chan zusammenlebe. Er trieb sich im Village herum. Sein Saxophon war verpfändet. Seine Gesundheit schlecht. Ständig hatte er Magenkrämpfe. Reisner bot Charlie einen Auftritt bei seinem nächsten Sonntagnachmittags-Konzert an.

Reisner hatte Parker als Star des Konzerts angekündigt und ihn mit einem Prozentsatz an den Einnahmen beteiligt. Charlie stellte sich an die Tür, kontrollierte und zählte die Eintrittskarten. Konzertbesucher, die ihm unsympathisch waren, wies er zurück. Bevor er zu spielen begann, nahm er das Mikrofon und sagte dem Publikum mit feierlicher Stimme: »Für den Fall, daß die Rauschgiftpolizei anwesend ist, möchte ich hiermit bekanntgeben, daß ich keinerlei Narkotika bei mir habe.«

Die Gale-Agentur schickte Parker nach Chicago, um vier Abende im Club »Bee Hive« zu spielen. Am ersten Abend – einem Freitag – verbrachte er die meiste Zeit in seiner Garderobe. Am Samstag drohte ihm ein Beauftragter der Gewerkschaft, ihn mit einer Geldstrafe zu belegen, wenn er nicht spielen würde. Um Mitternacht wurde er in seiner Garderobe ohnmächtig. Am nächsten Tag war er zur allgemeinen Überraschung eine Stunde vor seinem Auftritt anwesend. Lachend und verbindlich saß er – ein Glas in der Hand – an der Bar. An diesem Abend klang er noch einmal wie der alte große Charlie »Bird« Parker.

Wieder in New York, begegnete er Sonny Stitt, dem Altsaxophonisten, der ihm im Klang und in der Spielweise am nächsten kam. »Sonny«, sagte Charlie, »bald wirst du die Schlüssel zum Königreich erben.«

Nachts fuhr er ziellos mit der U-Bahn herum. Er nahm die Independent-Line an der 8. Straße und fuhr bis zum Ende in Queens oder Bronx und wieder zurück – stundenlang.

Als er an einem kalten Januarabend wieder von Magenkrämpfen geschüttelt wurde, brach er auf dem Bürgersteig zusammen. Ahmed Basheer, ein Musiker aus St. Louis, fand ihn und trug ihn in sein Zimmer – eine ärmliche Bude. Als Charlie wieder zu Bewußtsein kam, fragte er: »Wo ist Moslem?« Basheer hatte – wie viele Schwarze – den Moslem-Glauben und einen arabischen Namen angenommen. Die beiden hatten ein paarmal über religiöse Fragen gesprochen. Basheer wollte Parker zum Islam bekehren. Der mohammedanische Glaube würde all seine Probleme lösen.

»Ich möchte, daß du mir aus dem Koran vorliest«, sagte Charlie. Basheer nahm das Heilige Buch und fing an, auf Arabisch zu lesen. »Es ist wunderbar«, sagte Charlie – beide Hände auf's Herz legend. Und zu den Freunden, die an seinem Bett standen: »Ich weiß, ihr sollt aufpassen, daß ich mich nicht umbringe. Aber ihr könnt machen, was ihr wollt, ich werde sterben. Ich werde einfach von einer Brücke oder von irgendwo anders runterspringen.«

Basheer fragte, ob man ihn nicht in ein Krankenhaus bringen solle. Parker: »Ich mag keine Krankenhäuser. Du kannst sowieso nichts mehr machen, um mich zu retten.« Einer der Anwesenden sagte: »Bird, du darfst nicht so reden. Es gibt viele Menschen, die deine Musik lieben. Du hast uns allen noch viel zu geben. Du wirst gebraucht.«
»Glaubst du das wirklich?«
»Natürlich, Bird.«
Einige Wochen lang lebten Basheer, der Dichter Ted Joans und Charlie in »Moslems« ungemütlicher Bude zusammen. Es war Winter, und es wurde jeden Tag nur vier Stunden lang geheizt. Um nicht zu erfrieren, mußten die drei massigen Männer eng nebeneinander im gleichen Bett schlafen. Wenn die Heizung kalt wurde, rief Charlie durch den Luftschacht zum Hausmeister herunter: »Was denkst du, was wir sind? Eskimos?«
Als Parker wieder aufstehen konnte, besuchte er den Instrumentenladen des italienischen Meisters Pietro Carbone. Mit Bewunderung beobachtete er, wie Violinen, Trommeln, Lauten und Zithern repariert wurden. Der Instrumentenbauer verglich Parker mit seinem Landsmann Paganini, dessen wüstes Leben und dessen improvisatorische Begabung so sehr an Charlie Parker erinnerten.
Ein paar Tage später besuchte Parker Edgar Varese, den berühmten Avantgarde-Komponisten. Wie schon oft diskutierte er seinen nie realisierten Plan, bei Varese zu studieren. »Laß mich bei dir lernen, als sei ich ein Kind«, sagte er, »ich will Form und Struktur. Ein einzelnes Instrument ist nicht genug. Ich möchte für einen Haufen Instrumente schreiben lernen – und für viele verschiedene Stimmen. Eine Symphonie oder eine Oper.« »Natürlich, Bird«, meinte Varese. »Ich hab dir schon oft gesagt, ich gebe dir gern Unterricht, aber du mußt auch wirklich kommen.«
Einmal blieben er und »Moslem« die ganze Nacht auf. Sie saßen in der eisigen Winternacht am Sheridan Square im Freien und beobachteten über den Häusern im Osten den Sonnenaufgang. Charlie sprach davon, wie wunderbar es früh am Morgen sei: »Wenn du Allah sehen willst, mußt du nach Osten schauen, den Broadway entlang. Schau, wie die Sonne hochsteigt. Das ist Gott.«
Charlie streunte im Village herum. Die Straßen waren windig und kalt. Meistens war er allein – wie er es auch zwanzig Jahre zuvor als herumbummelnder Teenager in den Straßen des schwarzen Gettos seiner Geburtsstadt Kansas City gewesen war.

Das Village war ihm fremd geworden. Er war krank und kraftlos. Der Weg, den er gewählt hatte, um zu fliehen – der Weg der Musik –, war nicht mehr begehbar für ihn. Sein Gang, seine Bewegungen wurden mechanisch, verkrampft, leer.
Ende Februar ging Charlie zur Gale-Agentur. Es war ihm schwergefallen. Seine »Richter«, wie er sie nannte, waren unzufrieden und nicht an ihm interessiert. Charlie mußte seinen ganzen Charme aufbieten, damit er zwei Auftritte bekam – einen im »Storyville« in Boston, den anderen im »Birdland« – am kommenden Wochenende, Freitag und Samstag, den 4. und 5. März 1955. Die Bezahlung war schlecht, aber Charlie hoffte, daß er sich noch einmal aufwärts spielen könne. Zu seiner Band sollten lauter berühmte Musiker gehören: Der Pianist Bud Powell, der Bassist Charlie Mingus, der Schlagzeuger Art Blakey und der Trompeter Kenny Dorham.
Das Wochenende im »Birdland« begann schlecht. Charlie saß in einer Ecke mit Lennie Tristano, dem blinden Meister des »Cool Jazz«. Bud Powell, der große Pianist, der die Spielweise des modernen pianistischen Jazz geschaffen hatte – auch er körperlich und seelisch zerrüttet –, kam vorbei, sagte »Hello«, schnitt eine Grimasse und meinte: »Bird, du bist fertig. Mann, du kannst nicht mehr spielen.« »Red' nicht so, Bud«, sagte Tristano, »Bird ist der Vater von dem, was du spielst.«
Als Powell weiterging, sagte Charlie zu Tristano: »Du mußt nicht denken, daß er verrückt ist. Ich habe ihm beigebracht, so was zu sagen.«
Bird war 30 Minuten zu spät zu seinem so wichtigen Engagement im »Birdland« gekommen. Der Club war voll. Viele Leute wollten bei Charlie Parkers Comeback dabei sein. Als der erste Set begann, war Bud Powell bereits betrunken. Mingus, Blakey und Dorham versuchten, seine Fehler zu überspielen. Die Töne verwirrten sich in schmerzvoller Kakophonie. Es war keine Liebe und keine Freude im Spiel dieser Männer. Man konnte die negativen Schwingungen buchstäblich fühlen.
Der Clubmanager Goldstein sagte schroff zu Charlie: »Geh raus. Fang endlich zu spielen an.« Charlie beachtete Goldstein nicht. Im ersten Set spielte er nicht. Er wartete auf den nächsten. Als der begann, erschien Pee Wee Marquette, ein kleiner verwachsener Liliputaner, der im »Birdland« für die Ansagen zuständig war, und sagte mit seiner Fistelstimme: »Und nun, meine Damen und Herren, präsentiert Ihnen das Management des ›Birdland‹ voller Stolz die Charlie Parker All Stars.« Der Zwerg wartete darauf,

daß die Musiker herauskommen würden. Bud Powell kam allein. Die Leute klatschten. Bud verbeugte sich, grinste und versuchte sich mit ein paar Tanzschritten. Er war so betrunken, daß er fast von der Bühne fiel. Dann stolperte er zum Piano und fing an »Little Willie Leaps« zu spielen, eine Parker-Komposition. Aber nicht einmal die »Birdland«-Gäste, das fachmännischste Publikum, das es im Jazz damals gab, konnten das Stück erkennen.
Schließlich kamen Mingus und Dorham heraus. Ohne viel Erfolg versuchten sie, mit Bud Powell zusammenzuspielen; Bud hatte jegliches Timing verloren. Dann erschien Charlie Parker. Betäubt von Whiskys, sagte er mit einer für ihn typischen Bitternis: »Ladies and Gentlemen, das Management des ›Birdland‹ hat ungeheuer viel Geld ausgegeben, um Ihnen unsere All Star Band zu präsentieren.« Er stellte die Musiker vor und kündigte das erste Stück an: »Hallucination«, eine eigene Komposition von ihm. Charlie zählte vor. Die Band fing an, »Hallucination« zu spielen. Aber Bud Powell spielte weiter »Little Willie Leaps«. Charlie hielt an, wiederholte seine Anweisungen, alle begannen noch einmal von vorn – mit dem gleichen Ergebnis.
»Nimm dich zusammen, Baby«, sagte Charlie zu Bud Powell. Bud schlug mit den Ellbogen auf die Tasten und verließ die Bühne. Charlie darauf: »Meine Damen und Herren, es tut mir leid, daß ich Ihnen mitteilen muß, daß das brillanteste Mitglied unserer Band uns verlassen hat.« Statt weiter zu spielen, stand er am Mikrophon und rief mit einer Stimme, deren verzweifelter Unterton jedem »Birdland«-Gast bewußt wurde: »Bud Powell! Bud Powell! Bud Powell!« Als riefe er sich selbst.
Kenny Dorham hatte sich an den äußersten Rand der Bühne verkrochen, als habe er mit all dem nichts zu tun. Art Blakey schlug ein paar Schlagzeugfiguren, um die Leute abzulenken. Mingus hatte aufgehört zu spielen. Charlie rief weiterhin: »Bud Powell! Bud Powell!« Seine Stimme, verstärkt von der Lautsprecher-Anlage des »Birdland«, klang unheimlich – wie bei einem Begräbnis. Er rief zwölf, fünfzehn Mal »Bud Powell! Bud Powell!« Niemand antwortete. Es war totenstill . . . bis die Leute es nicht mehr aushalten konnten und den Club nach und nach verließen.
Mingus ging ans Mikrofon und sagte: »Meine Damen und Herren, bitte bringen Sie mich nicht mit dem in Verbindung, was hier heute abend geschehen ist. Dies ist nicht Jazz. Dies sind kranke Menschen.«

Die Leute hatten das Gefühl, sie seien zur falschen Vorstellung gekommen und hätten ein absurdes Theaterstück von Beckett oder Ionesco gesehen: »Warten auf Bud Powell.« »Warten auf Bird.«
Langsam leerte sich der Club. Auch Charlie ging hinaus auf die Straße – und dann zu Fuß die ganze Länge des Broadway downtown bis zur Basin Street. Dort ging er in eine Bar. Er trank einen doppelten Whisky nach dem anderen. Taumelnd wanderte er wieder den Broadway hinauf – das lange Stück bis zum »Birdland«. Es war 4.00 Uhr morgens. Das große Schild mit seinem Namen war noch beleuchtet. Charlie schaute eine Weile auf seinen im Neonlicht glänzenden Namenszug, dann ging er hinunter in den Club. Mingus saß immer noch an der Bar.
»Mingus«, sagte Charlie, »ich geh' nun bald dorthin, wo ich niemand mehr zur Last fallen kann.«
Am Mittwoch, den 9. März, vier Tage nach der »Birdland«-Katastrophe, wollte Charlie Parker nach Boston fahren; er sollte dort im »Storyville«-Club spielen. Kurz vor der Abfahrt entschloß er sich, die Baronin de Koenigswarter, Freundin und Mäzenin so vieler Jazzmusiker, zu besuchen. Er war einsam und verzweifelt. Die Magenkrämpfe waren nicht mehr auszuhalten. Atemschwierigkeiten waren hinzugekommen.
Charlie ging durch die elegante Lobby des Hotels »Stanhope«, wo die Baronin ihr Apartment hatte – den Portier und dessen gewohnte Animosität gegenüber den Musikerfreunden der vornehmen Dame nicht beachtend. Das Apartment mit seinen Orientteppichen, den teuren Möbeln und der reichen, künstlerischen Ausstattung vermittelte eine Atmosphäre von Luxus, die mit der ärmlichen, eiskalten Bude schmerzlich kontrastierte, in der Bird in den letzten Wochen mit zwei ausgewachsenen Männern in einem Bett geschlafen hatte. Die Baronin bot Charlie einen Drink an, aber Charlie wollte nur Eiswasser. Kaum, daß er getrunken hatte, mußte er brechen. Der Auswurf war voller Blut. Die Baronin rief – Charlies Widerspruch nicht beachtend – einen Arzt an. Der Doktor, der innerhalb weniger Minuten da war – immerhin war es die Baronin de Koenigswarter-Rothschild, die ihn gerufen hatte –, wollte ihn sofort ins Krankenhaus schicken.
»Das kommt nicht in Frage«, sagte Charlie, »ich gehe in kein Krankenhaus.« Der Arzt meinte darauf, daß er dann die Verantwortung nicht übernehmen könne. Es gab ein langes Hin und Her. Schließlich meinte die Baronin: »Dr. Freyman, lassen wir ihn

doch hier. Meine Tochter und ich können ihn pflegen. Wir können das genausogut wie die Schwestern im Krankenhaus.«
Dr. Freyman war nur schwer zu überzeugen. Aber seine Praxis war nebenan, so daß er im Notfall gerufen werden konnte. Er machte noch einmal darauf aufmerksam, daß Charlie Parker sehr krank sei und daß er das Apartment unter keinen Umständen verlassen dürfe.
»Ich warne Sie dringend«, sagte er zur Baronin. »Dieser Mann kann jeden Moment sterben. Er hat eine fortgeschrittene Leberzirrhose und den ganzen Magen voller Geschwüre.«
Die Baronin und ihre Tochter richteten für Charlie Parker ein Bett auf dem Sofa. Am nächsten Tag kam Dr. Freyman dreimal. Er injizierte Glukose, Vitamine und Antibiotika.
Um den Doktor ein wenig freundlicher zu stimmen, spielten Charlie und die Baronin ihm zwei Stücke aus Bird's Mercury-Album »The Great Charlie Parker with Strings« vor. Der Arzt – in einem Lehnsessel sitzend – hörte voller Aufmerksamkeit mit geschlossenen Augen zu. Es war offensichtlich, wie sehr er beeindruckt war.
Von da an änderte sich sein Verhalten. Er sprach davon, daß Charlie ein großer Künstler sei und daß er seine Karriere nur dann wieder aufnehmen könne, wenn er richtig behandelt würde. Noch einmal versuchte er, Charlie Parker zu überreden, ins Krankenhaus zu gehen.
»Mir geht's schon viel besser«, sagte Charlie. »Doc, meine Genesungskräfte sind sagenhaft. Schon viele Leute haben sich darüber gewundert.« Der Arzt ging. Charlie sollte ihn nicht wiedersehen.
Mittlerweile war es Samstag. Charlie wollte die Tommy Dorsey-Show sehen. Die Baronin schob das Sofa, auf dem Parker lag, in einen anderen Teil des Raumes, wo der Fernsehapparat stand. Charlie spielte zwei Runden eines Brettspiels mit der Tochter der Baronin. Dann begann die Show. Dorseys Themesong war das berühmte »I'm Getting Sentimental Over You«. In der Art, in der Dorsey es spielte, swingte es nicht, aber Charlie mochte den »Seidenklang«, den T. D. auf seiner Posaune erzielte. Dann trat ein Jongleur auf. Als Junge hatte Charlie Zirkusnummern in Kansas City gesehen. Der Artist arbeitete mit Ziegelsteinen. Die Steine flogen über den Bildschirm. Zwei klebten zusammen, ein dritter flog hoch und verband sich mit den beiden anderen. Charlie lachte und rief: »Crazy!« Er lachte laut. Mit seiner dunklen, herzhaften Lache. Während er lachte, kamen die

Schmerzen wieder. Stärker als je zuvor. Charlie begann zu würgen. Blut kam aus seinem Mund. Er hatte einen Erstickungsanfall.
Dann fiel das Fernsehbild aus. Man konnte nur noch flimmernde Linien sehen. Und gleichzeitig setzte der Mechanismus aus, der Charlie Parker 35 Jahre lang getrieben hatte, Saxophon zu spielen, Witze zu reißen, mit zwei oder drei Mädchen gleichzeitig zu schlafen, riesige Mengen zu verschlingen, noch größere zu trinken, sich Heroin in die Adern zu schießen. Ein totaler Zusammenbruch – als ob ein Generator abgestellt worden sei. Und die Baronin Pannonica de Koenigswarter, die große Dame aus dem Hause Rothschild, die erfolgreiche Sportfliegerin und die Kennerin des Jazz, registriert im Gotha und bekannt geworden durch zahllose Artikel der Boulevardpresse, rief Dr. Freyman an, der sagte, sie solle den Patienten in genau der Stellung lassen, in der er zusammengebrochen sei; er würde sofort kommen.
Das einzige Geräusch im Raum war die Musik, die aus dem Fernsehapparat kam. Der lief immer noch. Tommy Dorsey spielte wieder. Das Stück war »Mary«. Und der Weg, der irgendwo im Getto von Kansas City begonnen hatte, war in einem Apartment an New Yorks Fifth Avenue zu Ende gekommen.
48 Stunden später begann die Presse den Tod des großen Musikers auf ihre Weise auszuschlachten. Das »Journal American« berichtete unter der Schlagzeile: »Nackter Tod des Bop-Kings Parker« von »mysteriösen Umständen«. Auch der New Yorker »Mirror« stürzte sich auf die Tatsache, daß Parker in der Wohnung der Baronin de Koenigswarter gestorben war. Seine Überschrift lautete: »Bop-König stirbt im Apartment reicher Erbin«. Die »New York Times« schrieb einfach: »Charlie Parker, Jazzmeister, tot«. Parkers Alter war vom Leichenbeschauer auf 53 geschätzt worden. Dieses Alter stand in einigen Zeitungen. In Wirklichkeit war Parker 35, als er starb.
Die Baronin wollte Chan, Birds Frau, finden, bevor die Nachricht in den Zeitungen erschien. Aber sie brauchte einige Tage. Chan veranlaßte, daß der Leichnam zum Walter Cooke Funeral Home an der 72. Straße gebracht wurde. Mit der Hilfe von Freunden arrangierte sie ein bescheidenes Begräbnis. Lennie Tristano und Charlie Mingus sollten Parker-Kompositionen spielen. Aber mit einemmal war Doris Parker da, Parkers frühere Frau. Parker und Doris hatten sich seit fünf Jahren nicht mehr

gesehen. Doris holte ihre mexikanische Heiratsurkunde heraus (Bird und Chan besaßen keine), drohte Chan mit gerichtlichen Schritten, ließ den Leichnam irgendwo anders hinbringen und sagte das Begräbnis in Cookes Bestattungsunternehmen ab. Sie arrangierte eine aufwendige Feier in der Abyssinian Baptist Church des Reverend Adam Clayton Powell jun., der Kirche der Harlemer Oberklasse. Dann sollte der Leichnam nach Kansas City überführt und dort beerdigt werden. Chan protestierte. Sie erinnerte Doris daran, daß Charlie gewünscht hatte, unter keinen Umständen in seiner Heimatstadt beerdigt zu werden – einer Stadt, die er gehaßt hatte. Doris beachtete das nicht. Auch ihre Bitte, daß bei der Beerdigung doch wenigstens etwas Jazz, zumindest ein langsamer Blues, gespielt würde, wurde abgelehnt.
Die Totenfeier in der Abyssinian Baptist Church, die an einem verregneten Montag – am 21. März 1955 – stattfand, wurde, was Doris gewollt hatte: ein glanzvolles Ereignis der großen Gesellschaft. Anstelle von Parkers eigener Musik pumpte eine elektrische Orgel Arthur Sullivans »The Last Chord« heraus, genau die Musik, die Parker als das Letzte an Geschmacklosigkeit abgelehnt hätte. Der Körper des großen Musikers lag vor aller Augen in einem neuen, vornehmen Anzug, den Doris gekauft hatte. In die Hände, die während des größeren Teils von Birds Leben ein Altsaxophon gehalten hatten, hatte ihm Doris ein Kruzifix gelegt, das sie schnell noch gekauft hatte. Daß Charlie Parker seit Jahren keine Kirche mehr betreten hatte und – jedenfalls im christlichen Sinne – Atheist war, kümmerte sie nicht.
Träger des Sarges waren die Trompeter Charlie Shavers und Dizzy Gillespie, der Pianist Lennie Tristano, der Schlagzeuger Louie Bellson, der Jazzkritiker Leonard Feather und der Schallplattenproduzent Teddy Reig. Als die Gruppe die Kirche verließ, kam sie aus dem Tritt. Der Sarg geriet ins Rutschen und konnte nur im letzten Moment durch die herkuleische Kraft des dicken Mr. Reig aufgefangen werden. Nicht einmal die Beerdigung, so schien es, konnte bei Charlie Parker reibungslos ablaufen. Alles war peinlich und schlimm: die Freunde, die zu Chan hielten, auf der einen Seite und die von Doris Eingeladenen auf der anderen, die Rücksichtslosigkeit, mit der sich die Parasiten des Musikgeschäftes nach vorn drängten, um auf den Pressefotos zu erscheinen, die Hektik der Journalisten, die ganze zirkusartige Atmosphäre – das alles war so absurd, wie es Charlie Parkers ganzes Leben gewesen war.
Am 2. April gab es in der Carnegie Hall ein Benefizkonzert, um

das Geld für die Beerdigung zusammenzubringen. Es ging von Mitternacht bis 4.00 Uhr morgens. Es gab eine Menge guter Musik, die mit Liebe gespielt wurde. Charlie hätte seine Freude gehabt. Die ganze Jazzwelt wirkte mit: Sarah Vaughan, Billie Holiday, Dinah Washington, Pearl Bailey, Billy Eckstine, Herb Jeffries, Sammy Davis jr., Mary Lou Williams, Hazel Scott, Lennie Tristano, Stan Getz, Charlie Shavers, Thelonious Monk, Gerry Mulligan, der Stepptänzer Baby Lawrence ... Die Kritiker Leonard Feather und Barry Ulanov und der Radiosprecher Jazzbo Collins sagten an. Lester Young spielte als erster, Baby Lawrence tanzte dazu. Ein Tonband mit einer Improvisation von Charlie Parker wurde eingespielt. Viele von Charlies Kompositionen und Lieblingsstücken waren zu hören. 2700 Menschen waren anwesend. Hunderte fanden keinen Einlaß mehr.

Das Konzert brachte 5739 Dollar, ein ähnliches in Stockholm noch einmal tausend. Und bei einem Konzert in Philadelphia – nonstop 24 Stunden lang – kam die gleiche Summe zusammen.

Wenige Tage nach Parkers Tod begannen die Graffiti an Mauern und Häusern, in Subways und Bahnhöfen zu erscheinen – die beiden Legende gewordenen Worte: »Bird Lives!«

Überall in der Welt erschienen bewegende Würdigungen – geschrieben zumeist von Leuten, die Charlie Parker nur deshalb beachteten, weil er ein Weltstar war. Eine schwedische Zeitung schrieb:

»Zusammen mit Jackson Pollock, Dylan Thomas und James Dean ist Parker für eine ganze Generation zum Symbol des Protestes geworden. Das Werk und Leben dieser vier Künstler ist durch das gleiche Gefühl der Rebellion und der Verzweiflung gekennzeichnet, getrieben von der Überzeugung, nur noch im Rausch überleben zu können. Selbst in ihrem Sterben drückt sich dies noch aus – Pollock und Dean endeten durch ihre Liebe zu Autos und hohen Geschwindigkeiten, Thomas und Charlie Parker durch Alkohol und Rauschgift.«

Charlie Parker hat den Lauf des Jazz verändert. Jeder bedeutende Jazz-Instrumentalist seit 1950 kommt von Charlie Parker her: Miles Davis, Sonny Rollins, Charles Mingus, Ornette Coleman, Eric Dolphy, Clifford Brown, Bud Powell, Hampton Hawes, John Lewis, Cecil Taylor, John Coltrane, Roland Kirk, Pharoah Sanders, Albert Ayler, Archie Shepp und alle die anderen – und zwar nicht nur insofern, als man in ihrem Spiel Elemente von Parkers Musik hört; wichtiger ist: Seit Charlie Parker gibt es im Jazz eine rituelle Ekstase, die religiöse Qualität besitzt.

WISLAWA SZYMBORSKA

Kleine Anzeige

Wer immer weiß wo sich das Mitleid
(Phantasie des Herzens) befindet
– möge sich melden! möge sich melden!
Er möge mit voller Stimme davon singen
und tanzen als hätt er die Sinne verloren
lustig unter der schmächtigen Birke,
die immer weinen möchte.

CZESLAW MILOSZ

Nach der Katastrophe
(Warschau 1943)

In Rom auf dem Campo di Fiori
Körbe Oliven, Zitronen,
Wein fließt über das Pflaster
Zwischen den Blumenresten.
Rosige Früchte des Meeres
Schütten die Händler auf Tische,
Bündel von dunklen Trauben
Fallen auf Pfirsichdaunen.

Auf diesem selben Markte
Verbrannte Giordano Bruno,
Das Feuer, geschürt vom Henker,
Wärmte die Neugier der Gaffer.
Und kaum war die Flamme erloschen,
Füllten sich gleich die Tavernen,
Körbe Oliven, Zitronen
Trugen die Händler auf Köpfen.

Ich dachte an Campo di Fiori
In Warschau an einem Abend
Im Frühling vor Karussellen
Bei Klängen munterer Weisen.
Der Schlager dämpfte die Salven
Hinter der Mauer des Ghettos
Und Paare flogen nach oben
Hinauf in den heiteren Himmel.

Der Wind trieb zuweilen schwarze
Drachen von brennenden Häusern,
Die Schaukelnden fingen die Flocken
Im Fluge aus ihren Gondeln.
Der Wind von den brennenden Häusern
Blies in die Kleider der Mädchen,
Die fröhliche Menge lachte
Am schönen Warschauer Sonntag.

Vielleicht wird jemand hier folgern,
Das Volk von Rom oder Warschau
Handele, lache und liebe
Vorbei an den Scheiterhaufen;
Ein andrer vielleicht die Kunde
Von der Vergänglichkeit dessen
Empfangen, was schon vergessen,
Bevor die Flamme erloschen.

Ich aber damals dachte
An das Alleinsein der Opfer.
Daran, daß als Giordano
Den Scheiterhaufen bestiegen,
Er keine einzige Silbe,
Menschliche Silbe gefunden,
Von jener Menschheit, die weiter
Lebte, Abschied zu nehmen.

Schon liefen sie, Wein zu trinken,
Seesterne zu verkaufen,
Körbe Oliven, Zitronen
Zu tragen mit lustigem Lärmen.
Und schon war er ihnen ferne,
Als wären Jahrzehnte vergangen,
Als hätten sie niemals gewartet
Auf seinen Abflug im Feuer.

Auch diese Opfer sind einsam,
Bereits von der Welt vergessen,
Und fremd ist uns ihre Sprache,
Als käm sie vom andern Planeten.
Bis alles dann zur Legende
Erkaltet und später nach Jahren
Auf neuem Campo di Fiori
Ein Dichterwort aufruft zum Aufruhr.

ZYGMUNT LAWRYNOWICZ

Trauriges Wissen

eure Welt

kennt das geheimnis der atome
aber kennt nicht das geheimnis des lebens

eure welt

hat stählerne arme
aber seelen aus pappe

eure welt

grub sich ein in die üppige erde
aber kennt nicht den himmel über uns

eure welt

hat die gerechtigkeit der paragraphen
aber sie kennt nicht den sinn der GEBURT

deshalb verwerfe ich diese welt
in der es keinen platz mehr gibt für liebe
deshalb werfe ich weg diese welt
in der gerechtigkeit verbrechen ist
lieber will ich meine ratlosigkeit
mit dem schrei des windes in pinienzweigen
nähren
lieber will ich mit dem aufrichtigen köder des
herzens
silberne fische der freundschaft angeln

dies ist meine wahrheit
nach dem rest wird gott mich fragen

HEINRICH HEINE

Donna Clara

In dem abendlichen Garten
Wandelt des Alkaden Tochter;
Pauken- und Trommetenjubel
Klingt herunter von dem Schlosse.

»Lästig werden mir die Tänze
Und die süßen Schmeichelworte,
Und die Ritter, die so zierlich
Mich vergleichen mit der Sonne.

Überlästig wird mir alles,
Seit ich sah, beim Strahl des Mondes,
Jenen Ritter, dessen Laute
Nächtens mich ans Fenster lockte.

Wie er stand so schlank und mutig,
Und die Augen leuchtend schossen
Aus dem edelblassen Antlitz,
Glich er wahrlich Sankt Georgen.«

Also dachte Donna Clara,
Und sie schaute auf den Boden;
Wie sie aufblickt, steht der schöne,
Unbekannte Ritter vor ihr.

Händedrückend, liebeflüsternd
Wandeln sie umher im Mondschein,
Und der Zephir schmeichelt freundlich,
Märchenartig grüßen Rosen.

Märchenartig grüßen Rosen,
Und sie glühn wie Liebesboten. –
Aber sage mir, Geliebte,
Warum du so plötzlich rot wirst?

»Mücken stachen mich, Geliebter,
Und die Mücken sind, im Sommer,
Mir so tief verhaßt, als wärens
Langenasge Judenrotten.«

Laß die Mücken und die Juden,
Spricht der Ritter, freundlich kosend,
Von den Mandelbäumen fallen
Tausend weiße Blütenflocken.

Tausend weiße Blütenflocken
Haben ihren Duft ergossen. –
Aber sage mir, Geliebte,
Ist dein Herz mir ganz gewogen?

»Ja, ich liebe dich, Geliebter,
Bei dem Heiland seis geschworen,
Den die gottverfluchten Juden
Boshaft tückisch einst ermordet.«

Laß den Heiland und die Juden,
Spricht der Ritter, freundlich kosend.
In der Ferne schwanken traumhaft
Weiße Liljen, lichtumflossen.

Weiße Liljen, lichtumflossen,
Blicken nach den Sternen droben. –
Aber sage mir, Geliebte,
Hast du auch nicht falsch geschworen?

»Falsch ist nicht in mir, Geliebter,
Wie in meiner Brust kein Tropfen
Blut ist von dem Blut der Mohren
Und des schmutzgen Judenvolkes.«

Laß die Mohren und die Juden,
Spricht der Ritter, freundlich kosend;
Und nach einer Myrtenlaube
Führt er die Alkadentochter.

Mit den weichen Liebesnetzen
Hat er heimlich sie umflochten;
Kurze Worte, lange Küsse,
Und die Herzen überflossen.

Wie ein schmelzend süßes Brautlied
Singt die Nachtigall, die holde;
Wie zum Fackeltanze hüpfen
Feuerwürmchen auf dem Boden.

In der Laube wird es stiller,
Und man hört nur, wie verstohlen,
Das Geflüster kluger Myrten
Und der Blumen Atemholen.

Aber Pauken und Trommeten
Schallen plötzlich aus dem Schlosse,
Und erwachend hat sich Clara
Aus des Ritters Arm gezogen.

»Horch! da ruft es mich, Geliebter;
Doch, bevor wir scheiden, sollst du
Nennen deinen lieben Namen,
Den du mir so lang verborgen.«

Und der Ritter, heiter lächelnd,
Küßt die Finger seiner Donna,
Küßt die Lippen und die Stirne,
Und er spricht zuletzt die Worte:

Ich, Sennora, Eur Geliebter,
Bin der Sohn des vielbelobten,
Großen, schriftgelehrten Rabbi
Israel von Saragossa.

II

PAUL FLEMING

An sich

Sei dennoch unverzagt. Gib dennoch unverloren,
Weich keinem Glücke nicht; steh höher als der Neid,
Vergnüge dich an dir und acht es für kein Leid,
Hat sich gleich wider dich Glück, Ort und Zeit verschworen.

Was dich betrübt und labt, halt alles für erkoren,
Nimm dein Verhängnis an, laß alles unbereut.
Tu, was getan muß sein und eh man dirs gebeut.
Was du noch hoffen kannst, das wird noch stets geboren.

Was klagt, was lobt man doch? Sein Unglück und sein Glücke
Ist sich ein jeder selbst. Schau alle Sachen an:
Dies alles ist in dir. Laß deinen eitlen Wahn.

Und eh du förder gehst, so geh in dich zurücke.
Wer sein selbst Meister ist und sich beherrschen kann,
Dem ist die weite Welt und alles untertan.

ROBERT M. PIRSIG

Qualität – als Spaltbegriff für hip und square

I

[...]
Er hatte nur drei Stunden geschlafen und war so müde, daß er wußte, er würde an diesem Tag eine Vorlesung nicht durchstehen; außerdem hatte er das Konzept sowieso nicht fertig, und so schrieb er nur an die Tafel: »Schreiben Sie einen Aufsatz von 350 Worten über das Thema ›Was ist *Qualität* in Gedanke und Ausdruck?‹« Dann setzte er sich an die Heizung, während sie schrieben, und dachte selbst über Qualität nach.

Am Schluß der Stunde war offenbar niemand fertig, deshalb erlaubte er den Studenten, ihre Aufsätze mitzunehmen und sie zu Hause fertigzuschreiben. Diese Klasse hatte die nächsten zwei Tage keine Stunde bei ihm, es blieb ihm also Zeit, noch ein bißchen über die Frage nachzudenken. In dieser Zwischenzeit traf er in den Pausen einige der Studenten auf dem Gang, aber wenn er ihnen zunickte, warfen sie ihm wütende und ängstliche Blicke zu. Er dachte sich, daß sie wohl dieselben Schwierigkeiten hatten wie er.

Qualität ... man weiß, was es ist, und weiß es doch nicht. Aber das ist ein Widerspruch in sich. Aber manche Dinge *sind* nun mal besser als andere, das heißt, sie haben mehr Qualität. Will man aber definieren, was Qualität an sich ist, abgesehen von den Dingen, die sie besitzen, dann löst sich alles in Wohlgefallen auf. Es bleibt nichts übrig, worüber man sprechen könnte. Wenn man aber nicht zu sagen weiß, was Qualität ist, woher weiß man dann, was sie ist, oder auch nur, ob es sie überhaupt gibt? Wenn keiner weiß, was sie ist, dann sagt einem der gesunde Menschenverstand, daß es sie gar nicht gibt. Aber der gesunde Menschenverstand sagt einem auch, *daß* es sie gibt. Worauf gründete sich sonst die Benotung? Warum würden die Leute sonst für manche Dinge Unsummen bezahlen und andere in die Mülltonne werfen? Offensichtlich sind manche Dinge besser als andere ... aber worin besteht dieses »Bessersein«? ... So dreht man sich endlos im Kreise und findet nirgends einen Anhaltspunkt. Was zum Teufel ist Qualität? Was *ist* sie?

II

[...]

Es ist ein großes Fragment erhalten über Phaidros' erste Stunde, nachdem er das Aufsatzthema »Was ist Qualität in Gedanke und Ausdruck?« gestellt hatte. Die Stimmung war explosiv. Fast alle waren anscheinend über diese Frage genauso frustriert und verärgert wie er.

»Woher sollen *wir* wissen, was Qualität ist?« sagten sie. »Das müßten *Sie* uns doch sagen.«

Da sagte er ihnen, daß er es auch nicht herausgebracht hätte und es wirklich gern wissen würde. Er habe das Thema gestellt, weil er gehofft habe, daß jemand auf eine gute Antwort kommen würde.

Das war der zündende Funke. Der aufgestaute Ärger entlud sich in ohrenbetäubendem Krawall. Bevor der Sturm sich legte, steckte ein anderer Lehrer besorgt und neugierig den Kopf zur Tür herein.

»Schon gut«, sagte Phaidros schließlich. »Wir sind ganz zufällig an eine echte Frage geraten, und von so einem Schock erholt man sich nur langsam.« Ein paar von ihnen sahen ihn interessiert an, und der Radau ebbte ab.

Er nutzte die Gelegenheit für einen kurzen Rückblick auf sein altes Thema, »Verfallserscheinungen in der Kirche der Vernunft«. Es sei ein Maßstab für das Ausmaß dieser Verfallserscheinungen, sagte er, daß die Studenten mit Empörung reagierten, wenn jemand sie dazu *benutze,* die Wahrheit zu suchen. Es werde von einem erwartet, daß man diese Wahrheitssuche *vortäusche,* daß man sie *nachahme*. Die Wahrheit tatsächlich zu *suchen,* sei eine verdammte Anmaßung.

Die Wahrheit sei, sagte er, daß er wirklich gern wüßte, was sie dachten, nicht um ihnen dafür Zensuren zu erteilen, sondern weil er es einfach wissen wollte.

Sie sahen ihn verwundert an.

»Ich habe die ganze Nacht drüber gesessen«, sagte einer.

»Ich hätte am liebsten geheult, so eine Wut hatte ich«, sagte ein Mädchen am Fenster.

»Sie hätten uns warnen sollen«, sagte ein dritter.

»Wie hätte ich Sie warnen können«, sagte er. »Ich hatte doch keine Ahnung, wie Sie reagieren würden.«

Einigen der Verwunderten begann es allmählich zu dämmern. Er wollte sie nicht zum besten haben. Er wollte es wirklich wissen.

Ein komischer Mensch.
Schließlich fragte jemand: »Was ist denn *Ihre* Meinung?«
»Ich *weiß* es nicht«, erwiderte er.
»Aber was *meinen* Sie?«
Er überlegte lange. »Ich meine, es gibt so etwas wie Qualität, aber sobald man versucht, es zu definieren, steht man da wie der Ochs vorm Scheunentor. Es geht einfach nicht.«
Beifälliges Gemurmel.
Er fuhr fort: »Warum das so ist, weiß ich auch nicht. Ich dachte mir, Ihre Aufsätze würden mich auf ein paar Ideen bringen. Kurz und gut, ich weiß es nicht.«
Diesmal blieb alles still.
In den folgenden Stunden an diesem Tag gab es ähnlichen Aufruhr, aber jeweils ein paar Studenten meldeten sich freiwillig mit gutgemeinten Antworten, denen er entnahm, daß die erste Stunde in der Mittagspause besprochen worden war.
Ein paar Tage danach formulierte er eine eigene Definition und schrieb sie an die Tafel, damit sie abgeschrieben und der Nachwelt überliefert werde. Sie lautete: »Qualität ist ein Merkmal von Gedanke und Ausdruck, das durch einen dem Denken entzogenen Prozeß erkannt wird. Da Definitionen ein Ergebnis streng formaler Denkakte sind, kann man Qualität nicht definieren.«
[...]

Aber dann schrieb er unter die Definition an der Tafel: »Aber obgleich man Qualität nicht definieren kann, *wissen Sie, was Qualität ist!«* und schon erhob sich wieder ein Proteststurm.
»Nein, wir wissen es nicht!«
»O doch!«
»Nein, wir wissen es *nicht*!«
»O doch«, sagte er, und hatte auch einiges Material parat, um es ihnen zu beweisen.
Er hatte zwei Aufsätze von Studenten mitgebracht. Der eine war ein weitschweifiges, unzusammenhängendes Elaborat mit interessanten Gedanken, die aber alle im Sande verliefen. Der andere war eine ausgezeichnete Arbeit von einem Studenten, der selbst nicht begriffen hatte, wieso sie ihm so gut gelungen war. Phaidros las beide vor und bat dann diejenigen um ein Handzeichen, die den ersten für den besseren hielten. Zwei Hände gingen

hoch. Er fragte, wem der zweite besser gefalle. Diesmal waren es achtundzwanzig Hände.

»Was immer es sein mag«, sagte er, »das eben die überwältigende Mehrheit veranlaßt hat, für den zweiten Aufsatz zu stimmen, das meine ich mit Qualität. Sie wissen also doch, was Qualität ist.«

[...]

III

[...]

Jetzt konnte er auf jene ewige Schülerfrage: »Wie soll ich das denn *machen?«*, die ihn früher schier zur Verzweiflung getrieben hatte, die Antwort geben: »Es spielt überhaupt keine Rolle, *wie* Sie es machen! Es muß nur gut werden!« Der zweifelnde Student mochte wohl in der Stunde fragen: »Aber woher sollen wir wissen, was gut ist?«, aber fast noch ehe er ausgeredet hatte, fiel ihm ein, daß er die Antwort ja schon wußte. Für gewöhnlich sagten ihm auch die anderen: »Das weiß man doch.« Wenn er dann erwiderte: »Nein, ich weiß es nicht«, sagte man ihm: »Doch, du weißt es auch. Er hat es bewiesen.« Der einzelne hatte gar keinen anderen Ausweg mehr, als selbständig Qualitätsurteile zu fällen. Und genau dies und nichts anderes lehrte ihn schreiben.

Bis jetzt hatte sich Phaidros durch das akademische System genötigt gesehen, zu sagen, was er wollte, obgleich er wußte, daß die Studenten dadurch gezwungen wurden, künstliche Formen zu übernehmen, die ihre eigene schöpferische Fähigkeit zerstörten. Die Studenten, die sich an seine Regeln hielten, wurden dann für ihre Unfähigkeit getadelt, etwas Schöpferisches zu leisten oder etwas zuwege zu bringen, worin ihre eigene Auffassung davon, was gut ist, zum Ausdruck kam.

Damit war es jetzt vorbei. Durch die Umkehrung der Grundregel, daß alles, was man lehren will, erst einmal definiert werden muß, hatte er sich aus der Klemme befreit. Er zeigte kein Prinzip auf, keine Regel für gutes Schreiben, keine Theorie – aber er wies trotzdem auf etwas hin, das sehr real war, dessen Realität sie nicht leugnen konnten. Das Vakuum [...] füllte sich auf einmal mit dem positiven Ziel der Qualität, und alles kam in schönste Ordnung. Sie konnten es gar nicht fassen, kamen zu ihm ins Büro und sagten: »Früher konnte ich Englisch nicht *ausstehen*. Jetzt verbringe ich mehr Zeit damit als mit jedem anderen Fach.«

Nicht nur einer oder zwei. Viele. Die ganze Idee mit der Qualität war wundervoll. Sie funktionierte. Sie war das geheime, individuelle, innere Ziel jedes schöpferischen Individuums, endlich für alle sichtbar.

IV

Es gibt einen ganzen Zweig der Philosophie, der sich mit der Definition von Qualität befaßt: die Ästhetik. Ihre Frage »Was versteht man unter *schön*?« geht auf die Antike zurück. Phaidros aber hatte zur Zeit seines Philosophiestudiums vor diesem ganzen Wissenszweig heftigen Abscheu empfunden. Er war beinahe vorsätzlich in dem einzigen Kurs, den er darin belegt hatte, durchgefallen und hatte eine Anzahl Aufsätze verfaßt, in denen er den Lehrer und das Studienmaterial erbarmungslos angriff. [...]

Er schrieb in einer seiner Abhandlungen: »Diese Ästhetiker meinen, ihr Gegenstand sei so eine Art Pfefferminzbonbon, auf dem sie mit ihren wulstigen Lippen herumlutschen dürften; etwas zum Hinunterschlingen; etwas, das man unter genießerischen Bemerkungen Happen für Happen intellektuell mit dem Messer zerteilen, auf die Gabel spießen und auflöffeln kann; ich könnte kotzen. Das, worauf sie schmatzend herumlutschen, ist der stinkende Kadaver von etwas, was vor langer Zeit unter ihren Händen verendete.«

Nun aber, auf der ersten Stufe des Kristallisationsprozesses, wurde ihm klar: Wenn Qualität ihrer Definition nach undefiniert bleibt, ist das ganze Gebiet der Ästhetik mit einem Schlag ausgelöscht... ad absurdum geführt... kaputt. Durch seine Weigerung, Qualität zu definieren, hatte er sie gänzlich aus dem analytischen Prozeß herausgenommen. Wenn man Qualität nicht definieren kann, gibt es keine Möglichkeit mehr, sie irgendwelchen Verstandesregeln zu unterwerfen. Es ist ausgeschlossen, daß die Ästhetiker dann noch etwas zu sagen haben. Ihr ganzes Gebiet, die Definition von Qualität, ist dahin.

Dieser Gedanke elektrisierte ihn. Es war, wie wenn man ein Krebsheilmittel gefunden hätte. Keine Erklärungen mehr, was Kunst sei. Keine supergescheiten Fachleute und Kritiker mehr, die rational bestimmten, was diesem oder jenem Komponisten

gelungen und was ihm mißlungen ist. Sie alle, jeder einzelne dieser Alleswisser, würden schließlich den Mund halten müssen. Das war nicht mehr nur eine interessante Idee. Es war ein Traum.
Ich glaube, daß anfangs niemand wirklich begriff, was er da vorhatte. Sie sahen einen Intellektuellen eine Theorie verkünden, die alle Merkmale einer rationalen Analyse einer bestimmten Lehrsituation aufwies. Sie sahen nicht, daß er sich ein Ziel gesetzt hatte, das all ihren gewohnten Zielen genau entgegengesetzt war. Er führte die rationale Analyse nicht fort. Er blockierte sie. Er wendete die Methode der Rationalität gegen sie selbst, wendete sie gegen seine eigene Natur, um für einen irrationalen Begriff einzutreten, ein undefiniertes Etwas namens Qualität.
Er schrieb: »(1) Jeder Lehrer, der englischen Aufsatz gibt, weiß, was Qualität ist. (Jeder Lehrer, der es nicht weiß, sollte das tunlichst für sich behalten, denn es wäre zweifellos ein Zeichen von Unfähigkeit.) (2) Jeder Lehrer, der meint, Qualität im schriftlichen Ausdruck könne und solle definiert werden, bevor man sie lehrt, kann und sollte hergehen und sie definieren. (3) Alle diejenigen, die der Meinung sind, daß Qualität im schriftlichen Ausdruck zwar existiert, aber nicht definiert werden kann, daß aber Qualität dennoch gelehrt werden sollte, können von der folgenden Methode profitieren, die es erlaubt, reine Qualität im schriftlichen Ausdruck zu lehren, ohne sie zu definieren.« [...]

Ich glaube, er hoffte wirklich, es würde doch einmal jemand kommen, ihn herausfordern und den Versuch machen, Qualität zu definieren. Aber es kam keiner.
[...]

V

[...]
Er mußte sich die Frage beantworten: Wenn du sie nicht definieren kannst, was läßt dich dann glauben, daß Qualität überhaupt existiert?
Seine Antwort war nicht neu, sie entstammte einer philosophischen Richtung, die sich *Realismus* nennt. »Ein Ding existiert«, sagte er, »wenn eine Welt ohne es nicht normal funktioniert. Wenn uns der Nachweis gelingt, daß eine Welt ohne Qualität nicht normal funktioniert, haben wir damit gezeigt, daß die

Qualität existiert, ob sie nun definiert wird oder nicht.« Hierauf ging er daran, von einer Beschreibung der Welt, wie wir sie kennen, die Qualität zu subtrahieren.
Das erste Opfer einer solchen Subtraktion, sagte er, wären die schönen Künste. Wenn man in den Künsten nicht mehr zwischen gut und schlecht zu unterscheiden vermag, verschwinden sie. Es ist witzlos, ein Bild an die Wand zu hängen, wenn die nackte Wand genauso gut aussieht. Man kann auf Symphonien verzichten, wenn das Knistern von der Platte oder das Brummen des Plattenspielers sich genauso gut anhören.
Die Poesie würde verschwinden, weil sie nur selten einen Sinn gibt und keinen praktischen Wert hat. Und auch die Komödie würde interessanterweise verschwinden. Kein Mensch würde mehr über Witze lachen, denn der Unterschied zwischen Humor und Humorlosigkeit ist reinste Qualität.
Als nächstes ließ er den Sport verschwinden. Fußball, Baseball, alle sportlichen Wettbewerbe und Spiele würden verschwinden. Die erreichten Punktzahlen wären nicht länger Maßstäbe für etwas Sinnvolles, sondern bloß leere Statistiken, wie die Anzahl der Steine in einem Kieshaufen. Wer würde solche Wettkämpfe besuchen? Wer an ihnen teilnehmen?
Als nächstes subtrahierte er die Qualität vom Wirtschaftsgeschehen und sagte voraus, was für Konsequenzen das haben würde. Da Geschmacksqualität keine Bedeutung mehr hätte, würden die Supermärkte nur noch Grundnahrungsmittel wie Reis, Maismehl, Sojabohnen und Weizenmehl führen; daneben auch noch etwas Fleisch, gleich welcher Sorte, Milch zum Aufziehen von Säuglingen sowie Vitamin- und Mineralpräparate zur Verhinderung von Mangelerscheinungen. Alkoholische Getränke, Tee, Kaffee und Tabak würden verschwinden. Ebenso Filme, Tanzveranstaltungen, Theater und Partys. Wir würden nur noch mit öffentlichen Verkehrsmitteln fahren. Wir würden alle die gleichen billigen Schuhe tragen.
Ein sehr hoher Prozentsatz von uns wäre ohne Arbeit, aber das wäre wahrscheinlich nur vorübergehend, bis man uns für grundlegende qualitätslose Aufgaben heranzöge. Angewandte Naturwissenschaft und Technik würden drastisch verändert, aber reine Wissenschaft, Mathematik und Philosophie, speziell Logik, würden unverändert bleiben.
Phaidros fand besonders diesen letzten Aspekt äußerst interessant. Die rein intellektuellen Beschäftigungen wurden von der Subtraktion am wenigsten berührt. Wenn man die Qualität

aufgäbe, bliebe nur die Rationalität unverändert. Das war seltsam. Wie sollte man sich das erklären?

Er wußte es nicht, aber eines wußte er: Indem er von einem Bild der Welt, wie wir sie kennen, die Qualität subtrahierte, hatte er einen Bedeutungsumfang dieses Begriffs aufgedeckt, von dem er selbst nichts geahnt hatte. Die Welt *kann* ohne Qualität funktionieren, aber das Leben wäre so öde, daß es kaum noch lebenswert wäre. Es wäre überhaupt nicht mehr lebenswert. Das Wort *wert* drückt Qualität aus. Das Leben wäre bloßes Existieren, ohne jeden Wert und ohne jeden Sinn und Zweck.

Er blickte auf die Wegstrecke zurück, die er mit diesem Gedankengang zurückgelegt hatte, und kam zu der Überzeugung, daß er den Beweis erbracht hatte. Da die Welt offensichtlich nicht normal funktioniert, wenn die Qualität subtrahiert wird, existiert die Qualität, ob sie nun definiert wird oder nicht.

Nachdem er diese Vision einer qualitätslosen Welt heraufbeschworen hatte, entdeckte er daran schon bald Ähnlichkeiten mit einer Anzahl Gesellschaftsformen, von denen er gelesen hatte. Das antike Sparta fiel ihm ein, das kommunistische Rußland mit seinen Satelliten, Aldous Huxleys *Schöne neue Welt* und George Orwells *1984*. Er erinnerte sich auch an Menschen aus seinem eigenen Leben, die diese qualitätslose Welt gutgeheißen hätten. Es waren dieselben, die ihn dazu bringen wollten, sich das Rauchen abzugewöhnen. Sie wollten rationale Gründe für sein Rauchen hören, und als er keine hatte, taten sie sehr überlegen, als hätte er das Gesicht verloren oder sowas. Bei ihnen mußte man für alles Gründe und Pläne und Lösungen haben. Sie waren dieselbe Sorte Mensch wie er. Die Sorte, die er jetzt aufs Korn nahm. Und um diese qualitätslose Welt in den Griff zu bekommen, suchte er lange Zeit nach einem passenden Ausdruck, der diese Sorte Mensch charakterisierte.

Es war vor allem eine intellektuelle Grundhaltung, aber es war nicht eigentlich der Intellekt, der ausschlaggebend war. Es war eine gewisse Grundannahme, eine vorgefaßte Meinung, daß der Lauf der Welt durch Gesetze – Vernunft – bestimmt sei und daß der Fortschritt der Menschheit hauptsächlich durch die Entdekkung dieser Gesetze der Vernunft und ihre Anwendung zur Erfüllung ihrer eigenen Wünsche zu bewerkstelligen sei. Dieser Glaube war es, der alles zusammenhielt. Er besah sich eine Zeitlang mit zusammengekniffenen Augen dieses Bild einer qualitätslosen Welt, fügte ihm noch ein paar Details hinzu, dachte darüber nach, besah es sich dann wieder eine Weile und

dachte noch ein bißchen nach, um schließlich an seinen Ausgangspunkt zurückzukehren.
Squareness.
Das war's. *Squareness.* Wenn man Qualität subtrahiert, bleibt jene rein intellektuelle, pedantische Grundhaltung übrig, die von der Beat-Generation schlicht als *»square«* bezeichnet wurde. Die totale Abwesenheit von Qualität ist die Essenz von *Squareness.*
Er mußte an ein paar befreundete Künstler denken, mit denen er einmal durch die Vereinigten Staaten gefahren war. Es waren Neger, und sie hatten sich ständig über eben die Qualitätslosigkeit beklagt, um die es ihm jetzt ging. *Square.* Das war ihr Ausdruck dafür. Schon lange bevor die Massenmedien den Ausdruck übernahmen und er sich daraufhin auch im Sprachgebrauch der Weißen einbürgerte, hatten sie all diesen intellektuellen Kram, den sie für sich grundsätzlich ablehnten, als *»square«* bezeichnet. Und es war grotesk gewesen, wie er und sie ständig aneinander vorbeigeredet hatten, weil er ein Musterexemplar eben dieser *squareness* gewesen war, von der sie andauernd sprachen. Je mehr er sich bemüht hatte, sie beim Wort zu nehmen, um so undeutlicher hatten sie sich ausgedrückt. Und jetzt, mit seinen Aussagen über Qualität, schien er genau dasselbe zu sagen und sich genauso undeutlich auszudrücken wie sie, obwohl das, worüber er sprach, so hart und klar und fest umrissen war wie nur irgendein rational definierter Gegenstand, mit dem er sich je befaßt hatte.
Qualität. Das war es, wovon sie andauernd geredet hatten. »Mann«, hatte einer von ihnen einmal gesagt, »jetzt halt aber mal gefälligst die Luft an und verschon uns mit deinen ewigen Sieben-Dollar-Fragen. Wenn du die ganze Zeit bloß fragst, was es *ist,* wirst du nie so weit kommen, daß du es *weißt.*« Seele. Qualität. Ein und dasselbe?
Die Wellen der Kristallisation rollten eine nach der anderen heran. Er sah zwei Welten, gleichzeitig. Auf der intellektuellen Seite, der *»squareness«*-Seite, erkannte er jetzt, daß Qualität ein Spaltbegriff war. Wie ihn jeder intellektuelle Analytiker sich wünscht. Man nimmt sein analytisches Messer, setzt die Spitze genau auf den Begriff Qualität, klopft einmal darauf, gar nicht fest, nur ganz leicht, und die ganze Welt teilt sich, zerfällt glatt in zwei Hälften – *hip* und *square,* romantisch und klassisch, humanistisch und technologisch –, und der Bruch ist sauber. Es gibt keine Scherben, keinen Abfall, keine Splitter, die ebensogut

hier- wie dorthin passen würden. Man braucht für einen solchen Bruch nicht nur Geschick, sondern auch viel Glück. Es kommt vor, daß die besten Analytiker das Messer an der naheliegendsten Spaltlinie ansetzen und trotzdem nur einen Haufen Trümmer bekommen. Und da war nun die Qualität, ein feiner, kaum wahrnehmbarer Sprung, ein Haarriß der Unlogik in unserer Vorstellung vom Universum, und man brauchte nur anzutippen, und das ganze Universum zersprang in zwei Teile, so glatt, daß man es kaum glauben konnte. Er wünschte sich, daß Kant jetzt lebte. Kant hätte es zu schätzen gewußt. Dieser Meister der Diamantschneidekunst. Er hätte es verstanden. Qualität undefiniert lassen. Das war das Geheimnis.
Trotz der beginnenden Einsicht, daß er im Begriff stand, auf eine merkwürdige Art intellektuellen Selbstmord zu begehen, schrieb Phaidros: »Man kann *›squareness‹* knapp und dennoch umfassend als das Unvermögen definieren, Qualität wahrzunehmen, bevor sie nicht rational definiert, das heißt, bevor sie nicht in lauter Worte zerstückelt wird... Wir haben bewiesen, daß Qualität, obgleich undefiniert, dennoch existiert. Ihr Vorhandensein erweist sich empirisch im Unterricht und läßt sich logisch demonstrieren, indem man zeigt, daß es eine Welt, wie wir sie kennen, ohne sie nicht geben könnte. Was dann noch der Betrachtung bedarf, Gegenstand der Analyse sein muß, ist nicht die Qualität, sondern sind vielmehr jene eigentümlichen, umgangssprachlich als *›squareness‹* bezeichneten Denkgewohnheiten, die uns manchmal den Blick auf die Qualität verstellen.«
[...]

Phaidros' Weigerung, die Qualität zu definieren, war, um bei diesem Vergleich zu bleiben, ein Versuch, die Vorherrschaft der klassischen, auf dem Sieben des Sandes beruhenden Anschauungsweise zu brechen und einen gemeinsamen Nenner für die klassische und die romantische Welt zu finden. Qualität, der Spaltbegriff für *»hip«* und *»square«*, schien dieser gemeinsame Nenner zu sein. Beide Welten gebrauchten diesen Begriff. Beide wußten, was er bedeutete. Es war nur so, daß die romantische ihn so nahm, wie er war, und die klassische versuchte, einen Satz intellektueller Bausteine für andere Zwecke aus ihm anzufertigen. Nun aber war die Definition blockiert, und der klassische Geist war gezwungen, die Qualität mit denselben Augen zu sehen, wie der Romantiker, unbeeinflußt durch Denkstrukturen.
[...]

Ich glaube, das Referens eines Begriffs, der die Welt in *hip* und *square*, romantisch und klassisch, technologisch und humanistisch aufspalten kann, ist etwas, das eine solchermaßen aufgespaltene Welt wieder zur Einheit zurückführen kann. Eine *richtige* Auffassung von Qualität dient nicht einfach nur »dem System«, noch überwindet sie es oder entzieht sich ihm gar. Eine *richtige* Auffassung von Qualität *fängt* das System *ein*, zähmt es und macht es dem eigenen, persönlichen Gebrauch *dienstbar*, wobei sie einem in jeder Hinsicht die Freiheit läßt, seiner eigenen inneren Bestimmung zu folgen.

VI

[...]
Phaidros nahm einen Weg, den seines Wissens in der Geschichte des westlichen Denkens noch keiner jemals gegangen war, stellte sich zwischen die beiden Hörner des Dilemmas Subjektivität – Objektivität und erklärte, Qualität sei weder ein Teil des Geistes noch ein Teil der Materie. Sie sei ein *Drittes* und von beiden unabhängig.
[...]

Die Welt setzte sich nach Phaidros nun aus dreierlei zusammen: Geist, Materie und Qualität. Der Umstand, daß er diese drei Elemente nicht zueinander in Beziehung gesetzt hatte, störte ihn anfangs nicht weiter. Wenn die Beziehung zwischen Geist und Materie jahrhundertelang umstritten gewesen und immer noch nicht geklärt worden war, wie konnte man dann von ihm erwarten, daß er im Lauf von ein paar Wochen zu schlüssigen Aussagen über die Qualität kommen würde? Also ließ er die Frage auf sich beruhen. Sie kam in dieselbe geistige Abstellkammer, in der er auch alle anderen Fragen aufhob, auf die er im Moment keine Antwort wußte. Er wußte, daß er die Elemente seiner metaphysischen Dreieinigkeit, Subjekt, Objekt und Qualität, früher oder später zueinander in Beziehung setzen mußte.
[...]

Er bemerkte, daß man zwar Qualität normalerweise mit Objekten in Zusammenhang bringt, daß aber Qualitätsempfindungen auch unabhängig von jedem Objekt auftreten. Das hatte ihn überhaupt erst auf den Gedanken gebracht, das Qualität ausschließlich subjektiv sein könnte. Aber subjektives Gefallen war auch nicht das, was er unter Qualität verstand. Qualität verringert die Subjektivität. Qualität läßt einen aus sich heraustreten, öffnet einem die Augen für die Umwelt. Qualität ist der Subjektivität *entgegengesetzt.*

Ich weiß nicht, wieviel Gedankenarbeit er aufwenden mußte, bis er das erkannte, aber schließlich sah er jedenfalls, daß Qualität nicht einseitig mit dem Subjekt oder dem Objekt in Beziehung gesetzt werden konnte, sondern *nur in der gegenseitigen Beziehung zwischen Subjekt und Objekt* zu finden war. Das ist der Punkt, an dem Subjekt und Objekt sich treffen.

Hier wurde es warm.

Qualität ist kein *Ding,* sie ist ein *Ereignis.*

Noch wärmer.

Sie ist das Ereignis, in dem das Subjekt das Objekt gewahrt.

Und weil es ohne Objekt kein Subjekt geben kann – weil die Objekte erst bewirken, daß das Subjekt sich seiner selbst bewußt wird –, ist Qualität das Ereignis, in dem das Gewahrwerden sowohl von Subjekten als auch von Objekten möglich wird.

Heiß.

Jetzt wußte er, daß er auf dem richtigen Weg war.

Das bedeutet, Qualität ist nicht einfach nur das *Ergebnis* einer gegenseitigen Berührung von Subjekt und Objekt. Die Existenz von Subjekt und Objekt wird überhaupt erst von dem Qualitätsereignis *abgeleitet.* Das Qualitätsereignis ist die *Ursache* der Subjekte und Objekte, die dann fälschlich für die Ursache der Qualität gehalten werden!

Jetzt hatte er das ganze verdammte üble Dilemma an der Gurgel gepackt. Unter dem Dilemma hatte die ganze Zeit unbemerkt diese schnöde Annahme gesteckt, die logisch nicht zu rechtfertigen war, die Annahme, daß Qualität die *Wirkung* von Subjekten und Objekten sei. Sie war es *nicht!* Er zückte sein Messer.

»Die Sonne der Qualität«, schrieb er, »dreht sich nicht um die Subjekte und Objekte unserer Existenz. Sie erhellt sie nicht bloß passiv. Sie ist ihnen in keiner Weise untergeordnet. Sie hat sie *erschaffen.* Sie sind *ihr* untergeordnet!«

Und in dem Moment, als er das schrieb, wußte er, daß er einen Höhepunkt des Denkens erreicht hatte, nach dem er lange Zeit unbewußt gestrebt hatte.

[...]
Er war der Meinung, daß Intellektuelle sich für gewöhnlich am schwersten tun, diese Qualität zu sehen, gerade weil sie so unbedenklich und eilfertig alles in intellektuelle Form bringen. Die geringsten Schwierigkeiten, diese Qualität zu sehen, haben kleine Kinder sowie ungebildete und kulturell zu kurz gekommene Menschen. Diese Menschen haben die geringste kulturell bedingte Neigung zur Überbetonung des Intellektuellen und besitzen die geringste formale Ausbildung, mit deren Hilfe sich eine solche Neigung in ihnen vertiefen ließe. Das, so fand er, ist der Grund, weshalb *squareness* eine so ausgesprochen intellektuelle Krankheit ist. [...]

Menschen, die als *square* gelten, sagte er, halten, da sie von vornherein für die Intellektualität eingenommen sind, die Qualität, die präintellektuelle Realität, im allgemeinen für unwichtig, für eine bloße ereignislose Übergangsphase zwischen objektiver Realität und ihrer Wahrnehmung durch das Subjekt. Weil sie von vornherein von ihrer Unwichtigkeit überzeugt sind, wollen sie gar nicht wissen, ob sie nicht doch in irgendeiner Weise von der intellektuellen Vorstellung abweicht, die sie sich von ihr machen.
Aber sie *weicht* davon ab, erklärte er. Sobald man einmal den Klang dieser Qualität vernimmt, diese koreanische Mauer sieht, diese nichtintellektuelle Realität in ihrer reinsten Form, möchte man all den Wortkram vergessen, der, wie man schließlich einzusehen beginnt, immer ganz woanders ist. [...]

Einem plötzlichen Impuls folgend, trat Phaidros an sein Bücherregal und nahm ein schmales, blau kartoniertes Bändchen heraus. Er hatte dieses Buch vor Jahren eigenhändig abgeschrieben und selbst gebunden, weil nirgends ein käufliches Exemplar aufzutreiben war. Es war das 2400 Jahre alte *Tao-te-king* des Laotse. Er begann die Zeilen zu lesen, die er schon oft gelesen hatte, doch diesmal wollte er sehen, was dabei herauskam, wenn er einen bestimmten Austausch vornahm. Er begann zu lesen und gleichzeitig zu interpretieren.
Er las:
Die Qualität, über die ausgesagt werden kann, ist nicht die absolute Qualität.

Das hatte er gesagt.
Die Namen, die ihr gegeben werden können, sind keine absoluten Namen.
Sie ist der Ursprung des Himmels und der Erde.
Benannt ist sie die Mutter aller Dinge ...
Genau.
Qualität (romantische Qualität) *und ihre Offenbarungen* (klassische Qualität) *sind in ihrem Wesen dasselbe; man gibt ihr verschiedene Namen* (Subjekte und Objekte), *wenn sie klassisch offenbar wird.*
Romantische Qualität und klassische Qualität zusammen können das »Weltgeheimnis« genannt werden.
Vom Geheimnis in das tiefere Geheimnis reichend, ist sie die Pforte des Geheimnisses allen Lebens.
Die Qualität ist ein Hohlgefäß.
Und ihr Gebrauch ist unerschöpflich!
Unauslotbar!
Wie der Urquell aller Dinge ...
Scheint sie dennoch dunkel wie tiefes Wasser zu verharren.
Ich weiß nicht, wessen Kind sie ist.
Ein Bildnis dessen, was früher als Gott vorhanden war.
... Beständig, beständig scheint sie zu verharren. Schöpfe aus ihr, und sie dient dir mit Leichtigkeit ...
Man sieht sie an, doch sie kann nicht gesehen werden ... man hört sie an, doch sie kann nicht gehört werden ... man greift nach ihr, doch sie kann nicht berührt werden ... diese drei entziehen sich all unserem Forschen, fließen zusammen und werden eins.
Nicht durch ihr Aufgehen gibt sie Licht,
Nicht durch ihr Untergehen gibt sie Finsternis
Unaufhörlich, beständig
Kann sie nicht bestimmt werden
Und kehrt ins Reich des Nichts zurück
Deshalb heißt sie die Gestalt des Gestaltlosen
Das Bild der Nichtheit
Deshalb heißt sie das Entgleitende
Begegne ihr, und du siehst ihr Antlitz nicht
Folge ihr, und du siehst ihren Rücken nicht
Wer sich an der Qualität der Vorzeit festhält
Ist fähig, den Uranfang zu erkennen
Der die Beständigkeit der Qualität ist.
Phaidros las weiter, Zeile um Zeile, Vers um Vers, und sah, wie alles zusammenpaßte und in Einklang kam, wie eins sich fugen-

los ins andere fügte. Genau. *Das* hatte er gemeint. *Das* hatte er die ganze Zeit gesagt, nur hatte er es schlecht ausgedrückt, mechanistisch. An diesem Buch war nichts vage oder ungenau. Es war so präzise und bestimmt, wie man es sich nur wünschen konnte. Es war dasselbe, was er die ganze Zeit gesagt hatte, nur in einer anderen Sprache mit anderen Wurzeln und Ursprüngen. Aus einem anderen Tal sah er, was in *diesem* Tal war, nicht mehr wie eine von Fremden erzählte Geschichte, sondern als Teil des Tales, aus dem er stammte. Er sah es alles.

Er hatte den Code geknackt.

Er las weiter. Zeile um Zeile, Seite um Seite. Nicht *eine* Diskrepanz. Was er die ganze Zeit als Qualität bezeichnet hatte, war hier das Tao, die große zentrale Triebkraft aller Religionen, orientalischer wie abendländischer, vergangener und gegenwärtiger, aller Erkenntnis, aller Dinge. [...]

JEAN GEBSER

Der Einbruch der Zeit

Der Einbruch der Zeit in unser Bewußtsein: dieses Ereignis ist das große und einzigartige Thema unserer Weltstunde. Es ist ein neues Thema und damit eine neue Aufgabe. Seine Realisierung durch uns bringt eine gänzlich neue Weltwirklichkeit mit sich: eine neue Intensität und ein befreiteres Gewahrwerden, und damit die Überwindung der Wirrnisse, welche vordergründig unserer Welt das Gepräge zu geben scheinen. Wo wir diesem Thema in den Äußerungsformen unseres Lebens begegnen, dort befinden wir uns face en face mit den ersten Manifestationen der aperspektivischen Welt. [...] Ein neuer Ton, eine neue Form, eine neue Sicht wird dann dort wahrnehmbar werden, wo wir heute nur Schrei und Dissonanz zu hören glauben. Und je todeswütiger sich die Äußerungen unserer zu Ende gehenden Übergangsepoche zu erkennen geben, desto lebenskräftiger werden weltverändernd die neuen in Erscheinung treten. Jeder von uns ist heute, ein jeder auf seine Weise und gleichgültig wo er sich befinde, nicht nur Zeuge, sondern wir alle sind auch Werkzeuge dessen, was Wirklichkeit wird. Deshalb ist es nötig, daß wir uns die Mittel erarbeiten, mit deren Hilfe wir diese neue Wirklichkeit auch von uns aus mitgestalten können. Ein entscheidender Schritt wird dann getan sein, wenn es uns gelingt, die ganze Komplexität des »Zeit«-Themas zu realisieren; mit anderen Worten: wenn es uns gelingt, das Neue derart zu wirklichen, daß wir uns seiner bewußt bedienen können. Was heute geschieht, geschieht noch fast von sich aus, besser: aus dem Sich heraus. Es ist nötig, daß auch das einzelne Ich, daß ein jeder wisse, wie er sich zu verhalten habe, auf daß das Neue, durch ihn mitverantwortet, zu aufbauender Wirkung komme. [...]

Unserem bisherigen Bewußtsein liegt von allen möglichen Zeitformen der mental-rationale Zeit-Begriff am nächsten. Erst in dem Augenblick, da wir uns Rechenschaft über ihn ablegen [...], wird uns bewußt, daß dieses Fragment des Zeitlichen nur der *Auslöser* einer weltumgestaltenden Bewußtseinsstruktur sein kann. Der Zeitbegriff ist lediglich das Initialthema für die

Bewußtwerdung der aperspektivischen Welt. Solange es Geltung hat, gilt noch das Teilende, Zerstörende, Auflösende, das aber teilend, zerstörend und auflösend den Weg für eine neue Wirklichkeit freilegt. Was aber freigelegt wird, das ist mehr als der bloße Begriff »Zeit«: es ist das *Achronon, also das Frei- und Befreitsein von jeder Zeitform; es ist die Zeitfreiheit.*

Unser heutiges Bewußtsein ist ein Bewußtsein des Überganges, ein Bewußtsein, das in einer Mutation begriffen ist und sich neue Realisationsformen zu erschließen beginnt. In dem Augenblick, da es fähig wurde, sich von dem Wesen der »Zeit« Rechenschaft abzulegen, brach die Zeit ein; der Sinn von »einbrechen« ist zweideutig, so wie Stunden des Überganges zweideutig und zweigesichtig sind. Das Wort Einbruch bringt sowohl ein Hereinbrechen der Zeit wie ein Zusammenbrechen der Zeit für unser Bewußtsein zum Ausdruck.

Was ist aber nun die »Zeit«? Sie ist mehr als bloße Uhrenzeit, die bisher als verläßlich und konstant galt. Es ist symptomatisch für unsere Situation, daß heute selbst die Astronomie die Konstanz der Uhrenzeit infolge neuester Forschungen in Frage gestellt sieht. Auf einer Generalversammlung der »Schweizerischen Astronomischen Gesellschaft« in Lausanne (Frühjahr 1951) wurde das Thema behandelt: »Ist die Zeit konstant?« Tatsache ist, daß sie nicht konstant ist, sondern sich pro Jahrhundert um 5,3 Sekunden verlangsamt, wie G. Thiercy, von der Universitätssternwarte Genf, feststellte. Dieses Resultat erhärtet auf seine Weise den Satz von E. Rosenstock-Huessy, daß wir »heute an einer Wissenschaft von der Zeit« laborieren, die aber dem echten Phänomen Zeit allein, wie er hervorhebt, nicht gerecht zu werden vermag. Aber die Uhrenzeit ist nur ein Aspekt eines umfassenderen Phänomens, sie ist der mentale Aspekt jener Weltkomponente, die sich nicht als Raum darstellt, sondern als Grundphänomen des Raumes.

[...]

Wir können zumindest drei verschiedene Zeitformen genau unterscheiden: die magische, vital betonte Zeitlosigkeit, die mythische, psychisch betonte Zeithaftigkeit und den mentalen, raum-betonten Zeitbegriff, der ein defizientes Agens, ein Teilen ist. Für das Zeitphänomen hatte die dreidimensionale Vorstellungswelt unserer Väter kein Sensorium. Die Zeitwelt war für sie, die in einer festgefrorenen Raumwelt lebten, jener Störungsfaktor, der durch Nichtbeachtung unterdrückt oder durch Messung in eine räumliche Komponente umgefälscht wurde. Mit anderen Worten: in der perspektivischen Weltvorstellung wurde alles mit räumlichen Maßen gemessen, auch das Phänomen »Zeit« und andere Phänomene, die keine räumlichen [...] Eigenschaften haben, die jedoch durch ihre Messung in räumliche Komponenten zurechtgebogen wurden. Für den perspektivisch denkenden Menschen hatte die Zeit keinen Qualitätscharakter. Das ist das Ausschlaggebende. Er bediente sich ihrer nur in einem materialisierten und quantitativen Sinne. Er lebte der von Galilei aufgestellten Maxime nach: »Alles messen, was meßbar ist, und alles meßbar machen, was es noch nicht ist.« Diese Maxime, übrigens eine ins Extrem getriebene aristotelische Maxime, war das Leitmotiv des perspektivischen Zeitalters. Messen aber ist Räumlichen, und maßloses Messen führt zu Quantifizierung. Einer der besten Kenner der Theorien und Philosophien jener Epoche, Werner Gent, konnte von eben dieser Epoche sagen, sie habe die Zeit deklassiert und zu einer bloßen Rechnungsgröße degradiert. Noch genauer formuliert: Jene Epoche hat die Zeit zu einer analytischen Maßbeziehung pervertiert und sie materialisiert. Durch diese Materialisierung hat sie im Laufe der letzten Jahrhunderte jenes extrem dualistische Denken heraufbeschworen, das in der Welt nur zwei gegensätzliche und unversöhnliche Komponenten anerkannte: als gültig die meßbaren, beweisbaren Dinge, die rationalen Gegebenheiten der Wissenschaft, als ungültig die nicht meßbaren Phänomene, die irrationalen Un-Gegebenheiten.

Dem perspektivischen Zeitalter war die »Zeit« nichts als ein Maß- bzw. Bezugssystem zwischen zwei Augenblicken. Es ließ *die Zeit als Qualität und Intensität* unberücksichtigt; es sah in ihr nur ein akzidentelles, kein essentielles Phänomen. Die Zeit ist aber ein viel komplexeres Phänomen als nur Uhrenzeit, nur Werkzeug oder Akzidens. Die Tatsache, daß wir selbst heute noch in den Kategorien der räumlich fixierten, dreidimensionalen Vorstellungswelt denken, hindert uns daran, die komplexe Bedeutung dieses Phänomens zu realisieren; und wer es dennoch wagt, wird bestenfalls terminologischer Unklarheit geziehen. Das aber soll uns nicht an der Feststellung hindern, daß die Zeit in Wirklichkeit noch andere wesentliche Erscheinungsformen umfaßt, die nur ihr, nicht aber dem Raume, eignen. Aus der aperspektivischen Weltsicht heraus betrachtet, erscheint sie geradezu als die grundlegende Funktion und von vielfältigster Art. Sie äußert sich, ihrer jeweiligen Manifestationsmöglichkeit und der jeweiligen Bewußtseinsstruktur entsprechend, unter den verschiedensten Aspekten als: Uhrenzeit, Naturzeit, kosmische Zeit oder Sternenzeit; als biologische Dauer, Rhythmus, Metrik; als Mutation, Diskontinuität, Relativität; als vitale Dynamik, psychische Energie (und demzufolge in einem gewissen Sinne als das, was wir »Seele« und »Unbewußtes« nennen), mentales Teilen; sie äußert sich als Einheit von Vergangenheit, Gegenwart und Zukunft; als das Schöpferische, als Einbildungskraft, als Arbeit, selbst als Motorik. Nicht zuletzt aber muß, nach den vitalen, psychischen, biologischen, kosmischen, rationalen, kreativen, soziologischen und technischen Aspekten der Zeit auch ihres physikalisch-geometrischen Aspektes gedacht sein, der die Bezeichnung »vierte Dimension« trägt.

[...]

Mit dem Begriff »vierdimensional«, besonders aber mit dem Begriff »Vierte Dimension«, als die sich die »Zeit« physikalisch darstellt, ist in gewissem Sinne ein Stichwort gefallen, das für die Klärung unserer Situation als Hilfsbegriff sehr dienlich sein kann. Die Tatsache, daß der große, umfassende und die Welt mitkonstituierende Komplex »Zeit« jahrhundertelang vernachlässigt, ja erkenntnismäßig unterdrückt oder bestenfalls räumlich verfälscht wurde, diese Tatsache hat die folgenschwere Konsequenz gehabt, daß wir der außerordentlichen Bedeutung, die diesem umfassenden Phänomen innewohnt, nicht mehr gewachsen waren, als die modernen Erkenntnisse uns zwangen, es anzuerkennen. Wie jede unterdrückte Kraft – und dies war die »Zeit« so lange, als die Epoche der dreidimensionalen Weltvorstellung huldigte –, wie jede unterdrückte Kraft rächt auch sie sich, wenn sie befreit wird oder sich selbst befreit. Und dann vergewaltigt, beängstigt und verwirrt sie uns zuerst einmal auf eine destruktive Weise, so daß sie uns zu beherrschen scheint, nachdem wir auf Grund generationenlanger Gewöhnung glaubten, sie durch unsere räumlichende Umfälschung meistern und beherrschen zu können. Eingekerkert in unsere dreidimensionale Vorstellungswelt meinten wir, die Zeit sei nichts anderes als ein leicht zu meisterndes Akzidens harmloser Art, das man ungestraft lediglich als Uhrenzeit behandeln dürfe. Da sich nun herausstellt, daß sie sehr viel mehr, ja eine *Weltkonstituante* ist, entspricht die Größe des Schocks, den diese Erkenntnis auslösen muß, nur der Diskrepanz, die zwischen unserer bisherigen Einschätzung der Zeit und ihrer tatsächlichen, immerwährenden

Wirkung besteht. Diese Diskrepanz aber ist so groß, daß wir die Tatsache, die Zeit sei mehr als bloße Uhrenzeit, nur allmählich realisieren können.
Als Realität, als Weltkonstituante brach die Zeit eigentlich erst mit der Formulierung des vierdimensionalen Raum-Zeit-Kontinuums durch Einstein, also zu Beginn unseres Jahrhunderts, in unser Bewußtsein ein. Seitdem spielt, bewußt oder unbewußt, das Zeitproblem auch in den Naturwissenschaften eine Hauptrolle, und fast unmerklich, doch von Jahr zu Jahr zunehmend, verändert sich die Auffassung, ja Wertung, die ihr nach den neuen naturwissenschaftlichen Theorien zuteil wird. Einige Hinweise mögen diesen äußerst beachtenswerten, ja grundlegenden Sachverhalt in das ihm gebührende Licht rücken. [...]

Kurz vor der Relativitätstheorie, die ohne die Zeit-Komponente ja undenkbar ist, entsteht die Quantentheorie Plancks. Ihr zufolge wird die Kontinuität des zeitlichen Geschehens, der lineare Ablauf der Zeit zugunsten einzelner Zeitimpulse aufgegeben. Es folgen N. Bohr und die Wellenmechanik de Broglies und Schrödingers, in der das Komplementaritätsprinzip Gültigkeit erhält, demzufolge die Materie, beziehungsweise das Licht gleichwertig sowohl als Korpuskel als auch als Welle aufzufassen ist, womit sie in einem weiteren Sinne gewissermaßen als räumliche Größe, aber auch als zeitliches Element sichtbar ist. In der Biologie bringt die Mutationstheorie von de Vries implicite den Nachweis für den Intensitätswert der Zeit. Relativitätstheorie aber, Quantentheorie, Wellenmechanik und Mutationstheorie sind die vier großen Eckpfeiler unserer heutigen Naturwissenschaften. Darüber hinaus ermöglicht es uns die Tiefenpsychologie, daß wir heute von einem Zeitphänomen sprechen können, das wir als Zeitkondensierung bezeichnen möchten, die im seelischen Geschehen statthat und beispielsweise im Traume manifest wird. Schließlich überbietet sich die Technik darin, mit jedem neuen Jahre den Raum immer mehr durch die Meisterung der Zeit zusammenschrumpfen zu lassen, indem sie große Entfernungen, sei es zeitlich durch Überschallflugzeuge zusammenrückt, sei es diese Entfernungen sogar auf einen angenäherten zeitlichen Nullpunkt reduziert: durch Radio und Fernsehen. Und in der Kunst begegnen wir derselben Präokkupation. In der Malerei zersprengt die hereingelassene Zeit in Bildinhalt oder, freilich in den selteneren Fällen, formt ihn nach neuen Gesetzen, wie etwa bei Juan Gris, Braque und Picasso. In der Dichtung –

um von anderen Disziplinen wie der Philosophie ganz zu schweigen –, in der Dichtung, beispielsweise eines Thornton Wilder oder Ferdinand Bruckner, spielen die Szenen und Akte eines Schauspiels quer durch die Uhrenzeit hindurch und verschaffen der echten Zeit »vierdimensionale« Ausdrucksmöglichkeiten. Dort kommt bereits die Zeitfreiheit zum Durchbruch. Die durchaus neuartigen Grundlagen der neuen wissenschaftlichen Theorien und künstlerischen Ausdrucksmittel basieren alle auf einer Hereinnahme des Zeitfaktors in die bis 1900 starren, materialistischen, räumlich konzipierten Systeme. [...]

Was aber geschah in den darauffolgenden Jahren? Während immer mehr Zweige der Wissenschaft sich mit dem Zeitfaktor auseinanderzusetzen begannen und teilweise zu einer ganzheitlichen Betrachtung gelangten, während andere bereits mit den vierdimensionalen Gegebenheiten zu arbeiten anfingen und damit äußerst greifbare Resultate, wie beispielsweise die Atomspaltung, bewirkten, verblieb die nicht-wissenschaftliche Welt, und in ihr nicht zuletzt die führenden Staatsmänner und Leiter der Wirtschaft, noch der bereits überholten dreidimensionalen und dualistisch-materialistischen Weltvorstellung verhaftet, handhabte aber bereits vierdimensionale Produkte. Jedoch: sie verwendete diese vierdimensionalen Produkte falsch, nämlich auf eine dreidimensionale Art. Und nun ist die Verwunderung und Bestürzung groß, daß dabei dieses ganze Weltgefüge ins Wanken kam.

»Ich habe keine Zeit« – dieser millionenfache Ausspruch des heutigen Menschen ist symptomatisch. Die »Zeit« ist, wenn auch vorerst noch in negativer Form, seine größte Präokkupation. Der es sagt, glaubt, er spräche von der Uhrenzeit. Wie würde er erschrecken, realisierte er, daß er in dem gleichen Augenblicke auch sagt: »Ich habe keine Seele« und »Ich habe kein Leben«! Dem perspektivischen Menschen war die Zeit noch kein Problem. Erst der zum aperspektivischen Bewußtsein erwachende oder dahin mutierende Mensch unserer Tage stellt stündlich dieses Manko, daß er keine Zeit habe, fest, das ihn fast zur Verzweiflung treibt. [...]

Seitdem das Ungenügen des Rationalen zutage trat, hat der Mensch die Befürchtung der Ungeborgenheit, des Ausgesetztseins, des »Geworfenseins«. Er glaubt am Rande zu stehen, vor sich das Nihil des Abgrundes, demgegenüber die »Mutigsten«

eine verbissen-heroische Zwangshaltung annehmen (wie beispielsweise Ernst Jünger und Jean-Paul Sartre) oder dem sie durch einen Rückzug ins Mythische zu entgehen suchen (wie neuerdings Martin Heidegger). Der Einbruch der Zeit muß auf alle, die noch am Rationalen als einem ausschließlich gültigen Prinzip festhalten, wie eine letzte Zerstörung der Systeme und Vorstellungen wirken, welche sie als gesichert ansahen und durch die sie sich selber zu sichern suchten. Dieser Einbruch der Zeit ist jedoch nur dann zerstörend, wenn wir über die Realisierung dessen, was »Zeit« ist, nicht hinauskommen. Wenn dies jedoch gelingt, dann ist dieser Einbruch nicht ein weiterer und endgültiger Verlust an Geborgenheit und Sicherheit, sondern eine Befreiung.
[...]

Es ist heute noch Zeit, dies zu sagen. Es wird aber – vielleicht früher als viele ahnen – das Ende der Zeit kommen, da es nicht mehr gesagt werden kann. In welcher Form sich die Ablösung der Zeit durch die Zeitfreiheit vollziehen wird, steht nur zu vermuten. In jedem Falle tragen die Formen dieser Ablösung bereits heute Katastrophen- und Weltuntergangs-Charakter, so wie ja auch die Ablösung der mythischen Zeithaftigkeit durch die mentale Zeit Weltuntergang war: Untergang der defizient gewordenen mythischen Welt, während es sich heute um den Untergang der defizient gewordenen mentalen Welt handelt.
[...]

Je nachdem nun, wie sich die Menschheit in den kommenden Jahrzehnten entscheidet, oder je nachdem nun, wie es der Menschheit gegeben sein wird, sich in den nächsten Jahrzehnten entscheiden zu können, und je nachdem, wie es ihr möglich sein wird, jene Kraft zu ertragen und zu bewahren, die in der sich vollziehenden Mutation akut wird, wird sich das »Gesetz der Erde« erfüllen. Erträgt sie die neuen Spannungen, die durch den Einbruch neuer Himmel und durch die Wanderung unserer Erde durch neue Weltgegenden auch auf ihr und damit auch im Menschen akut werden, so wird der sich vorbereitende Untergang nur ein Untergang der ausschließlichen Gültigkeit der bisher vorherrschenden mentalen Struktur sein. Ertragen Mensch und Erde diese Spannungen nicht, so werden sie von ihnen zerrissen werden; mit andern Worten: es werden beide in ihrer heutigen Form untergehen, und nach der großen, dann

eintretenden Atempause wird eine neue Erde und ein neuer Mensch erstehen. Das Schicksal von Erde und Mensch wird von der Bewußtseins-Intensität abhängen, die der Mensch erreichen soll und die er erreichen würde, gelänge es ihm, die neue Mutation zu leben.
[...]

Aus dem 90. Psalm –
in der Übersetzung von Martin Luther

Herr, Gott, du bist unsre Zuflucht für und für.
Ehe denn die Berge wurden und die Erde und die Welt geschaffen wurden, bist du, Gott, von Ewigkeit zu Ewigkeit,
der du die Menschen lässest sterben und sprichst: Kommt wieder, Menschenkinder!
Denn tausend Jahre sind vor dir wie der Tag, der gestern vergangen ist, und wie eine Nachtwache.
Du lässest sie dahinfahren wie einen Strom; sie sind wie ein Schlaf, gleichwie ein Gras, das doch bald welk wird,
das da frühe blüht und bald welk wird und des Abends abgehauen wird und verdorrt.
[...]
Unser Leben währet siebzig Jahre, und wenn's hoch kommt, so sind's achtzig Jahre, und wenn's köstlich gewesen ist, so ist es Mühe und Arbeit gewesen; denn es fähret schnell dahin, als flögen wir davon.
[...]
Lehre uns bedenken, daß wir sterben müssen, auf daß wir klug werden.
Herr, kehre dich doch wieder zu uns und sei deinen Knechten gnädig!
Fülle uns frühe mit deiner Gnade, so wollen wir rühmen und fröhlich sein unser Leben lang.
Erfreue uns nun wieder, nachdem du uns so lange plagest, nachdem wir so lange Unglück leiden.
Zeige deinen Knechten deine Werke und deine Ehre ihren Kindern.
Und der Herr, unser Gott, sei uns freundlich und fördere das Werk unsrer Hände bei uns; ja das Werk unsrer Hände wolle er fördern!

DAISETZ TAITARO SUZUKI

Die Grundlage der buddhistischen Philosophie

I

Die buddhistische Philosophie ruht auf der Erfahrung, die Buddha vor etwa zweieinhalb Jahrtausenden machte. Um zu begreifen, was buddhistische Philosophie ist, müssen wir daher wissen, worin diese Erfahrung bestand, die Buddha nach sechs Jahren angestrengten Denkens, asketischer Bußübungen und Meditationen zuteil wurde.
Gemeinhin sind wir der Auffassung, Philosophie sei eine Sache des reinen Intellekts, und die beste Philosophie komme daher aus einem Kopf mit den reichsten Anlagen an intellektuellem Scharfsinn und dialektischem Unterscheidungsvermögen. Aber das ist nicht der Fall. [...]

Wissen ist oberflächlich, solange es sich nicht mit persönlichen Erfahrungen verbindet – und keine Philosophie kann auf solch unsicherem Grund errichtet werden. Sicherlich gibt es, vermute ich, viele Gedankensysteme ohne die Basis realer Erfahrungen, doch sind diese wenig begeisternd. Sie mögen hübsch anzusehen sein, allein ihre Kraft, den Leser zu bewegen, ist gleich Null. Über welches Wissen der Philosoph auch immer verfügen mag, es muß seiner Erfahrung entstammen – und Erfahrung heißt »sehen«. [...]

Die Erfahrung, welche die Grundlage der buddhistischen Philosophie bildet, wird »Erleuchtungs-Erfahrung« genannt, denn diese Erleuchtungs-Erfahrung wurde von Buddha nach sechs Jahren angestrengten Nachdenkens und tiefer Reflexion gemacht – und alles, was er später lehrte, entfaltete sich aus jener inneren Wahrnehmung, die er damals hatte.
Worin bestand nun diese Erleuchtungs-Erfahrung?

II

Grob gesprochen können wir sagen, daß es zwei Wege gibt, sich dieser Frage zu nähern. Der eine Weg ist der objektive, der andere der subjektive. [...]

Beginnen wir mit dem ersten.
Was man überall in der Welt als buddhistisches Denken ansieht – ohne Rücksicht auf die Verschiedenartigkeit der Ausdeutung –, das ist die Lehre vom *anatta* oder *anatman*, das heißt, die Lehre von Nicht-Ich. Ihre Argumentation beginnt mit dem Gedanken, daß erstens alle Dinge vergänglich oder flüchtig, weil zusammengesetzt (*skandha* oder *khandha)* sind, daß sie sich unentwegt in ihre Bestandteile auflösen, daß es nichts von Dauer gibt – und daß demzufolge zweitens nichts in dieser Welt, dem anzuhangen sich lohnte, existiert, wo jeder von uns dazu bestimmt ist, jede Spielart der Sorge und des Leidens zu erdulden. Wie entgehen wir dem? Oder: wie überwinden wir Sorge und Leiden? Denn so kann man nicht weiterleben. Irgendeinen Weg aus dieser Folter müssen wir finden. Es war, im einzelnen wie im allgemeinen, dieses Gefühl der Furcht und der Unsicherheit, das Buddha veranlaßte, sein Zuhause zu verlassen und sechs Jahre lang herumzuwandern auf der Suche nach einem Ausweg – nicht nur für sich selbst, sondern für die ganze Welt. Schließlich entdeckte er ihn, indem er auf den Gedanken vom Nicht-Ich (*anatta)* verfiel. Der Satz lautet so:
Alle zusammengesetzten Dinge (*sankhara)* sind unbeständig. Wenn ein Mensch in seiner Weisheit (*panna)* dieses erfaßt, achtet er der leidvollen Welt nicht. Das ist der Pfad der Reinheit.
Alle zusammengesetzten Dinge sind leidvoll. Wenn ein Mensch in seiner Weisheit dieses erfaßt, achtet er der leidvollen Welt nicht. Das ist der Pfad der Reinheit.
Alle Dinge (*dhamma*) sind ich-los. Wenn ein Mensch dies in seiner Weisheit erfaßt, achtet er der leidvollen Welt nicht. Das ist der Pfad der Reinheit.

Die Lehre vom Nicht-Ich verwirft nicht nur den Gedanken an eine Ich-Substanz, sondern erklärt auch den Ich-Gedanken als solchen für illusorisch. [...]

Die moderne Psychologie hat ja in der Tat mit der Ganzheit des Ich aufgeräumt. Der Ich-Begriff ist einfach eine brauchbare

Hypothese, vor deren Hintergrund wir unsere praktischen Geschäfte betreiben. Das Ich-Problem gehört aber in den Bereich der Metaphysik. Wenn man wirklich begreifen will, was Buddha meinte, als er sagte, es gibt keinen *atman*, muß man die Psychologie hinter sich lassen. Denn es genügt nicht, einfach festzustellen, es gebe keinen *atman*, wenn wir wirklich das Ende des Leidens erreichen und so zum Frieden mit uns und der ganzen Welt gelangen wollen. Wir müssen über etwas Positives verfügen, um uns im sicheren Hafen sicher verankert zu fühlen. Bloße Psychologie kann uns das nicht geben. [...]

Solange wir uns im Bereich der Sinne und des Intellekts bewegen, sind wir besessen von der Idee eines individuellen Ichs, jagen wir ewig hinter dem Schatten des Ichs her. Aber das Ich ist etwas, das sich stets unserem Zugriff entzieht. Wenn wir glauben, es eingefangen zu haben, müssen wir erkennen, daß es nicht *mehr* ist als die leere Haut einer Schlange, indes das wahre Ich irgendwo sonst ist. Das schlangenhafte menschliche Ich ist mit zahllosen Häuten umgeben, bevor der Fänger es faßt, wird er völlig erschöpft sein. Und dies ist das Werk von *prajna*. Das Wunder, das *prajna* vollbringt, besteht darin, das Ich als Akteur mitten in Aktion einzufangen – *prajna* zwingt es nicht, die Aktion einzustellen, damit man es als Akteur sehen kann. Akteur und Aktion, Aktion und Akteur sind eins – und über dieser »Einheit« oder Identität wacht *prajna*. [...]

Meister Eckhart drückt dieselbe Erfahrung in Worten der christlichen Theologie aus. Er spricht von Vater, Sohn, Heiligem Geist und Liebe. Diese Begriffe klingen buddhistischen Ohren unvertraut – wenn sie aber mit einer gewissen Einsicht gelesen werden, wird man finden, daß »die Liebe, mit der er [Gott] sich selbst liebt« das gleiche ist wie die *prajna*-Intuition, die ins Ich selbst hineinblickt. Eckhart sagt: »Indem Gott uns seine Liebe gab, gab er uns seinen Heiligen Geist, also daß wir ihn lieben können mit der Liebe, mit welcher er sich selbst liebt. Wir lieben Gott mit seiner eigenen Liebe. Dies zu wissen macht uns göttlich.« Der Vater, der den Sohn liebt, und der Sohn, der den Vater liebt – diese wechselseitige Liebe (das heißt: Liebe, die sich selbst liebt) entspricht in der Zen-Terminologie dem *einen* Spiegel, der – ohne daß ein Schatten zwischen ihnen entstünde – den *anderen* spiegelt. Eckhart nennt dies »das in der Vater-Natur stattfindende Spiel. Spiel und Zuschauen fallen in eins.« Er fährt fort:

Dieses Spiel wird, seit Ewigkeiten, vor aller Schöpfung gespielt. Wie es im Buch der Weisheit geschrieben steht: Vor aller Schöpfung, in dem ewigen Nun [Augenblick, Jetzt], habe ich in ewiger Stille vor dem Vater gespielt. Seit Ewigkeiten spielt der Sohn vor dem Vater und der Vater vor dem Sohn. Ihr Spiel ist der Heilige Geist, in dem beide sich regen und der sich in ihnen regt. Spiel und Spieler sind eins. »Gott ist ein Quell, der in sich selbst zurückfließt«, wie der heilige Dionysius sagt.

[...]
Buddhisten sprechen im allgemeinen von der Ichlosigkeit (*anatta* oder *anatmya)* aller Dinge, doch sie vergessen, daß die Ichlosigkeit der Dinge wirklich erst begriffen werden kann, wenn man sie (die Dinge) mit dem Auge der *prajna*-Intuition sieht. Die psychologische Annullierung einer Ichsubstanz genügt nicht, dabei bleibt das Licht des *prajna*-Auges noch immer verhüllt. Eckhart sagt: »Gott ist ein Licht, das in schweigender Unbewegtheit sich selbst leuchtet.« Solange unser intellektuelles analytisches Auge eifrig den Schatten der Wirklichkeit – diesen nur halb durchdringend – verfolgt, solange wird nicht die schweigende Unbewegtheit absoluter Identität herrschen, in der *prajna* sich gespiegelt sieht in sich selbst. Eckhart befindet sich in Übereinstimmung mit der buddhistischen Erfahrung, wenn er fortfährt: »Das Wort des Vaters ist nichts anderes als seine Erkenntnis seiner selbst. Die Erkenntnis des Vaters erkennt, *daß* er erkennt – und daß seine Erkenntnis erkennt, ist dasselbe wie daß *er* es ist, der erkennt. Das heiße ich das Licht vom Lichte.« [...

III

[...]
Lange wurde die buddhistische Philosophie fälschlicherweise als nihilistisch angesehen, ohne jeden konstruktiven Inhalt. Jene aber, die sie wirklich zu begreifen versuchen und sich nicht oberflächlich verleiten lassen, Worte wie »Zerstörung, Vernichtung, Erlöschen, Verfall, Auflösung« oder »Ruhe« oder »begierdelos« usw. zu mißdeuten, werden leicht einsehen, daß Buddha niemals eine Religion »ewigen Todes« gelehrt hat. »Ewiger Tod«, das ist – wenn es auch manchmal als Konsequenz des buddhistischen Gedankens der Ichlosigkeit angesehen wird –

eine wunderliche und ganz und gar sinnlose Vorstellung. »Tod« – dieses Wort kann nur etwas bedeuten, wenn es im Gegensatz steht zu »Geburt«, denn es ist ein relativer Begriff. »Ewiger Tod« hieße, einen Kreis viereckig machen. Es gibt keinen Tod, wo keine Geburt vorausging. Wo Geburt ist, da ist auch Tod, wo Tod – da Geburt. Geburt und Tod gehören zusammen. Ohne das eine existiert das andere nicht. Wo ewiger Tod herrschte, dort müßte auch fortgesetzte Geburt sein. Diejenigen, die über totale Vernichtung reden oder über völliges Erlöschen, als wären solche Dinge wirklich möglich, haben niemals den Fakten echter Erfahrung gegenübergestanden.

Leben ist die niemals endende Verkettung von Geburt und Tod. Die buddhistische Philosophie lehrt nichts anderes als Einblick zu nehmen in den Sinn des Lebens, wie es dahinfließt. Wenn die Buddhisten erklären, daß alle Dinge unbeständig sind, Bedingungen unterworfen und daß es in dieser Welt des *samsara* (Geburt-und-Tod) nichts gibt, das uns absolute Sicherheit erhoffen lassen könnte, dann meinen sie damit, daß, solange wir diese Welt der Vergänglichkeit für wert halten, uns an sie zu klammern, wir mit Sicherheit ein Leben der Täuschung und Enttäuschung führen. Wenn wir aber über diese negativistische Haltung dem Leben gegenüber hinauskommen wollen, müssen wir von *prajna* Gebrauch machen, dem Weg der Reinheit. Wir müssen die Dinge mit dem *prajna*-Auge sehen, nicht um sie als sinnlos zu verneinen – sondern um sie aus einer Sicht zu begreifen, die gewöhnlichen Beobachtern versagt ist. Diese sehen nichts als die Unbeständigkeit oder Vergänglichkeit oder Wechselhaftigkeit der Dinge und sind unfähig, im Ablauf der Zeit die unzerstörbare Ewigkeit selbst zu erkennen. Die Zerstörung liegt bei uns – nicht in der Zeit. Buddhas Erleuchtungserfahrung weist deutlich darauf hin. [...]

IV

Es wird – nach diesen weitläufigen Abschweifungen – nun Zeit, zurückzukommen auf das ursprüngliche Thema und noch einmal zu versuchen, ob uns nicht der subjektive Zugang zu Buddhas Erleuchtungserfahrung gelingt. Diese Erfahrung kann nicht als bloßes Gefühl bezeichnet und abgetan werden. Darin erschöpft sich der ganze Inhalt der Erleuchtung nicht. Nach meinem Dafürhalten kann man nämlich nicht sagen, die Erleuchtung sei aller noetischen Elemente bar, die bis zu einem gewissen Grade eine sprachliche und intellektuelle Ausbeutung gestatten. Das Gefühl der Erleuchtung hat etwas durchaus Fundamentales und gibt einem die Empfindung absoluter Gewißheit und Endgültigkeit, was den herkömmlichen Arten des Fühlens allgemein fehlt. Gelegentlich mag ein Gefühl die Empfindung von Verzücktheit und Zuversicht geben, doch wird das nach einer Weile vorübergehen und keine bleibende Wirkung in dem hinterlassen, der die Erfahrung gemacht hat. Das Gefühl der Erleuchtung dagegen durchdringt die ganze Persönlichkeit, beeinflußt ihr Verhalten gegenüber dem Leben und der Welt nicht nur moralisch und geistig – sondern führt zur metaphysischen Durchleuchtung des Daseins als Ganzem. Die Erfahrung Buddhas war nicht einfach eine Angelegenheit des Gefühls, die sich am Rande seines Bewußtseins abspielte, sondern etwas, das in der verborgensten Tiefe eines menschlichen Wesens erwacht. Nur zu diesem Sinne sind seine Äußerungen zu verstehen, die im *Vinaya* und *Majjhima Nikaya* oder sonstwo mitgeteilt worden. In dem *gatha*, das schon weiter oben aus dem *Dhammapadam* zitiert wurde, ist etwas bemerkenswertes, das dem Folgenden ähnelt. Doch kommt der positive und dynamische Aspekt hier stärker und auffallender zur Geltung:

> Ich habe gesiegt, und ich weiß alles.
> Ich bin erleuchtet ganz durch mich selbst,
> niemand ist mein Lehrer.
> Niemand gleicht mir in der Welt,
> die voller Gottheiten ist.
> Ich bin der allein würdige,
> der höchste Lehrer.
> Ich bin der einzige vollkommen Erleuchtete.
> Ich bin zur Ruhe gekommen.
> Ich bin nun im Nirvana.

[...]

Dieser Siegesgesang drückt den höchsten Augenblick der Erleuchtungserfahrung aus, die Buddha hatte. [...]

Das Bewußtsein des Sieges, wie es im Geiste Buddhas zur Zeit seiner Erleuchtung erwachte, kann nicht als das Produkt der Einbildung angesehen und mit dem gleichgesetzt werden, was im Geist Schizophrener oder in den Köpfen der Führer politischer oder militärischer Mächte vorzugehen pflegt. Bei ihm, dessen egozentrische Wünsche in Stücke zerbrochen waren, erhebt sich das Bewußtsein des Sieges vielmehr aus den tiefsten Gründen des Seins. So ist das Gefühl des Sieges nicht das Ergebnis eines Ringens von Kräften, die dem niederen Bereich des Daseins angehören. Die Erleuchtungserfahrung ist die Manifestation einer höheren Macht, einer höheren Einsicht, einer höheren Eins-werdung. Sie ist jenseits der Sphäre relativen Bewußtseins, welches das Schlachtfeld von Kräften gleicher Ordnung ist. Die eine Kraft mag zeitweilig ihren Sieg über eine andere feiern, doch wird dieser Sieg binnen kurzem unweigerlich abgelöst durch einen anderen. Das liegt in der Natur unseres relativen Bewußtseins. Erleuchtung aber ist die Erfahrung, die ein Mensch nur haben kann, wenn sich ihm ein höherer Bereich der Einswerdung enthüllt – das heißt, wenn das eigentliche Fundament der völligen Übereinstimmung erreicht ist. Die Erleuchtungserfahrung ist daher jene Erfahrung, die wir nur haben, wenn wir den höchsten Gipfel erklommen haben, von dem aus sich das ganze Feld der Wirklichkeit überblicken läßt. Oder wir können sagen, sie ist die Erfahrung, die nur erlangt wird, wenn wir bis auf das Fundament vorgedrungen sind, welches das ganze System mannigfacher Welten stützt. Hier ist das Bewußtsein höchster Erfülltheit, dem nichts mehr hinzugefügt werden kann. Alles ist erfüllt, gesättigt. Jedes Ding erscheint dem Bewußtsein, so wie es ist. Kurz, es ist ein Zustand absoluter So-heit, absoluter Leere, die vollkommene Fülle ist. [...]

In dieser »reinen Erfahrung« gibt es keinen Unterschied zwischen »sollte« und »ist«, zwischen Form und Sache oder Inhalt, und infolgedessen gibt es darin auch kein Urteil. Christus hat sie, die reine Erfahrung, wenn er sagt: »Ich bin, bevor Abraham war.« Oder Gott ist darin, jenseits des Machtspruchs: »Es werde, es geschehe!« Oder Buddha, welcher – nach dem *Dhammapadam* – der *anantagocara* ist (»der, dessen Grenzen unendlich sind«), der *apada* (»der Pfadlose«), dessen Sieg nicht übertroffen werden kann, der dort ist, wohin keine Spur führt und wohin ihm niemand in dieser Welt zu folgen vermag. Ein Zen-Meister würde fordern, du solltest dein Gesicht zeigen, das du hattest, bevor du in diese Welt der Vielfalt hineingeboren wurdest – so häßlich es auch sei. [...]

In diesem Zusammenhang muß eines vermerkt werden: daß »reine Erfahrung« nicht bloße Passivität ist. In Wirklichkeit gibt es nichts, was wir bloße Passivität nennen könnten. Das hat keinen Sinn und führt uns zu nichts. So lange Passivität erfahren wird, so lange muß es einen geben, der sie erfährt. Und dieser eine, der sie erfährt, ist ein Handelnder. Und nicht nur ein Handelnder, sondern auch ein Erkennender, denn er ist sich der Erfahrung bewußt. Reine Erfahrung ist weder eine Abstraktion noch ein Zustand der Passivität. Sie ist im höchsten Maße aktiv und schöpferisch. Eckhart bestätigt das, wenn er feststellt: »So also ist dein Unwissen kein Mangel, sondern deine oberste Vollkommenheit, und dein Erleiden ist so dein höchstes Wirken. Und so, in dieser Weise, mußt du dich aller deiner Betätigungen entschlagen und alle deine Kräfte zum Schweigen bringen, wenn du wirklich diese Geburt in dir erfahren willst.« [...]

Nach alledem werden wir begreifen, daß »die Vernichtung von Wünschen oder Begierden« [...], die in der Lehre des frühen Buddhismus so nachdrücklich betont wird, nicht negativistisch verstanden werden darf. Die buddhistische Übung besteht darin, *trisna* [...] in *karuna* zu verwandeln, egozentrische Liebe in etwas Allumfassendes, Eros in Agape.

Als Joshu (778–897) gefragt wurde: »Kann es sein, daß Buddha irgendwelche Wünsche [...] hegt?«, da antwortete er: »Ja, gewiß tut er das.« Der Fragesteller wollte wissen: »Wie ist das zu verstehen?« Der Meister entgegnete: »Sein Wunsch ist, das ganze All zu erlösen.« [...]

FRANÇOIS-A. VIALLET

Erfahrung eines Klosterlebens in Japan, 1972

Antai-ji (gesprochen Antaidschi), im Nordosten von Kyoto, etwa eine Stunde Fahrzeit mit Bus und Tram vom Stadtzentrum aus. Der Name eines Soto-Zen-Klosters, das als das strengste dieser Art im Lande gilt. Der Abt, Uchiyama Roshi, hat mich brieflich gewarnt: Nehmen Sie lieber, wie es viele tun, ein Zimmer in der Nähe, und kommen Sie zu unseren Versenkungsübungen, wann Sie wollen. Wenn Sie im Kloster leben, so müssen Sie die ganze Tagesordnung mitmachen, was für Leute, die wie Sie und ich nicht mehr ganz jung sind, zu beschwerlich ist.

Ich bin trotzdem gekommen, wandere mit meinem Bündel durch den dichtbestandenen Park mit Bambus und Pinien zum Eingang des langgestreckten, leichtgezimmerten Gebäudes in Grau und Braun, das sich seit zwei Jahren nicht verändert hat, seit ich es das letztemal sah; nur der Zugang ist inzwischen mit Steinpflaster, äußerst sauber gekehrt, ausgelegt worden. Einen Augenblick halte ich an, um meine Erschütterung zu bemeistern,; ist dies doch für mich eine Art Rückkehr zum »verlorenen Horizont«, die Erfüllung eines tiefen Bedürfnisses. Ich melde mich an, ziehe die Schuhe aus, ehe ich die hölzerne Balustrade betrete, die ins Innere des Hauses führt. Mit jugendlichen Schritten und Lächeln kommt mir der Abt, ein schlanker Sechziger mit hochgewölbtem, ovalem Kopf, bis zum Eingang entgegen: »Herzlich willkommen.«

Wir wandern zu seiner Zelle, sie ist ebenso einfach und schmucklos, mit Matten belegt, wie das ganze Kloster. Der Roshi bereitet selbst den grünen Tee: »Ihr Japanisch ist viel besser als das letztemal«, sagt er aufmunternd. Er versteht zwar viel Englisch, jedoch ist es mehr als nützlich, sich einigermaßen, sei es auch nur »sprunghaft«, in Stichworten und kurzen Sätzen, in seiner Sprache auszudrücken. Die Sprachbarriere ist, ich merke es immer wieder, hier und in anderen Klöstern, noch heute eines der größten Hindernisse, die die innere Welt des Ostens von unserer trennen. Man beginnt dies in Japan zu erfassen; ich erfahre später, daß das Kloster jungen Mönchen Sprachstunden in Englisch und Französisch bezahlt; ich selbst werde gebeten, während meines Aufenthaltes einem Mitbruder etwas Französisch beizubringen. In anderen Zenklöstern geht man auch den umgekehrten Weg: Junge Leute aus dem Westen werden ausgebildet; sie sollen später in ihrer Sprache, in ihren Heimatländern die »gute Botschaft« verbreiten: Ich sah im Zenkloster in Kobe einen bekannten italienischen Ski-Champion, amerikanische Lehrer, Schweizer, Deutsche, Franzosen im Gänsemarsch während der »Kinhin« genannten Meditationsunterbrechung aufmarschieren. Der Osten streckt heute die Arme dem Westen entgegen. Wie ich später erfahre, gibt es hier, in Antai-ji, eine kleine Westler-Kolonie: Kanadier, Australier, Amerikaner, junge Mädchen darunter, haben sich im Orte angesiedelt und nehmen am Klosterleben nach Kräften teil. Zwei davon haben die englische Übersetzung des jüngsten Buches von Uchiyama Roshi fertiggestellt.

Vor meiner Abreise wird mir der Abt ein kostbares Manuskript davon anvertrauen, mit dessen Übersetzung und Verbreitung im deutschen und französischen Sprachbereich ich betraut werde.

Zwischen zwei Tassen Tee erhebt sich der für Japan so typische Dialog des Schweigens, die stumme Freude beiderseitiger Gegenwart, unterbrochen von wenigen Sätzen, Fragen und Antworten:

– Natürlich können Sie hierbleiben, solange Sie wollen.

– Und die Tagesordnung?

– Neun Stunden »Versenkung«, das heißt Zazen, ab fünf Uhr morgens, mit Unterbrechungen natürlich, für Mahlzeiten, Ruhe und Arbeit im Garten und im Hause. Sie brauchen aber an der Arbeit (»Samu«) nicht teilzunehmen

– Der Roshi möge wissen, daß ich keine Ausnahme will und daß ich darum bitte, als einer seiner Schüler behandelt zu werden.

– Unser »Seminar«, die monatliche strenge Sesshinwoche, umfaßt jedoch 14 Stunden Zazen, dafür keine Arbeit und auch nicht das heiße Bad am Abend: nur Konzentration und Schweigen, ohne Gruß, ohne Anrede, höchstens eine sparsame, notwendige Geste. Den sonst üblichen Schlag mit dem Warnungsstab verwenden wir nur ganz ausnahmsweise; ich denke, daß er stört, daß er die Aufmerksamkeit vom »Selbst« ablenkt, dem großen Selbst, an dem wir bauen müssen und das den Tod unseres kleinen »Ich« bedeutet.

– Der Roshi kontrolliert jedoch die Haltung der Teilnehmer?

– Während des Sesshin sitze ich gleich den anderen mit dem

Gesicht zur Wand; keine Kontrolle. Jeder ist ganz auf sich selber gestellt.

– Besteht dabei nicht die Gefahr einzuschlafen? Oder daß man, anstatt seinen Geist zu entleeren, persönlichen Gedanken nachhängt?

Ein erfahrenes Lächeln um den Mund des Meisters:

– Glauben Sie mir, es ist einfach unmöglich, viele Stunden lang nur zu denken. Der Film der Gedanken erschöpft sich, und das *Es* tritt ein; ebenso ist es einfach undenkbar, daß jemand stundenlang im Lotussitz schläft.

Der Roshi zündet sich eine Zigarette an, er raucht von Zeit zu Zeit, ich habe ihm ein paar Päckchen vom Flugzeug her mitgebracht. Auch der O-Sake, der Reiswein, ist im Kloster nicht verpönt; gelegentlich wird ein fröhliches Gelage gehalten.

Hier wie in allen Zenklöstern wird viel gelacht. Nach dem Essen setzt sich der Meister mit den Mönchen – sie sind alle zwischen 20 und 30 Jahre alt – zusammen; Zeitungen werden gelesen und kommentiert, alle Neuigkeiten besprochen. Radio und Fernsehen fehlen. Im Antai-ji-Kloster gibt es auch kein Telefon. Bebilderte Zeitschriften machen die Runde. Jedes Gespräch, jede Bemerkung über Ereignisse, über Bücher, über Frauen scheint in einer tiefen Fröhlichkeit verwurzelt, in einer inneren Freiheit, die auch gutmütigen Spott zuläßt. Beim gemeinsamen Bade am Abend im O-Furo, dem für den Europäer fast unerträglich heißen Wasser – in selbstverständlicher Nacktheit –, machen sich die Mönche über mich lustig: Ich bin für japanische Begriffe »sehr fett«.

Wie kommen aber diese Menschen, fragt immer wieder der komplexbeladene Westler, mit dem Sex zurecht? Die Beobachter sind sich darüber einig, und auch ich kann nichts anderes sagen als dies: Die Enthaltsamkeit erscheint hier nicht als eine durch Verbote und Gelübde mühsam aufrechterhaltene Entsagung, als eine schwer tragbare Last, sondern als eine freiwillig angenommene Selbstverständlichkeit.

Nebenbei gesagt: Es ist seit der Meiji-Zeit, also seit der des vorigen Jahrhunderts, den Mönchen erlaubt zu heiraten, allerdings nicht den im Kloster lebenden. Viele heiraten später, wenn sie das Kloster verlassen haben, denn Klosterleben ist hier nicht Bindung auf Lebenszeit. Im Kloster, namentlich hier, in Antai-ji, schaffen übrigens die vielstündige Versenkung, die körperliche Arbeit und die dürftige Kost die natürlichen Bedingungen zu einer Entspannung, welche die Kontrolle des Körpers wesentlich

erleichtert. Trotzdem kommt es auch in Japan zu Liebesdramen – wenn auch sehr selten.
Die Ungezwungenheit und Freizügigkeit, mit der sich hier in Antai-ji der Tageslauf der Brüder vom gemeinsamen Leben, wie man sie zu nennen versucht ist, abspielt, ist nur möglich durch eine jeden Augenblick ausfüllende absolute Selbstdisziplin. Niemand kontrolliert den Besenmann, ob er auch den letzten Staub im Gange aufgewischt hat, niemand drängt die Mönche in der Küche zu einer auf die Minute pünktliche Fertigstellung von Reissuppe und gesäuertem Gemüse, und doch geschieht hier alles mit der Präzision eines Ameisenstaates.
Denn dies ist auch typisch für das Zen: das Ausfüllen eines jeden Augenblicks, einer jeden Tätigkeit mit einem restlosen Bewußtsein der Bedeutung dessen, was man tut. Nichts ist unwichtig, alles geschieht nach nicht kodifizierten, jedoch unbedingt gültigen Regeln, denen sich niemand entziehen kann. An einem der ersten Morgen meines Aufenthaltes erhebe ich mich etwas vor dem dünnen Glockenruf, der um 5 Uhr die Gänge durchläuft, und rolle meine Matratze zusammen, die tagsüber im Wandschrank verstaut wird, da ich befürchte, nicht rechtzeitig fertig zu werden. Nach flüchtiger »Katzenwäsche« eile ich in den Dojo, den Meditationsraum. Alsbald teilt mir ein Mitbruder mit, daß es nicht angehe, vor den anderen aufzustehen; ähnliche Mahnungen hole ich mir öfters, wenn ich unwissentlich gegen eine Gepflogenheit verstoße, so gering sie auch sei.
Beginn und Ende des Mahls – es gibt Reis und Gemüsesuppe – wird durch Zusammenschlagen von Holzklötzchen geregelt. Das erste Frühstück nehmen wir um 8 Uhr, nach der ersten dreistündigen »Versenkung«, ein; der Meister erscheint dazu, er ißt meist mit uns und wird mit schallendem »*Ohaio Gozaimasu*« (Guten Morgen) begrüßt. Schweigen während des Essens ist keine Pflicht, es wird jedoch wenig oder fast nichts gesprochen, da jeder noch ganz mit sich selbst beschäftigt und von seinem »Zazen« erfüllt ist.
Unsere drei kleinen Schalen für Reis, Suppe und Gemüse werden zusammen mit den Eßstäbchen und zwei winzigen Servietten in bestimmter Weise zu einem Bündel zusammengeschnürt, nachdem wir sie abgewaschen haben. Es wird in Hast gegessen und geschlürft. Warum wohl? Vielleicht ein atavistischer Rest aus früheren Jahrhunderten, als man in den Klöstern ständig auf dem Quivive lebte. »Schnell, schnell, was man im Bauch hat, kann einem niemand mehr wegnehmen, und wer weiß, wann man

wieder zum Essen kommt?« Oder aber man denkt: Die Zeit ist zu kostbar zum Essen! Wir sitzen aufrecht, kniend, die Schalen jeweils in der Hand, weil der Tisch niedrig ist, sozusagen in Alarmstellung. Auch die Schlafstellung des Mönches ist geregelt, sie ist der des Löwen gleich, sagt man: seitlich liegend, die rechte Hand unter dem Kopf, die linke leicht auf dem Schenkel ruhend, bereit, jederzeit aufzuwachen.

Das Essen in diesem Kloster ist frugal, wie zur Zeit des Buddha. Nicht, als ob Fisch oder Fleisch verboten wäre. Gelegentlich bekommen wir etwas davon serviert; manchmal lassen Besucher Lebensmittel hier, in großen Schachteln appetitlich angerichtet; der Abt stellt sie uns zur Verfügung. Oder es heißt nach der Abendmeditation: Es gibt noch Erdbeeren oder Kuchen, der Roshi schenkt sie uns. Man kann in die Küche gehen und sich bedienen – wenn etwas da ist. Meist findet sich sogar Nescafé. Unser Abt ißt am gleichen Tische wie wir, das gleiche einfache Essen. Wir nennen ihn »Drotscho-san«, was »Chef« bedeutet, jedoch einen affektiven Klang hat wie »lieber Papa«. Großer Respekt und liebevolles Vertrauen kennzeichnen das Verhältnis der Mönche zum Meister; es ist eine naive Weise, ihn zu ehren, wenn er gelegentlich in einer Glasschüssel seinen Reis vorgesetzt erhält und wenn sein Eßgeschirr von einem anderen gewaschen wird. Das Kloster Antai-ji ist arm; erst kürzlich wurden die abgescheuerten Bodenmatten ersetzt und der Zenraum etwas renoviert sowie im Garten moderne Toiletten gebaut. So stelle ich mir ein Franziskanerkloster vor zur Zeit des Poverello von Assisi. Und doch fehlt eigentlich nichts; in einem Kunterbunt ist alles vorhanden: Waschmaschine, elektrisches Bügeleisen, Magnetophone, alle Gartengeräte, alle Werkzeuge zur Nutzung und Pflege der Bäume des großen Parkes. In den Zellen stapeln sich Bibliotheken von – meist japanischen – Büchern; in ihrer freien Zeit lesen und studieren die Mönche; etliche haben berufliche Vorkenntnisse mitgebracht, die sie hier ausnützen können: Ein Brunnen wird mit einer Pumpe ausgerüstet, und fast alle Bauarbeiten werden von den Insassen fachgemäß ausgeführt. Der Montag ist frei, kein Zazen, kein Samu. Dies ist ein Brauch in den Zenklöstern. Es steht jedem frei, in die kleine Stadt zu gehen oder seine Familie zu besuchen, falls sie in der Nähe wohnt. Dank der Spenden und der monatlichen Almosengänge kann sich das Kloster selbst erhalten. Nach den Spesen gefragt, meint einer der ständigen Gastbesucher der Zazen-Sitzungen, der Unterhalt eines Mönches dürfte sich monatlich im gegenwärtigen teuren

Japan auf nicht mehr als 1800 Yen, etwa 7 Dollar, belaufen. Ein japanisches Sprichwort sagt: Sauber wie ein Zenkloster. Dieser Ausdruck scheint nicht übertrieben.
Unser Kloster besitzt keinen großen Tempelraum, nur besagte Zenhalle, auch Dojo genannt. Sie ist mit Matten belegt und harten runden Polstern als Sitz für jeden Übenden ausgestattet. In der Mitte auf einem kleinen Tisch eine kleine Buddhafigur mit ein paar frischen Blumen und Weihrauchstäbchen. Was fehlt, sind die langen hochgestellten Holzpritschen, auf denen in anderen Zenhallen die Mönche hocken. Eine billige elektrische Lampe hängt mitten im Raum an einem Draht. Der Inhalt einiger Wandschreine erinnert an frühere Zeiten mit feierlicher Liturgie: Statuen, Gedenktafeln, alte Fotos. Auch findet man im Hause hie und da Symbole Indiens und Hinweise auf den buddhistischen Legendendschungel. Heute ist hier alles auf die einfachste Formel, auf das Wesentliche zurückgeführt. Es gibt keine Zeremonien, nicht einmal die üblichen Sutras und sonstigen liturgischen Texte werden zu Beginn und am Ende des Zazen rezitiert.
Die Verbeugungen mit gefalteten Händen, das Gasshó, dies ist alles, was übrigblieb.
[...]

Uchiyamas Methode, »das Selbst auf das Selbst zu stellen«, wie er sich ausdrückt, sieht zunächst sehr einfach aus. Jeder ist gewissermaßen sein eigener Meister. Sobald ich mich bei den drei Glockenschlägen nach einer Verbeugung dem universellen Dank und der Verbindung mit dem Universum im Lotussitze auf dem Polster niederlasse, bin ich allein mit mir. Kein Buddha ist hier, um mich zu halten, kein Christus, kein Gott. Gedanken strömen aus und ein, unaufhaltsam wie ein Film. Es ist, als wollte sich das Unbewußte gegen die Leere wehren, auf die ich zustreben soll. Meine Kindheit kommt wieder, Dinge, an die ich Jahrzehnte lang nicht mehr gedacht habe, unbedeutende, langvergessene Details, die in Großaufnahme vor mir stehen, bis sie von anderen weggeschwemmt werden. War es nicht ähnlich während meiner Gefangenschaft zur Kriegszeit, als ich in Einzelhaft saß, ohne Lektüre, ohne Schreibzeug, ohne Arbeit? Mit dem Unterschiede freilich, daß ich mich heute aus freien Stücken in Gefangenschaft begeben habe, um die Selbstbefreiung zu üben. Ich könnte auch sagen: Ich habe mich in meine Todesstunde begeben. Ein Ziel schwebt mir vor, von dem ich jedoch noch unendlich fern bin.
Dazu kommt, daß ich den Zeitunterschied zwischen Europa und

Japan noch nicht überwunden habe; ich bin also körperlich um acht Stunden zurück. Unüberwindbares Schlafbedürfnis überfällt mich; ich ertappe mich ein paarmal dabei, daß ich halb zusammengesunken dasitze... Die Knie sind auch noch nicht an vielstündige Zazen-Sitzungen gewöhnt; sie schmerzen, die Knöchel noch mehr, ich muß die Stellung wechseln und vermag kaum im halben Lotus zu sitzen. Dies genügt zwar, aber wenn es nicht korrekt gemacht wird, wenn ich nicht die Wirbelsäule gerade halte, hat das ganze Zazen keinen Sinn.
So geht es den ganzen Tag; nie werde ich zur Loslösung, zur Leere kommen. Wäre es nicht besser, mein Meister würde mich mit dem Kyosaku auf die Schulter schlagen, um mich aufzurütteln? Selbst diese Hilfe ist mir versagt; niemand hilft mir.
»Das Selbst auf das Selbst setzen?«
Ist das nicht leeres Wortgewäsch? Ein besonderer Bluff, der Zen-Bluff? Noch einen Tag gebe ich mir; geht es nicht weiter, dann hat meine Reise nach Japan ihren Zweck verfehlt mit allen Opfern, die ich mir dafür auferlegt habe.
Am Nachmittag arbeite ich im Garten; Büschel von Unkraut jäte ich mit einem Messer aus, stundenlang, ein übles Gefühl im Magen. Der Küchenmeister, der mir die Arbeit gab, sieht mir nachsichtig zu, und als ich nicht mehr weiterkann, holt man mich höflich zum Schleppen schwerer Holzscheite eines gefällten Baumes.
Wieder eine bittere Welle aus der Vergangenheit; eine Gedanken-Assoziation: Wie sagte mir doch der Kerl in schwarzer SS-Uniform, als ich im Brandenburger Walde bei 20 Grad Kälte Baumstämme schleppen sollte:
»Du hast wohl in deinem ganzen Leben noch nie gearbeitet? Du wirst es noch lernen, hier in diesem Walde!« Ich habe es nie gelernt, trotz Drohungen, Hungerstrafen und trotzdem mir einer die Nase halb zertrümmert hat mit einem Gewehrkolben. Warum muß mir diese so üble Erinnerung hierher nachlaufen, in mein Antai-ji, zum Orte meines Friedens, zu meinem Punkt Omega? In die Frühlingslandschaft glücklich geschwungene Bergkegel, über denen heute abend der Mond aufgehen wird, so schön, wie er niemals in Europa über uns steht: silbertriefend, ganz hoch, fast im Zenit; kein Wunder, daß beinahe jedes japanische Gedicht den Mond erwähnt und selten die Sonne...
Am nächsten Tage fragt mich der Meister, wie es mir geht: – Der Roshi wird mich nicht billigen. Ich kann nicht mehr Zazen

machen, nach vielen Jahren Arbeit daran habe ich es hier verlernt. Mein Zazen ist miserabel, der Kopf mit Gedanken vollgestopft, ich habe Lust zu schlafen und kann kaum die fünfzig Minuten abwarten, bis die Glocke uns zehn Minuten Pause ankündigt. Was hat solches Zazen überhaupt für einen Sinn? Dotscho-san sieht mich aus seinen klugen Amselaugen an, die in einem klaren Gesicht stehen, und sagt:
– *Sie* machen ja nicht Zazen; Zazen macht sich von selbst in Ihnen. Was erwarten Sie überhaupt? Vielleicht das Satori? Er lacht jetzt über das ganze Gesicht:
– Satori, die Erweckung, manche sagen auch Erleuchtung, ist eine Sache des Wetters, der Temperatur, Ihres augenblicklichen physischen Befindens.
Er wird wieder ernst und tief:
– Es kommt nur darauf an, daß Sie vor dem Selbst stehen, ins Selbst eindringen, daß Sie alles vergessen, sogar das Zen. Zen ist Leben; endlose Schöpfung.
– Der Roshi möge wissen, daß dies im Augenblick für mich leere Wörter sind. Während des Zazen steigt der ganze Müllhaufen meines Lebens in mir auf, alles Zerbrochene, alles Häßliche, aller Haß; auch das Schöne, die Begierden, Wünsche, Liebe.
– Der Augenblick kommt, da all dies zerrinnt wie eine Wolke, wie Staub. Dann erscheint Ihr Selbst, der volle Lebensstrom, das All...
Einige Tage darauf fragt mich Dotscho-san, der mich bei der Sisyphusarbeit überrascht, den Zugang zur Zenhalle reinzukehren, auf den fortwährend neue Piniennadeln fallen:
– Und der Schutthaufen ist immer noch da?
Ich erröte, denn ich denke zunächst, daß der Roshi meine momentane Arbeit tadelt; doch dann verstehe ich den Sinn der Frage:
– Dotscho-san, er baut sich langsam ab...
Ich werde das Kloster nicht verlassen, ich bleibe hier, wenigstens für die mir festgesetzte Zeit.
Oft sehe ich neue Gesichter, junge Japaner, die einige Tage dableiben, mit uns meditieren, essen und schlafen; dann gehen sie weg, keiner weiß, wohin. Vielleicht in ein anderes Kloster, vielleicht kommen sie wieder. Amerikaner, Kanadier, hübsche junge Frauen tauchen auf, zum Zazen von fünf bis acht Uhr früh. Menschen in internationaler Hippietracht, die Jungen mit langen Haaren oder kahlgeschoren, um zu zeigen, daß sie zum Zen gehören. Tagsüber arbeiten oder studieren sie; Englischstunden

sind in Japan sehr begehrt und hoch bezahlt, man kann davon leben. Ich beneide einzelne von ihnen, die fließend Japanisch sprechen und selbst die mühevolle Ideogrammschrift erlernt haben. [...]

Uchiyama wendet sich zumeist an Fortgeschrittene und nicht an Westler, die erst das Abc des Zen zu lernen haben. Man darf jedoch sagen: Jeder Japaner, auch wenn er nie im Leben Zazen übte, ist zen-bedingt in seinem Verhalten und Fühlen, wie der Mensch des Westens, auch wenn er nie zur Kirche geht und an nichts glaubt, christlich »konditioniert« ist. Dies stellt für das Zen, wenn es nach Westen kommt, ein noch nicht ganz erfaßtes, geschweige denn gelöstes Problem dar. Es ist ein Problem für beide Seiten.
Wir finden Zen-Leute hoher Intelligenz, die aneinander vorbeireden, die lange darüber diskutieren, ob die östliche Zen-Erfahrung des Absoluten gleich oder verschieden von der westlichen sei und ähnliches.
Für die großen Meister ist das keine Frage. Die »Wesensschau« ist immer dieselbe, auf welchem Wege auch man zu ihr vordringt. Und auf jedem Wege kann man sie verfehlen. Kein Westler entgeht zu Beginn dem Zwang zur intellektuellen Auseinandersetzung, aber das Wesentliche bleibt das Zen-Erlebnis.
In Antai-ji wird dieser Einbruch durch die vollkommene, bewußte Vereinsamung des einzelnen erreicht, durch die mechanische Abnützung aller Gedankenreste, damit paradoxer Weise aus dem Nichts die Fülle kommt. Man könnte auch sagen: Der Bewußtseinsspiegel wird ganz sich selbst überlassen, bis er fast auf Null sinkt. Das »Nicht-Denken« wird nicht erstrebt, sondern abgewartet und in keiner Weise beschleunigt. [...]

Allein die neun Stunden Versenkung sind ein Pensum, dem nur gesunde Naturen gewachsen sind. Sollten sich seelisch Gestörte hier einfinden, in der Hoffnung, Heilung zu finden, so würden sie sehr bald zusammenbrechen und aufgeben müssen. [...]

Bei Gelegenheit wird ein kleines Fest gefeiert, etwa zum Abschied eines Mönches, der an einen anderen Ort versetzt wird: eine »Party« am Abend vor dem Schlafengehen, wobei O-Sake, der Reiswein, reichlich fließt und die Zungen sich lösen. Am Vortage meines Abschiedes bringe ich Dotscho-san eine Flasche O-Sake. Auch mir zu Ehren gibt er eine »Party«, wie er sagt, jedoch mit Tee und Kuchen. Es wäre nicht taktvoll, mich mit meinem eigenen Geschenk zu bewirten. Ich habe mich zum letzten Gespräch beim Abt angemeldet, er vertraut mir seine Wünsche an; sein Manuskript für die Verbreitung des Zen in Europa und Grüße an ferne Freunde. Es fällt mir schwer zu sprechen, mein Japanisch wird holprig. Am Ende der Audienz tue ich, ungenötigt, einfach aus Bedürfnis, den dreifachen Kniefall: Mit der Stirn berühre ich den Boden, wobei ich die Ellbogen aufstütze, die Handteller liegen nach oben, halboffen, als wollten sie, wie man sagt, die Füße des Buddha umfangen: Domo arogato gosaimaschta, stammle ich: Dank, Dank für alles, was Sie für mich getan haben.

Der Abt neigt sich leicht über mich, es ist wie ein väterlicher Segen, als er lächelnd erwidert: Kommen Sie wieder, Sie werden herzlich willkommen sein!

Von den Mönchen habe ich einzeln, verschämt, Abschied genommen, und jeder von ihnen vergewisserte sich besorgt: Aber Sie kommen doch zurück, nicht wahr?

Am nächsten Tage, nach den letzten drei Stunden Versenkung und nach der Reissuppe am Mittag, packe ich meine Reisetasche und stehle mich ungesehen aus dem Hause, durch den Park, der voller Blüten und Vogelstimmen ist, nach Kyoto, wo noch andere Begegnungen und Ereignisse meiner Pilgerfahrt warten.

[...]

EUGEN HERRIGEL

Der Weg des Übens

Die Übungen fangen also ganz von unten an. Sie können zunächst gar nicht primitiv genug sein. Die Zen-Lehrer halten nichts von der Behauptung, in allem Kleinen und Unscheinbaren dürfe man sich schon gehen lassen, wenn man nur dafür sorge, im Großen und Entscheidenden die Zügel fest in der Hand zu haben. Dieser Irrtum rächt sich bitter. Wer im Kleinen undiszipliniert ist, versagt nur allzu oft an entscheidender Stelle, ganz abgesehen davon, daß es keinen sicheren Maßstab gibt, zu beurteilen, was denn im Einzelfalle als klein und unwesentlich oder als wichtig und entscheidend anzusehen ist. Ein einziges böses Wort, im Unmut hingeworfen, kann Schlimmstes anrichten und ist nicht mehr zurückzunehmen. Es hilft nichts, daß man es nachträglich bereut. Es ist gesagt und wirkt fort. Ja sogar wenn es nur gedacht worden ist und im letzten Augenblick zurückgehalten werden konnte, so ist es auch als bloßer Gedanke, als zurückgehaltene Verwünschung, mächtiger und unheilvoller als man gemeinhin annimmt.
So kommt es darauf an, daß man schon dem leisesten Anflug von nervöser Ungeduld, Unmut und Ärger begegnet, nicht so, daß man sie energisch unterdrückt, sondern so, daß man sie verlernt.
Die Seele wird also einem sorgsamen Training unterworfen, wobei von Anfang an und von Stufe zu Stufe unaufhörliche Selbstprüfung unerläßlich ist. Dies führt nicht zu geistiger Erstarrung und keineswegs zu Unterdrückung wertvoller Regungen. Wenn nötig, wird vom Lehrer fest zugegriffen. Und gerade diese Härte und Unerbittlichkeit hat dem Zen-Buddhismus in den Kreisen der Samurei Eingang verschafft. Bushido – der Weg des Ritters – war nur unter dieser Voraussetzung möglich. Aber auch berühmte ausübende Künstler waren es, die sich der strengen Disziplin unterwarfen.

Gelassenheit

Der Japaner beherrscht die Haltung der Gelassenheit, ohne sie bewußt gelernt oder geübt zu haben. Vorbildliches Verhalten der Erwachsenen, Erziehung, Tradition und die Atmosphäre des alltäglichen Daseins prägen schon die kindliche Sinnesart in unvergleichlicher und bewundernswürdiger Weise. Diese Gelassenheit ist keineswegs ein Symptom seelischer Trägheit und geistiger Stumpfheit, wie oberflächliche Behauptung glauben machen könnte. Sie ist eine seelisch-geistige Kraft, mit deren Hilfe es gelingt, das Dasein so zu meistern, daß es immer irgendwie noch glückt. Das Schicksal muß schon zu sehr harten Schlägen ausholen, wenn es diese Menschen aus der Fassung bringen oder gar vernichtend treffen soll.
Die Gelassenheit des Zen-Buddhisten ist dagegen noch von anderer Art. Als köstliche Frucht jahrelanger, bewußt gepflegter Übungen ist sie weit davon entfernt, eine bloße Haltung zu bleiben. Sie ist zu einer in ihren Grundzügen erworbenen, dann aber in Vollendung geschenkten Verfassung geworden.
Der Zen-Buddhist ist gelassen, weil [...] es ihm von Tag zu Tag leichter gefallen ist, den vorgeschriebenen Weg Schritt für Schritt zurückzulegen, nur dem Heute zu leben, ohne sich um das Morgen zu kümmern. Er hat sich davon überzeugen lassen, daß er das Ziel: die Erleuchtung und die Wiedergeburt aus eigenen Kräften nicht zu erreichen, nicht herbeizuzwingen vermag und auf die Hilfe von Gefühl, Verstand und Wille verzichten muß, wenn er nicht kläglich scheitern will.
Die Gelassenheit, zu der sich der ehemalige Adept in unaufhörlicher Übung aufgeschwungen hat, ist aber nur der Schatten jener endgültigen weder erlernbaren noch verlierbaren Gelassenheit, die dem Erleuchteten in der Wiedergeburt geschenkt wird. Es ist die Gelassenheit dessen, der sich in alle Wege, in all seinem Tun und Lassen getragen fühlt, ohne zu verstehen, wie es geschieht. Er lebt nicht mehr aus sich selbst – denn alles ehemals Eigene, Persönliche, Selbstische ist untergegangen und in neuer Gestalt und Bedeutung wieder lebendig geworden –, sondern er lebt aus der allumfassenden Wahrheit oder, wie die Zen-Buddhisten sagen: aus seiner »Buddha-Natur«. Sie ist der namen- und gestaltlose Grund, die selbstlose Wurzel des Selbst, die in der Erleuchtung entdeckt und alsobald wirksam wird.

Erleuchtung, Wiedergeburt, Buddha-Natur

Die Erleuchtung überfällt den Menschen jählings und wirkt sich wie eine geistige Katastrophe aus – das wissen übereinstimmend alle Erleuchteten. Ihr Selbstbewußtsein und ihre Vernunft, ihre Tugend und ihr Gewissen, ihre Überzeugung, Maßstäbe und Wertschätzungen, auf die sie bisher ihr Leben gestellt hatten, sind mit einem Mal nichts mehr nütze. Sie werden nicht etwa probeweise und mit Vorbehalt auf Widerruf in der Schwebe gehalten, sondern ausgelöscht, als wären sie nie gewesen. So unwiderstehlich ist die verwandelnde Macht der Erleuchtung, daß das Leben des Erleuchteten wie in eine neue Dimension gerückt zu sein scheint, neuen ungeahnten Möglichkeiten geöffnet.

Und mit dieser Wiedergeburt wird er zugleich dessen inne, was er im Grunde seines Wesens ist: wird er seiner »Buddha-Natur« inne, wie die Zen-Buddhisten es nennen. (Es wäre entgegen einem eindeutig erfahrenen Sachverhalt, wenn man diese Natur als das »bessere« oder eigentliche »Ich«, ja sogar als »Über-Ich« noch zu charakterisieren versucht. In dieser Ursphäre gibt es nichts »Ich«- oder »Selbst«artiges mehr. Diese Ur-Natur ist vielmehr der selbst- und ichlose Grund, die namen- und gestaltlose Wurzel des Selbst.)

Auf die Frage nach der Beschaffenheit der Buddha-Natur würde der Zenist vielleicht antworten: sie sei unbewegt – falls er Wert darauf legt, begrifflichen Erörterungen nicht auszuweichen. Versucht man aber ihn darauf festzulegen und auf die dialektischen Schwierigkeiten der Beziehung zwischen diesem unbewegten Grund der Seele und ihrer inneren Bewegtheit hinzuweisen, so wird er mit einer entschiedenen Handbewegung dieses ganze Gerede wegwischen und erklären, von der Buddha-Natur könne weder Bewegtheit noch Unbewegtheit ausgesagt werden. Sie sei weder das eine noch das andere, sie sei beides zumal und sei es nicht. Was sie sei, könne nur erfahren, ergriffen, aber nicht begriffen und gedanklich expliziert werden.

[...]

HERMANN HESSE

Sich fallen lassen

[...]
Am Seeufer ging er von Boot zu Boot, sie waren alle hoch ans Land gezogen und stramm mit Ketten befestigt. Erst ganz in der Vorstadt außen fand er eins, das locker am Strick hing und sich lösen ließ. Das machte er los und hängte die Ruder ein. Schnell war das Ufer vergangen, es floß ins Grau hinweg wie nie gewesen, nur Grau und Schwarz und Regen war noch auf der Welt, grauer See, nasser See, grauer See, nasser Himmel, alles ohne Ende.

Draußen, weit im See, zog er die Ruder ein. Es war nun soweit, und er war zufrieden. Früher hatte er, in den Augenblicken, wo Sterben ihm unvermeidlich schien, doch immer gern noch ein wenig gezögert, die Sache auf morgen verschoben, es erst noch einmal mit dem Weiterleben probiert. Davon war nichts mehr da. Sein kleines Boot, das war er, das war sein kleines, umgrenztes, künstlich versichertes Leben – rundum aber das weite Grau, das war die Welt, das war All und Gott, dahinein sich fallen zu lassen war nicht schwer, das war leicht, das war froh.

Er setzte sich auf den Rand des Bootes nach außen, die Füße hingen ins Wasser. Er neigte sich langsam vor, neigte sich vor, bis hinter ihm das Boot elastisch entglitt. Er war im All.

In die kleine Zahl von Augenblicken, welche er von da an noch lebte, war viel mehr Erlebnis gedrängt als in die vierzig Jahre, die er zuvor bis zu diesem Ziel unterwegs gewesen war.

Es begann damit: Im Moment, wo er fiel, wo er einen Blitz lang zwischen Bootsrand und Wasser schwebte, stellte sich ihm dar, daß er einen Selbstmord begehe, eine Kinderei, etwas zwar nicht Schlimmes, aber Komisches und ziemlich Törichtes. Das Pathos des Sterbenwollens und das Pathos des Sterbens selbst fiel in sich zusammen, es war nichts damit. Sein Sterben war nicht mehr notwendig, jetzt nicht mehr. Es war erwünscht, es war schön und willkommen, aber notwendig war es nicht mehr. Seit dem Moment, seit dem aufblitzenden Sekundenteil, wo er sich mit ganzem Wollen, mit ganzem Verzicht auf jedes Wollen, mit ganzer Hingabe hatte vom Bootsrand fallen lassen, in den Schoß der Mutter, in den Arm Gottes – seit diesem Augenblick hatte das Sterben keine Bedeutung mehr. Es war ja alles so einfach, es war ja alles so wunderbar leicht, es gab ja keine Abgründe, keine Schwierigkeiten mehr. Die ganze Kunst war: sich fallen lassen! Das leuchtete als Ergebnis seines Lebens hell durch sein ganzes Wesen: sich fallen lassen! Hatte man das einmal getan, hatte man einmal sich dahingegeben, sich anheimgestellt, sich ergeben, hatte man einmal auf alle Stützen und jeden festen Boden unter sich verzichtet, hörte man ganz und gar nur noch auf den Führer im eigenen Herzen, dann war alles gewonnen, dann war alles gut, keine Angst mehr, keine Gefahr mehr.

Dies war erreicht, dies Große, Einzige: er hatte sich fallen lassen! Daß er sich ins Wasser und in den Tod fallen ließ, wäre nicht notwendig gewesen, ebensogut hätte er sich ins Leben fallen lassen können. Aber daran lag nicht viel, wichtig war dies nicht. Er würde leben, er würde wiederkommen. Dann aber würde er keinen Selbstmord mehr brauchen und keinen von all diesen seltsamen Umwegen, keine von all diesen mühsamen und schmerzlichen Torheiten mehr, denn er würde die Angst überwunden haben.

Wunderbarer Gedanke: ein Leben ohne Angst! Die Angst überwinden, das war die Seligkeit, das war die Erlösung. Wie hatte er sein Leben lang Angst gelitten, und nun, wo der Tod ihn schon am Halse würgte, fühlte er nichts mehr davon, keine Angst, kein Grauen, nur Lächeln, nur Erlösung, nur Einverstandensein. Er wußte nun plötzlich, was Angst ist, und daß sie nur von dem überwunden werden kann, der sie erkannt hat. Man hatte vor tausend Dingen Angst, vor Schmerzen, vor Richtern, vor dem eigenen Herzen, man hatte Angst vor dem Schlaf, Angst vor dem Erwachen, vor dem Alleinsein, vor der Kälte, vor dem Wahnsinn, vor dem Tode – namentlich vor ihm, vor dem Tode. Aber all das waren nur Masken und Verkleidungen. In Wirklichkeit gab es nur eines, vor dem man Angst hatte: das Sichfallenlassen, den Schritt in das Ungewisse hinaus, den kleinen Schritt hinweg über all die Versicherungen, die es gab. Und wer sich einmal, ein einziges Mal hingegeben hatte, wer einmal das große Vertrauen geübt und sich dem Schicksal anvertraut hatte, der war befreit. Er gehorchte nicht mehr den Erdgesetzen, er war in den Weltraum gefallen und schwang im Reigen der Gestirne mit. So war das. Es war so einfach, jedes Kind konnte das verstehen, konnte das wissen.

Er dachte dies nicht, wie man Gedanken denkt, er lebte, fühlte, tastete, roch und schmeckte es. Er schmeckte, roch, sah und verstand, was Leben war. Er sah die Erschaffung der Welt, er sah den Untergang der Welt, beide wie zwei Heerzüge beständig gegeneinander in Bewegung, nie vollendet, ewig unterwegs. Die Welt wurde immerfort geboren, sie starb immerfort. Jedes Leben war ein Atemzug, von Gott ausgestoßen. Jedes Sterben war ein Atemzug, von Gott eingesogen. Wer gelernt hatte, nicht zu widerstreben, sich fallen zu lassen, der starb leicht, der wurde leicht geboren. Wer widerstrebte, der litt Angst, der starb schwer, der wurde ungern geboren.

Im grauen Regendunkel über dem Nachtsee sah der Untersinkende das Spiel der Welt gespiegelt und dargestellt: Sonnen und Sterne rollten heraus, rollten hinab, Chöre von Menschen und Tieren, Geistern und Engeln standen gegeneinander, sangen, schwiegen, schrien, Züge von Wesen zogen gegeneinander, jedes sich selbst mißkennend, sich selbst hassend, und sich in jedem andern Wesen hassend und verfolgend. Ihrer aller Sehnsucht war nach Tod, war nach Ruhe, ihr Ziel war Gott, war die Wiederkehr zu Gott und das Bleiben in Gott. Dies Ziel schuf Angst, denn es war ein Irrtum. Es gab kein Bleiben in Gott! Es gab keine Ruhe! Es gab nur das ewige, ewige, herrliche, heilige Ausgeatmetwerden und Eingeatmetwerden, Gestaltung und Auflösung, Geburt und Tod, Auszug und Wiederkehr, ohne Pause, ohne Ende. Und darum gab es nur Eine Kunst, nur Eine Lehre, nur Ein Geheimnis: sich fallen lassen, sich nicht gegen Gottes Willen sträuben, sich an nichts klammern, nicht an Gut noch Böse. Dann war man erlöst, dann war man frei von Leid, frei von Angst, nur dann.

Sein Leben lag vor ihm wie ein Land mit Wäldern, Talschaften und Dörfern, das man vom Kamm eines hohen Gebirges übersieht. Alles war gut gewesen, einfach und gut gewesen, und alles war durch seine Angst, durch sein Sträuben zu Qual und Verwicklung, zu schauerlichen Knäueln und Krämpfen von Jammer und Elend geworden! Es gab keine Frau, ohne die man nicht leben konnte – und es gab auch keine Frau, mit der man nicht hätte leben können. Es gab kein Ding in der Welt, das nicht ebenso schön, ebenso begehrenswert, ebenso beglückend war wie sein Gegenteil! Es war selig zu leben, es war selig zu sterben, sobald man allein im Weltraum hing. Ruhe von außen gab es nicht, keine Ruhe im Friedhof, keine Ruhe in Gott, kein Zauber unterbrach je die ewige Kette der Geburten, die unendliche Reihe der Atemzüge Gottes. Aber es gab eine andere Ruhe, im eigenen Innern zu finden. Sie hieß: Laß dich fallen! Wehre dich nicht! Stirb gern! Lebe gern!

[...]

Wasser floß ihm in den Mund, und er trank. Von allen Seiten, durch alle Sinne floß Wasser herein, alles löste sich auf. Er wurde angesogen, er wurde eingeatmet. Neben ihm, an ihn gedrängt, so eng beisammen wie die Tropfen im Wasser, schwammen andere Menschen, schwamm Teresina, schwamm der alte Sänger, schwammen seine einstige Frau, sein Vater, seine Mutter und Schwester, und tausend, tausend, tausend andre Menschen, und auch Bilder und Häuser, Tizians Venus und das Münster von Straßburg, alles schwamm, eng aneinander, in einem ungeheuren Strom dahin, von Notwendigkeit getrieben, rasch und rascher, rasend – und diesem ungeheuern, rasenden Riesenstrom der Gestaltungen kam ein anderer Strom entgegen, ungeheuer, rasend, ein Strom von Gesichtern, Beinen, Bäuchen, von Tieren, Blumen, Gedanken, Morden, Selbstmorden, geschriebenen Büchern, geweinten Tränen, dicht, dicht, voll, voll, Kinderaugen und schwarze Locken und Fischköpfe, ein Weib mit langem starrem Messer im blutigen Bauch, ein junger Mensch, ihm selbst ähnlich, das Gesicht voll heiliger Leidenschaft, das war er selbst, zwanzigjährig, jener verschollene Klein von damals! Wie gut, daß auch diese Erkenntnis nun zu ihm kam: daß es keine Zeit gab! Das einzige, was zwischen Alter und Jugend, zwischen Babylon und Berlin, zwischen Gut und Böse, Geben und Nehmen stand, das einzige, was die Welt mit Unterschieden, Wertungen, Leid, Streit, Krieg erfüllte, war der Menschengeist, der junge ungestüme und grausame Menschengeist im Zustand der tobenden Jugend, noch fern vom Wissen, noch weit von Gott. Er erfand Gegensätze, er erfand Namen. Dinge nannte er schön, Dinge häßlich, diese gut, diese schlecht. Ein Stück Leben wurde Liebe genannt, ein andres Mord. So war dieser Geist, jung, töricht, komisch. Eine seiner Erfindungen war die Zeit. Eine feine Erfindung, ein raffiniertes Instrument, sich noch inniger zu quälen und die Welt vielfach und schwierig zu machen! Von allem, was der Mensch begehrte, war er immer nur durch Zeit getrennt, nur durch diese Zeit, diese tolle Erfindung! Sie war eine der Stützen, eine der Krücken, die man vor allem fahren lassen mußte, wenn man frei werden wollte.

Weiter quoll der Weltstrom der Gestaltungen, der von Gott eingesogene, und der andere, ihm entgegen, der ausgeatmete.

Klein sah Wesen, die sich dem Strom widersetzten, die sich unter furchtbaren Krämpfen aufbäumten und sich grauenhafte Qualen schufen: Helden, Verbrecher, Wahnsinnige, Denker, Liebende, Religiöse. Andre sah er, gleich ihm selbst, rasch und leicht in inniger Wollust der Hingabe, des Einverstandenseins dahingetrieben, Selige wie er. Aus dem Gesang der Seligen und aus dem endlosen Qualschrei der Unseligen baute sich über den beiden Weltströmen eine durchsichtige Kugel oder Kuppel aus Tönen, ein Dom von Musik, in dessen Mitte saß Gott, saß ein heller, vor Helle unsichtbarer Glanzstern, ein Inbegriff von Licht, umbraust von der Musik der Weltchöre, in ewiger Brandung.
Helden und Denker traten aus dem Weltstrom, Propheten, Verkünder. »Siehe, das ist Gott, der Herr, und sein Weg führt zum Frieden«, rief einer, und viele folgten ihm. Ein andrer verkündete, daß Gottes Bahn zum Kampf und Kriege führe. Einer nannte ihn Licht, einer nannte ihn Nacht, einer Vater, einer Mutter. Einer pries ihn als Ruhe, einer als Bewegung, als Feuer, als Kühle, als Richter, als Tröster, als Schöpfer, als Vernichter, als Verzeiher, als Rächer. Gott selbst nannte sich nicht. Er wollte genannt, er wollte geliebt, er wollte gepriesen, verflucht, gehaßt, angebetet sein, denn die Musik der Weltchöre war sein Gotteshaus und war sein Leben – aber es galt ihm gleich, mit welchen Namen man ihn pries, ob man ihn liebte oder haßte, ob man bei ihm Ruhe und Schlaf, oder Tanz und Raserei suchte. Jeder konnte suchen. Jeder konnte finden.
Jetzt vernahm Klein seine eigene Stimme. Er sang. Mit einer neuen, gewaltigen, hellen, hallenden Stimme sang er laut, sang er laut und hallend Gottes Lob, Gottes Preis. Er sang im rasenden Dahinschwimmen, inmitten der Millionen Geschöpfe, ein Prophet und Verkünder. Laut schallte sein Lied, hoch stieg das Gewölbe der Töne auf, strahlend saß Gott im Innern. Ungeheuer brausten die Ströme hin.

Aus dem Tibetanischen Totenbuch

Oh, Edelgeborener, höre zu. Daß du so leidest, kommt von deinem eigenen Karma. Niemand anderes ist daran schuld. Du hast es verursacht. Bete deshalb ernstlich zu der Kostbaren Dreieinigkeit. Sie wird dich beschützen. Wenn du weder betest noch weißt, wie man über das Große Symbol noch über irgendeine Schutzgottheit meditiert, wird der Gute Genius, der zugleich mit dir geboren wurde, jetzt kommen und deine guten Taten nachzählen. Und der Böse Genius, der gleichzeitig mit dir geboren wurde, wird kommen und deine schlechten Taten nachzählen. Darauf wirst du höchst geängstigt, eingeschüchtert und erschreckt sein, wirst zittern und versuchen zu lügen, indem du sagst: Ich habe keine böse Tat begangen.

Darauf sagt der Todesgott: Ich will den Spiegel deines Karma befragen. Indem er dies sagt, sieht er in den Spiegel. Jede gute und jede böse Tat spiegelt sich darin. Lügen ist nutzlos. Darauf schlingt die Furie des Todesgottes ein Seil um deinen Hals. Sie nimmt dein Herz heraus, reißt deine Eingeweide heraus, trinkt dein Blut, ißt dein Fleisch... Du aber bist unfähig zu sterben – selbst wenn dein Körper in Stücke zerhackt wird.

Da dein Körper ein Geist-Körper ist, kann er nicht sterben, selbst wenn er geköpft und gevierteilt wird. Dein Körper ist in Wirklichkeit von der Natur der Leere. Du brauchst also keine Angst zu haben. Die Todesgötter sind nur deine eigenen Halluzinationen. Dein Körper ist in Wirklichkeit leer. Leere kann Leere nichts anhaben. Eigenschaftslosigkeit kann Eigenschaftslosigkeit nichts anhaben.

Von unseren eigenen Halluzinationen abgesehen gibt es in Wirklichkeit – außerhalb unseres Selbst – keine solchen Dinge wie Todesgott oder Gott oder Dämon... Handle so, daß du dies erkennst.

Meditiere über die Erleuchtung durch das Große Symbol. Wenn du nicht weißt, wie man meditiert, so analysiere einfach sorgfältig die wahre Natur dessen, was dich erschreckt. In Wirklichkeit ist es nicht. Es ist zu nichts geformt, es ist Leere.

Oh, Edelgeborener, höre gesammelt auf mich. Indem du die Wahrheit erkennst, wirst du vollkommene Befreiung erreichen. Sei nicht zerstreut. Du stehst an der Grenze zwischen Buddhas und lebenden Wesen. Dieser Augenblick ist von großer Bedeutung. Wenn du jetzt zerstreut bist, wirst du unzählige Zeitäonen brauchen, um aus dem Morast des Elends herauszukommen.

In dieser Stunde mußt du ohne Zerstreuung einen einzigen Entschluß in deinem Sinn formen. Die Formung eines einzigen Entschlusses ist jetzt sehr wichtig. Es ist, wie wenn man den Lauf eines Pferdes durch den Gebrauch der Zügel lenkt.

Was immer du wünschest, wird sich ereignen. Laß dich nicht ablenken. Die Grenze zwischen Aufwärtsgehen und Nachuntengehen ist jetzt, sie ist hier. Wenn du auch nur für eine Sekunde Unentschlossenheit duldest, hast du Elend zu ertragen für lange Zeit.

Dies ist der Augenblick. Klammere dich an ein einziges Ziel. Ausdauernd füge die Kette guter Taten zusammen. Dies ist die Zeit, wo Ernsthaftigkeit und reine Liebe nötig sind.

Laß dich nicht erschrecken. Laß dich nicht einschüchtern. Wenn du alle Erscheinungen, die als göttliche Formen und Strahlungen hervorleuchten, als Ausstrahlungen deines eigenen Bewußtseins erkennst, erreichst du Buddhaschaft sogleich im Augenblick dieser Erkenntnis. Der Ausspruch »Buddhaschaft wird in einem Augenblick erreicht« kann hier angewandt werden. Wenn man dies im Sinne behält, erreicht man Buddhaschaft.

Oh, Edelgeborener, was auch für schreckliche und erschreckende Visionen du sehen magst, erkenne sie als deine eigenen Gedankenformen.

Da du keinen materiellen Körper von Fleisch und Blut mehr hast, können, was auch kommen mag – Klänge, Lichter oder Strahlen – alle drei – dir nichts anhaben: Du bist zu sterben unfähig. Es genügt, daß du weißt, daß alle Schemen, die dir erscheinen, deine eigenen Gedankenformen sind.

Bedenke dies: Dein eigenes Bewußtsein, leuchtend, leer und untrennbar von dem Großen Strahlungskörper hat weder Geburt noch Tod. Es ist das unveränderliche Licht – Buddha Amitaba.

HERMANN HESSE

Orgelspiel

Seufzend durchs Gewölbe zieht, und wieder dröhnend,
Orgelspiel. Andächtige Gläubige hören,
Wie vielstimmig in verschlungenen Chören,
Sehnsucht, Trauer, Engelsfreude tönend,
Sich Musik aufbaut zu geistigen Räumen,
Sich verloren wiegt in seligen Träumen,
Firmamente baut aus tönenden Sternen,
Deren goldene Kugeln sich umkreisen,
Sich umwerben, nähern und entfernen,
Immer weiter schwingend sonnwärts reisen,
Bis es scheint, es sei die Welt durchlichtet,
Ein Kristall, in dessen klaren Netzen
Hundertfach nach reinlichsten Gesetzen
Gottes lichter Geist sich selber dichtet.

Daß aus Blättern voll von Notenzeichen
Solche weitgeschwungenen, geistdurchsonnten,
Solche Welt- und Sternenchöre werden konnten,
Daß ein Orgelpfeifenchor sie in sich banne,
Ist es nicht ein Wunder ohnegleichen?
Daß ein Musikant am Manuale
Sie mit Eines Menschen Kraft umspanne?
Daß ein Volk von Hörern sie verstehe,
Mit erschwinge, töne, mit erstrahle,
Mit hinauf ins tönende Weltall wehe?
Arbeit war's und Ernte langer Zeiten,
Zehn Geschlechter mußten daran bauen,
Hundert Meister fromm es zubereiten,
Viele tausend Schüler sie begleiten.

Und nun spielt der Organist, es lauschen
Im Gewölb die Seelen hingegangener
Frommer Meister, mit vom Bau umfangener,
Den sie gründen halfen und errichten.
Denn derselbe Geist, der in den Fugen
Und Toccaten atmet, hat einst die besessen,

Die des Münsters Maße ausgemessen,
Heiligenfiguren aus den Steinen schlugen.
Und noch vor den Bau- und Steinmetz-Zeiten
Lebten, dachten, litten viele Fromme,
Halfen Volk und Tempel zubereiten,
Daß der Geist herab auf Erden komme.
Wille von Jahrhunderten gestaltet
In der klaren Töneströme Rauschen
Sich, im Bau der Fugen und Sequenzen,
Wo der schöpferische Geist der Grenzen
Zwischen Tun und Leiden,
Zwischen Leib und Seele waltet.
In den geistbeherrschten Takten dichten
Tausend Menschenträume sich zu Ende,
Träume, deren Ziel war: Gott zu werden,
Träume, deren keiner je auf Erden
Sich erfüllen darf, doch deren dringliche Einheit
Stufe war, darauf das Menschenwesen
Sich enthob aus Notdurft und Gemeinheit
Nahe bis zum Göttlichen, bis zum Genesen.
Auf dem Zauberpfad der Notenzeichen,
Dem Geäst der Schlüssel, Signaturen,
Auf dem Tastwerk, das die Füß' und Hände
Eines Organisten bändigen, entweichen
Gottwärts, geistwärts alle höchsten Strebungen,
Strahlen, was an Leid sie je erfuhren,
Aus im Ton. In wohlgezählten Bebungen
Löst der Drang sich, steigt die Himmelsleiter,
Menschheit bricht die Not, wird Geist, wird heiter.
Denn zur Sonne zielen alle Erden.
Und des Dunkels Traum ist: Licht zu werden.
Spielend sitzt der Organist, die Hörer
Folgen willig, in befreiter Rührung,
Der Gesetze englisch sichrer Führung,
Schwingen glühend, heilige Verschwörer,
Mit empor, zum Tempel sich erbauend,
Mit dem Blick der Ehrfurcht Gott erschauend,
Am Dreieinigen kindhaft beteiligt.
So befreit im Klang, so eint und heiligt
Sich im Sakramente die Gemeinde,
Die entkörperte, dem Gott vereinte.

Das Vollkommene aber ist hienieden
Ohne Dauer, Krieg wohnt jedem Frieden
Heimlich inne, und Verfall dem Schönen.
Orgel tönt, Gewölbe hallt, es treten
Neue Gäste ein, verlockt vom Tönen,
Eine Frist zu rasten und zu beten.
Doch indes die alten Klanggebäude
Weiter aus dem Pfeifenwalde streben,
Voll von Frömmigkeit, von Geist, von Freude,
Hat sich draußen dies und das begeben,
Was die Welt verändert und die Seelen.
Andre Menschen sind es, die jetzt kommen,
Eine andre Jugend wächst, ihr sind die frommen
Und verschlungenen Stimmen dieser Weisen
Nur noch halb vertraut, ihr klingt veraltet
Und verschnörkelt, was noch eben heilig
War und schön, in ihrer Seele waltet
Neuer Trieb, sie mag sich nicht mehr quälen
Mit den strengen Regeln dieser greisen
Musikanten, ihr Geschlecht ist eilig,
Krieg ist in der Welt, und Hunger wütet.
Kurz verweilen diese neuen Gäste
Hier beim Orgelklang, zu wohlbehütet
Finden sie, zu priesterlich-gemessen
Die Musik, so schön und tief sie sei, sie wollen
Andre Klänge, feiern andre Feste,
Fühlen auch in halb verschämter Ahnung
Dieser reich gebauten, hoheitsvollen
Orgelchöre unwillkommene Mahnung,
Die so viel verlangt. Kurz ist das Leben,
Und es ist nicht Zeit, sich hinzugeben
So geduldig komplizierten Spielen.

Übrig bleibt im Dome von den vielen,
Die hier zugehört und mitgelebt, fast keiner.
Immer wieder einer geht von hinnen,
Geht gebückt, ward älter, müde, kleiner,
Spricht vom jungen Volk wie von Verrätern,
Schweigt enttäuscht und legt sich zu den Vätern.
Und die Jungen, die den Dom betreten,
Fühlen Heiliges zwar, doch weder Beten
Noch Toccatenhören ist mehr Sitte,

Und der Tempel bleibt, der Kern und Mitte
Einst der Stadt gewesen, fast verlassen,
Ragt urweltlich aus geschäftigen Gassen.

Aber immer noch durch seines Baues Rippen
Atmet die Musik in himmlischem Flüstern.
Träumend und ein Lächeln auf den Lippen
Über immer zarteren Registern
Sitzt der greise Musikant, versponnen
In das Rankenwerk der Stimmengänge,
In des Fugenbaus gestufte Pfade.
Immer zarteres Filigrangestänge
Flicht sein Spiel, mit immer dünnerem Faden
Kreuzen sich die kühnen Ornamente
Im phantastisch luftigen Tongewebe,
Immer inniger und süßer werben
Um einander die bewegten Stimmen,
Scheinen Himmelsleitern zu erklimmen,
Halten oben sich in seliger Schwebe,
Um wie Abendrosenwolken hinzusterben.

Nicht bekümmert ihn, daß die Gemeinde,
Schüler, Meister, Gläubige und Freunde
Sich verloren haben, daß die eiligen Jungen
Die Gesetze nicht mehr kennen, der Figuren
Bau und Sinn kaum noch erfühlen mögen,
Daß die Töne nicht Erinnerungen
Mehr des Paradieses ihnen sind und Gottesspuren,
Daß nicht zehn, nicht einer mehr imstande,
Dieser Tongewölbe heilige Bögen
Nachzubaun im Geist und diesem Weben
Alterworbener Mysterien Sinn zu geben.
Und so fiebert rings in Stadt und Lande
Junges Leben seine stürmischen Bahnen,
Doch im Tempel, einsam im Gestühle,
Waltet fort der geisterhafte Alte,
(Sage halb, halb Spottfigur den Jungen),
Spinnt geheiligte Erinnerungen,
Füllt mit göttlichem Sinn die Ornamente,
Rückt Register immer leiseren Klanges,
Stuft den Fugenschritt zum Sakramente,
Das nur seine Ohren noch erlauschen,
Während andre nichts mehr als das Flüstern

Der Vergangenheit spüren und das leise Rauschen
Brüchiger Vorhangfalten, die im düstern
Steingeklüft der Pfeiler müd sich bauschen.

Niemand weiß, ob noch der alte Meister
Drinnen spiele, ob die zarten, leisen
Tongeflechte, die im Raume kreisen,
Nur noch Spuk sind überbliebener Geister,
Nachhall und Gespenst aus anderen Zeiten.
Manchmal aber bleibt ein Mensch beim Dome
Lauschend stehen, öffnet sacht die Pforte,
Horcht entrückt dem fernen Silberstrome
Der Musik, vernimmt aus Geistermunde
Heiter-ernster Väterweisheit Worte,
Geht davon mit klangberührtem Herzen,
Sucht den Freund auf, gibt ihm flüsternd Kunde
Vom Erlebnis der entrückten Stunde
Dort im Dom beim Duft erloschener Kerzen.
Und so fließt im unterirdisch Dunkeln
Ewig fort der heilige Strom, es funkeln
Aus der Tiefe manchmal seine Töne;
Wer sie hört, spürt ein Geheimnis walten,
Sieht es fliehen, wünscht es festzuhalten,
Brennt vor Heimweh. Denn er ahnt das Schöne.

PAUL GERHARDT

Neujahrs-Gesang

1. Nun laßt uns gehn und treten
Mit Singen und mit Beten
Zum Herrn, der unserm Leben
Bis hierher Kraft gegeben.

2. Wir gehn dahin und wandern
Von einem Jahr zum andern,
Wir leben und gedeihen
Vom alten bis zum neuen;

3. Durch soviel Angst und Plagen,
Durch Zittern und durch Zagen,
Durch Krieg und große Schrecken,
Die alle Welt bedecken.

4. Denn wie von treuen Müttern
In schweren Ungewittern
Die Kindlein hier auf Erden
Mit Fleiß bewahret werden:

5. Also auch nichts minder
Läßt Gott ihm seine Kinder,
Wenn Not und Trübsal blitzen,
In seinem Schoße sitzen.

6. Ach Hüter unsers Lebens,
Fürwahr, es ist vergebens
Mit unserm Tun und Machen,
Wo nicht dein Augen wachen.

7. Gelobt sei deine Treue,
Die alle Morgen neue,
Lob sei den starken Händen,
Die alles Herzleid wenden.

8. Laß ferner dich erbitten,
O Vater, und bleib mitten
In unserm Kreuz und Leiden
Ein Brunnen unsrer Freuden.

9. Gib mir und allen denen,
Die sich von Herzen sehnen
Nach dir und deiner Hulde,
Ein Herz, das sich gedulde.

10. Schleuß zu die Jammerpforten
Und laß an allen Orten
Auf so viel Blutvergießen
Die Freudenströme fließen.

11. Sprich deinen milden Segen
Zu allen unsern Wegen,
Laß Großen und auch Kleinen
Die Gnadensonne scheinen.

12. Sei der Verlaßnen Vater,
Der Irrenden Berater,
Der Unversorgten Gabe,
Der Armen Gut und Habe.

13. Hilf gnädig allen Kranken,
Gib fröhliche Gedanken
Den hochbetrübten Seelen,
Die sich mit Schwermut quälen.

14. Und endlich, was das meiste,
Füll uns mit deinem Geiste,
Der uns hier herrlich ziere
Und dort zum Himmel führe.

15. Das alles wollst du geben,
O meines Lebens Leben,
Mir und der Christen Schare
Zum selgen neuen Jahre.

III

K. J. GALCZYNSKI

Mit Instrumenten schlendern

Mit Instrumenten schlendern, wenn der Mond aufgeht,
Wenn leicht die Nacht und süß die Geräusche drumrum.
Pferde mit Blumen bekränzen, das Meer auf dem Busen
schaukeln.

Als wolkenäugige Frau, die Morgen grüßen, die von den Bergen
kommen wie Kinder aus ihren Schulen.

Mit Instrumenten schlendern, bei Sonnenaufgang,
Über die Sonne, den Mond, über alles den Frauenmund lieben,
Die Welt ans Herz wie einen Veilchenstrauß pressen, aber das
Herz
Über die Erde hängen, tief, wie einen Stern, der Gutwetter
kündet.

SUFI INAYAT KHAN

Über Musik

Nada Brahma. Gott ist Klang. Die Welt ist Klang.
(Upanischaden)
Jede Krankheit ist ein musikalisches Problem.
(Novalis)

Ich wende mich an diejenigen, die die Wahrheit über das Gesetz der Musik wissen wollen. Es ist ein Gesetz, das im ganzen Universum wirkt. Man kann es deshalb auch als Gesetz des Lebens bezeichnen. Es ist ein Gesetz des Maßes und ein Gesetz der Harmonie. Ein Gesetz des Gleichgewichtes. Alle Aspekte des Lebens sind in ihm beschlossen. Dieses Gesetz bestimmt das Schicksal des Universums.
So viele Menschen suchen heute nach Wundern. Wenn sie nur bemerken würden, wie viele Wunder es rings um uns herum in der Welt gibt! Je tiefer man in das Leben hineinschaut, desto weiter öffnet es sich. Jeder Augenblick ist dann mit Wundern gefüllt. Jeder Augenblick gewinnt Glanz.
Was wir in unserer Alltagssprache Musik nennen, ist nur ein miniaturhafter Ausschnitt – aus der Musik und der Harmonie des Universums, die hinter allem wirkt und die die Quelle und der Ursprung der Natur ist. Deshalb haben die Weisen aller Zeitalter Musik als heilige Kunst betrachtet. In der Musik kann der, der zu sehen versteht, das Bild des Universums erkennen...
Viele Religionen der Welt haben uns gelehrt, daß der Ursprung der Schöpfung Klang ist. Aber es ist kein Zweifel: Die Art, in der dieses Wort »Klang« in unserer Alltagssprache gebraucht wird, verschleiert die ursprüngliche Bedeutung dieses Wortes, wie es in den alten Schriften verwendet wird. Die Musik des Universums ist der Hintergrund jenes so viel kleineren Phänomens, das wir auf dieser Erde als »Musik« empfinden. Unser Gefühl für Musik – die Art, in der sie uns anspricht – zeigt uns, daß die wahre Musik in der Tiefe unseres Seins ruht. Musik ist im Wesen des Universums. Musik ist nicht nur das eigentliche große Objekt des Lebens, es ist dieses Leben selbst. Hafiz, der wunderbare Sufi-Poet aus Persien, sagt: »Viele Leute wissen, daß das Leben den menschlichen Körper mit Hilfe von Musik betrat. Die

Wahrheit freilich liegt darin, daß das Leben selbst Musik ist.«
Warum hat er dies gesagt? Hafiz bezieht sich auf eine alte orientalische Legende, die davon erzählt, daß Gott eine Statue aus Ton gemacht habe, die er seinem Bilde nach formte. Er wollte, daß die Seele in diese Statue eingehe. Aber die Seele wollte nicht gefangen sein. Denn es liegt in ihrer Natur, daß sie fliegend ist und frei und nicht begrenzt und gebunden sein will. Der Körper ist ein Gefängnis, und die Seele wollte dieses Gefängnis nicht betreten. Da bat Gott seine Engel, Musik zu spielen. Und als die Engel spielten, wurde die Seele ekstatisch bewegt, und in dieser Ekstase – um die Musik noch klarer und unmittelbarer erleben zu können – betrat sie den Körper. Hafiz sagt: »Die Leute sagen, daß die Seele, als sie dieses Lied hörte, den Körper betrat. Aber in Wirklichkeit war die Seele selbst das Lied.«
Dies ist eine wunderbare Legende. Aber noch wunderbarer ist das, was sie bedeutet. Denn sie erklärt uns zwei Gesetze. Das eine liegt darin, daß die Seele ihrer Natur nach frei ist und daß die ganze Tragödie des Lebens in der Einschränkung dieser Freiheit liegt. Und die andere Bedeutung unserer Legende liegt darin, daß der einzige Grund, aus dem die Seele den Körper aus Ton oder Materie betrat, der war, daß sie die Musik des Lebens erfahren wollte. Wenn wir diese beiden großen Mysterien verbinden, wird uns ein drittes Mysterium, das die Summe der anderen ist, bewußt. Es liegt darin, daß der unbegrenzbare Teil unseres Selbst begrenzt und an die Erde gebunden wird, um uns die Erfahrung des Lebens zu ermöglichen. Es gibt also einen Verlust und einen Gewinn. Der Verlust ist derjenige der Freiheit. Der Gewinn ist die Erfahrung des Lebens.
Was uns hinzieht zur Musik, ist die Tatsache, daß unser innerstes Wesen Musik ist. Unser Geist und unser Körper und die Natur, in der wir leben; die Natur, die uns gemacht hat; all das, was über uns und unter uns und um uns herum ist: all dies ist Musik.
Deshalb interessiert uns Musik. Deshalb bereitet sie uns Vergnügen. Sie korrespondiert mit dem Rhythmus und dem Klang, die den Mechanismus unserer Existenz intakt halten. Was uns an jeder Art von Kunst gefällt – sei es Zeichnen, Malen, Schnitzen, Architektur, Skulptur, Dichtung – ist die Harmonie hinter ihnen: die Musik in ihnen. Was Dichtung eigentlich suggeriert, ist Musik: den Rhythmus in ihr und die Harmonie der Ideen und Phrasen. Ähnlich ist es mit dem Malen und Zeichnen. Es ist unser Sinn für Proportion und Harmonie, der uns eigentlich Vergnügen bereitet, wenn wir Kunst bewundern. Und was uns gefällt,

wenn wir der Natur nahe sind: das ist die Musik der Natur. Diese Musik ist vollkommener als die der Kunst. Es gibt uns ein Gefühl der Erhebung, wenn wir im Walde spazieren gehen oder grüne Wiesen betrachten oder wenn wir an einer frischen Quelle stehen. Sie alle haben ihren eigenen Rhythmus, ihren eigenen Ton, ihre eigene Harmonie. Das Schwingen der Zweige und Blätter im Wald, das Kommen und Gehen der Wellen – all dies ist Musik. Wenn wir die Natur betrachten und eins mit ihr werden, dann öffnen sich unsere Herzen dieser Musik.

Wir sagen, daß wir die Natur lieben. Aber was an der Natur lieben wir? Ihre Musik. Es ist etwas in uns, das berührt wird von der rhythmischen Bewegung und der vollkommenen Harmonie, die wir in unserem Alltagsleben so selten finden. Sie erheben uns und lassen uns fühlen, daß die Natur ein Tempel ist: die wahre Religion. Einen Moment lang mit offenem Herzen in der Natur stehen, kann mehr sein als die mit Zeit erfüllte Erfahrung eines ganzen Lebens. Wenn – und darauf allerdings kommt es an – man eins ist mit der Natur.

Wenn man den Kosmos betrachtet, die Bewegungen der Sterne und Planeten, das vollkommene und ewige Gesetz der Schwingungen und Rhythmen, dann wird uns bewußt, daß das kosmische System nach dem Gesetz der Musik und dem Gesetz der Harmonik funktioniert. Wann immer die Harmonie des kosmischen Systems gefährdet wird, dann kommen Katastrophen über die Welt. Wir spüren das an den vielen zerstörerischen Kräften, die es um uns herum gibt. Die Weisheit des astrologischen Gesetzes, die Weisheit von Magie und Mystik basieren auf Musik.

Deshalb ist das Leben der erleuchteten Menschen, die auf dieser Erde gelebt haben – das der großen Propheten Indiens zum Beispiel –, Musik gewesen. Aus der Miniaturmusik, die wir verstehen, leiteten sie die kosmische Musik des Universums ab. Das hat sie inspiriert.

Diese Weisen haben begriffen: Es gibt eine andere, eine tiefere Sprache: Rhythmus und Klang. Wir hören diese Sprache, aber wir hören sie nicht mit unseren Ohren. Ein freundlicher Mensch zeigt Harmonie in seiner Stimme, in seinen Worten, in seinen Bewegungen und in seiner Art. Ein unfreundlicher Mensch zeigt – wenn man ihn nur richtig anschaut – Disharmonie in seinen Bewegungen, in seinem Blick, in seinem Ausdruck, in seinem Gang – in allem. Ich hatte einen Freund in Indien, der oft schlechter Laune war. Manchmal, wenn er mich besuchte, fragte ich ihn: Bist du heute übel gelaunt? Er antwortete: Woher weißt

du das? Und ich darauf: Dein Turban sagt es mir. Die Art, in der du deinen Turban falsch gebunden hast, zeigt Disharmonie ...
Wenn du einsichtsvoll in die Natur der Dinge schaust, dann wirst du die Wahrheit auch in einem Baum finden. An den Früchten und Blumen, die ein Baum trägt, wirst du entdecken, welche Musik er ausdrückt.
Jeder Mensch ist Musik – ewige Musik – Tag und Nacht erklingend. Und ein intuitives Wesen kann diese Musik hören. Aus diesem Grunde gibt es Menschen, die dich abstoßen, und andere, die dich anziehen. Was dich in Wirklichkeit abstößt oder anzieht, ist die Musik, die sie ausdrücken.
Die folgende Geschichte handelt von Omar, dem großen Khalifen Arabiens. Jemand wollte ihm etwas Böses antun und suchte nach ihm. Omar wohnte, obwohl er ein König war, nicht in seinen Palästen, sondern in der Natur. Das wußte der Mann, der Omar verletzen wollte, und er war froh darüber, denn er dachte, dies würde seine Aufgabe erleichtern. Aber als er sich dem Platz, an dem Omar saß, näherte, bemerkte er: Je näher er kam, desto mehr veränderte sich seine Einstellung. Und dann fiel ihm sein Dolch aus der Hand, und er sagte: »Ich kann dich nicht verletzen. Sage mir, was ist die Kraft in dir, die mich daran hindert, das zu tun, um dessentwillen ich gekommen bin?« Und Omar antwortete: »Mein Einssein mit Gott.«
Was meinte Omar mit diesem Einssein mit Gott? Er meinte: Eingestimmt sein auf die Unendlichkeit. In Harmonie sein mit dem ganzen Universum. In anderen Worten: Omar empfing die Musik des Universums ...
Das Charisma, das die Persönlichkeit der Heiligen zu allen Zeiten umgeben hat, liegt darin, daß sie empfänglich sind für die Musik des Seins. Darin liegt ihr Geheimnis. Deshalb machten sie so oft ihre Feinde zu ihren Freunden. Aber nicht nur die Kraft der Heiligen liegt darin. In geringerem Maße hat jeder Mensch teil an ihr. Jeder zeigt Harmonie oder Disharmonie – je nachdem, wie offen er ist für die Musik des Universums.
Der Unterschied zwischen der materialistischen und der spirituellen Sehweise liegt darin, daß der materialistische Gesichtspunkt zuerst die Materie sieht und glaubt, daß Intelligenz und Schönheit und alles andere sich daraus entwickelt hätten. Aber ein spiritueller Gesichtspunkt verrät uns, daß Intelligenz und Schönheit zuerst kommen – und aus ihnen hat sich alles andere entwickelt. Deshalb liegt Musik im Wesen des Seins – auf dem Grunde von allem, was existiert. Jeder weiß, daß der Samen einer

Rose seiner Existenz nach die Rose selbst ist; ihr Wohlgeruch, ihre Form, ihre Schönheit sind in ihm enthalten. Und selbst wenn ein Samenkorn nicht aufgeht, die Essenz der Rose ist gleichwohl in ihm.
Der größte Fehler dieses Zeitalters ist es, daß alle Menschen so hektisch und so aktiv geworden sind. Deshalb gibt es so wenig Raum in ihrem Leben für Ruhe. Ruhe aber ist das Geheimnis der Konzentration und der Meditation: das Geheimnis des Eingestimmtseins auf die Essenz aller Dinge. Wer keine Ruhe hat, kann nicht das Wesen der Dinge erfahren.
Es scheint schwierig und ist doch so einfach: Wer seinen Freunden gegenüber offen ist, lernt über sie. Es ist wirklich nur eine Frage der Offenheit unseres Herzens: des Einsseins mit unserem Freund. Wir kennen seine Fehler und seine Verdienste, aber die Freundschaft und die Freude kommen zuerst. Wo es Haß, Vorurteil und Bitterkeit gibt, da geht das Verstehen verloren...
Durch Freundschaft kann ein Mensch die Mauern niederbrechen, die ihn im Gefängnis seines Alltagslebens halten. Indem er die Mauern niederbricht, erfährt er das Einssein mit dem Absoluten. Dieses Einssein ist eine Manifestation der Musik der Sphären. Und diese Erfahrung kann er überall machen: in der Begegnung mit der Schönheit der Natur, in den Farben der Blumen, in allem, was er sieht, und in allem, dem er begegnet. In den Stunden der Meditation und der Einsamkeit. Und in den Stunden, wenn er inmitten der Welt ist. Überall spürt er Musik. Erfährt er voll Freude ihre Harmonie.

HANS KAYSER

Die Welt als Maß und Wert – Über die Lehre der Harmonik

I

[...]
Horchen wir in uns hinein, tasten wir die vielfältigen Empfindungen, Wünsche, Gedanken unseres Seelenvermögens ab nach einer Zustandsform, welche das Alte in seiner Bewährung läßt, das zu erhoffende Neue in einem natürlichen Kontinuum an das Alte anschließt, so werden wir, glaube ich, vorwiegend zwei seelische Formen finden, aus deren Quellgrund das Alte wieder belebt und das Neue im Schoße vergangenen Kulturgutes gezeugt werden kann. Diese zwei seelischen Formen können wir, so scheint es mir, am besten mit den Ausdrücken Maß und Wert bezeichnen: Maß als Begriff für die Ordnung der Dinge und Wert als Begriff für die Norm der Dinge. Maß und Wert sind aber zwei seelische Prinzipien, zwei geistige Kategorien, innerhalb deren sich seit Urzeiten eine ganz bestimmte Denkungsweise bewegt: die der Harmonik.

II

Harmonik kommt vom griechischen harmonikos = zur Musik gehörig. Dieser Begriff hatte jedoch schon bei den alten Griechen einen weit breiteren Umfang und bedeutete besonders in der pythagoreischen Definition eine Wissenschaft von Maß – (Zahl) und Wert – (Ton), aus deren Evolution heraus nicht nur das wissenschaftliche Denken der alten Griechen, sondern ihre gesamte Kultur in weitestgehendem Sinne befruchtet wurde. Im Hintergrund dieses pythagoreisch-harmonikalen Denkens steht als Synthese der Begriff der Harmonie, von dessen ungeheurer Auswirkung auf das griechische Denken und Schaffen wir uns heute kaum mehr eine zureichende Vorstellung machen können. »Man braucht nur an die Bedeutung der Musik für die frühgriechische Bildung und an die nahe Beziehung der pythagoreischen Mathematik zur Musik zu erinnern, um zu sehen, daß aus dem

Einblick in die Zahlengesetze der Tonwelt alsbald die erste philosophische Theorie der erzieherischen Wirkung der Musik entspringen mußte. Die Verbindung zwischen Musik und Mathematik, die Pythagoras gestiftet hat, ist seither fester Besitz griechischen Geistes geblieben. Gerade aus dieser Ehe sind die für das bildnerische Denken der Griechen fruchtbringendsten und weittragendsten Begriffe erwachsen. Mit einem Male ergießt sich über alle Gebiete des Daseins jetzt ein Strom neuer normativer Erkenntnisse, der sich offenbar aus dieser Quelle nährt. Das 6. vorchristliche Jahrhundert ist die Geburtsstunde für alle jene wunderbaren Grundbegriffe des griechischen Geistes, die uns wie eine Art Symbol seiner tiefsten Eigenart geworden sind und von seinem Wesen untrennbar zu sein scheinen. Sie waren nicht von Anfang an vorhanden, sondern sind in geschichtlich notwendiger Folge ans Licht getreten. Die neue Einsicht in die Struktur der Musik ist einer der entscheidenden Augenblicke in dieser Entwicklung. Die Erkenntnis des Wesens von Harmonie und Rhythmus, die ihr entsprungen ist, würde allein genügen, den Griechen die Unsterblichkeit in der Geschichte der menschlichen Bildung zu sichern. Die Möglichkeit der Anwendung dieser Erkenntnis auf alle Lebensgebiete ist fast unbegrenzt. Wie in der Lückenlosigkeit des solonischen Rechtsglaubens tut sich hier eine weite Welt strenger Gesetzmäßigkeit auf. Wenn Anaximander die Welt als einen Kosmos der Dinge schaut, so stellt sich der pythagoreischen Weltbetrachtung das Prinzip dieses Kosmos als Harmonie dar. War dort die kausale Notwendigkeit des Geschehens in der Zeit erfaßt, so wird in der Idee der Harmonie mehr die strukturhafte Seite der kosmischen Gesetzlichkeit bewußt.«

Fast alle griechischen Denker haben sich, wo nicht in eigenen Werken, so doch prinzipiell mit dem Harmoniebegriff auseinandergesetzt. Die Ausführungen Platos über die erzieherische Wirkung der Musik sind bekannt, ebenso die Wendung seiner Spätphilosophie zum Pythagoreismus (Tonleiter des Timäus als Kern der platonischen Kosmologie!). Demokrit und Archytas haben verlorengegangene Werke über die »Harmonik« verfaßt, der ganze Pythagoreismus ist voll von harmonikalen Bezugnahmen und noch in des spätrömischen Architekturschriftstellers Vitruvs »De Architectura« klingt ein verlorengegangenes Wissen um harmonikale Bauproportionen nach, welches der große Rennaissancebaumeister Leon Battista Alberti wieder aufzunehmen versucht. Des Astronomen Claudius Ptolemäus »Harmonik« und der dazugehörige Kommentar des Porphyrius begeistert dann Kepler zu seiner »Harmonice mundi«, in welcher er mittels typisch harmonikaler Operationen sein berühmtes III. Gesetz[1] entdeckte. Von grundsätzlicher Wichtigkeit wurde jedoch der Pythagoreismus für das heutige wissenschaftliche Denken insofern, als mit seiner Entdeckung des zahlenmäßig fixierbaren Verhältnisses von Tonhöhen und Saitenlängen die Geburtsstunde der abendländischen Wissenschaft geschlagen hatte. Qualitatives (Töne) war auf Quantitatives (Saiten = Wellenlängen) exakt zurückgeführt. Am Anfang des europäisch-exaktwissenschaftlichen Denkens steht also die Harmonik! Wer pythagoreisch zu denken gewohnt ist, muß hier freilich eine bedeutsame Einschränkung machen. Wenn Pythagoras, sicher weit älteren Traditionen folgend, das Hörbare (Qualitatives) in Zahlen (Quantitatives) umwandelte, so war für ihn und seinesgleichen das Umgekehrte mindestens ebenso wichtig: Quantitatives, Materielles und mittels der Zahl Berechenbares (Saitenlänge, Monochord) erhielt eine seelische Gestalt, einen psychischen Wert (Intervalle, Töne); denn man konnte ja die Zahlenverhältnisse hören! Man muß sich in die Seele eines alten Griechen hineinversetzen, um zu ermessen, was das für ihn bedeutete! Da lag vor ihm das Monochord: ein gewöhnlicher Holzkasten mit einer darübergespannten Saite – alles materielle Dinge. Ein bestimmter Teil dieser Saite, also ein bestimmtes Stück Materie gab diesen Ton, ein größeres oder kleineres Stück derselben Materie gab andere Töne. Klang da nicht herauf und herüber in unsere Seele das Wesen der Materie selbst, und verrieten die damit verbundenen Zahlenverhältnisse der Saite nicht eine tiefe innere Entsprechung zwischen dem »Mir« und dem »Du«? Die Prinzipien Maß und Wert gingen hier eine wunderbare Ehe ein; eines erkannte sich im anderen: das Maß der Saite im Wert des empfundenen, gefühlten Tones, und der Wert dieses Tones im Maß der Saite. Vornehmlich dieser letztere Aspekt des Pythagoreismus mußte seine Anhänger immer wieder begeistert, ja erschüttert haben. Auf Grund dieses Erlebnisses der tönenden Zahlen begann die Welt zu klingen. Die Materie

[1] In seinem Hauptwerk, der »Harmonice mundi« (37), einem Werk, welches Kepler als sein wichtigstes bezeichnete und welchem er zeitlebens seine besondere Liebe zuwandte, weist er mit einem umfangreichen, heute noch im wesentlichen gültigen Material nach, daß zwischen den Geschwindigkeiten der Planeten untereinander eine große Anzahl musikalischer Harmonien bestehen. Sein berühmtes, in diesem Werk enthaltenes 3. Planetengesetz fand er mittels typischer harmonikaler Überlegungen, den sog. Oktavoperationen.

erhielt eine psychische Tektorik (eine seelische Struktur), und das Geistige, das Reich der Ideen, einen konkreten Halt in den harmonikalen Gestalten und Formen: eine Brücke zwischen Sein und Wert, Welt und Seele, Materie und Geist war gefunden. Nur von hier aus ist die enorme Bedeutung des Harmoniebegriffs im klassischen Altertum überhaupt erst verständlich! Da nun gerade diese psychisch-geistige Seite des Pythagoreismus, als Lehre vermutlich nur in seinen Geheimschulen gepflegt, rasch verlorenging und nur die andere materielle Seite (Rückführung von Qualitativem auf Quantitatives) übrigblieb und weiter verfolgt wurde, so ist für den heutigen Harmoniker der schließlich zur rasanten Amokläufigkeit werdende Charakter einer aller psychischen und ethischen Gegengewichte baren Naturwissenschaft und Technik nicht mehr verwunderlich. Und er wird sich für seinen Teil, so weit es ihm möglich ist, die Aufgabe stellen, auf Grund der echten alten »Harmonice« wieder einen neuen Ansatz zu finden, der auch innerhalb des heutigen Weltbildes jenen *beiden* pythagoreischen Ansätzen gerecht wird und das heutige Denken in einer neuen Weise wieder zu befruchten vermag. Diese beiden pythagoreischen Ansätze, die Rückführung des Qualitativen (Tonempfindung) auf Quantitatives (Zahl) als pythagoreisches Fundament der heutigen exakten Wissenschaften einerseits, und die Bewertung des Quantitativen (Zahl, alles Materielle schlechthin) durch Qualitatives (seelische Empfindung der Zahlen als Töne) andererseits, welch letztere in den auf die Antike folgenden Epochen nur ausnahmsweise weiter gepflegt wurde, haben im Laufe unserer europäischen Entwicklung einen grundsätzlichen Wandel erfahren. Es ist außerordentlich wichtig, hier eine richtige Einsicht zu gewinnen, weil sich daraus in gewissem Sinne eine Wiederberechtigung der harmonikalen Forschung für unsere heutige Zeit ergibt. Die Frage liegt nahe: Warum wurde bereits in der Antike (Aristoteles) die »qualitative« Seite des Pythagoreismus teils nicht mehr verstanden, teils abgelehnt und nur seine »quantitative« Seite, also die Rückführung von qualitativen Eindrücken auf quantitativ Meß- und Zählbares besonders innerhalb der Naturwissenschaften weiter verfolgt? Den Grund erfahren wir sofort, wenn wir uns in das griechische Denken und Anschauen versetzen. Die innere Welt des griechischen, überhaupt des frühen klassischen und vorklassischen Menschen war so angefüllt, ja fast überfüllt von mythologischen und symbolischen Bildbegriffen, von rein seelischen Formen und Empfindungen, daß er unbedingt einen Halt brauchte an exakten Grundbegriffen, an verstandesmäßig exakt faßbaren logischen Formen, die ihm ein Gegengewicht gegen die seine Seele überwuchernden Mythologeme (Götter- und Heroen-Vorstellungen) und Symbole gaben. Die Wendung schuf im klassischen Griechenland Sokrates – Plato in logisch-erkenntnistheoretischer und Pythagoras in exakt naturwissenschaftlicher Hinsicht. Platos Erkenntnistheorie ist der erste europäische Versuch, den üppigen Urwald des zu seiner Zeit bereits in Hunderte von Religionen, Kosmologien, Mysterien und Mythologien auseinanderfallenden seelischen Lebens in feste Formen zu fassen, in »Ideen«, die klar und rein vor dem Verstand lagen und dessen Kritik standhielten. Das pythagoreische Monochordexperiment der Umwandlung von Tonempfindung in meß- und zählbare Größen, in »Zahlen«, gab dem soeben erwachten naturphilosophischen Denken andererseits ebenfalls jenen Halt, den es damals brauchte, um nicht in leeren Behauptungen (alles ist Wasser, alles ist Feuer, Luft usw.) unterzugehen. Hiernach ist es also durchaus verständlich, daß, was den Pythagoreismus betrifft, nur dessen materielle, quantitativ-meßbare Seite weitergepflegt wurde und insbesondere in der Rennaissance eine vehemente Weiterentwicklung gefunden hat.

Wir Heutigen stehen nun aber, nach dem offensichtlichen Versagen einer vorwiegend auf reiner Logik (»Philosophie als Wissenschaft«!) und quantitativ-haptischem (»Haptik« = Welt des Tastsinns!) Denken fundierten Zivilisation vor einer grundsätzlich anderen Lage. Jahrhundertelang ist unser Denken mehr und mehr dazu erzogen worden, logisch-exakt, objektiv, kritisch zu arbeiten und zu forschen. Der ganze Bereich des Seelenlebens, wie er sich in der Religion und den Künsten noch autonom erhalten hat, ging, losgelöst von Logik und Wissenschaft, seine eigenen Wege und emanzipierte sich in dem Maße, als die »Wissenschaft« sich verselbständigte, verabsolutierte. Wir befinden uns heute im genau entgegengesetzten Fall wie die Antike: während dort die Seele, das Gemüt, die inneren psychischen Bildekräfte zu überborden drohten und eine Begrenzung durch Verstand, Maß und Zahl erforderten, sind wir heute seelisch verarmt und, trotz Religion, Philosophie und Kunst, derart dem absoluten Übergewicht von »Wissenschaft« und ihrer legitimen Tochter, der Technik, ausgeliefert, daß wir umgekehrt wieder eine Einkehr, ein inneres Versenken in die meditativen Kräfte unserer Seele benötigen und versuchen müssen, mittels dieser

Kräfte die logisch-haptische Seite unseres Weltbildes aufzuwerten.
Einen Weg hierzu kann die Harmonie zeigen, wenn sie wieder den Pythagoreismus in seinem *vollen* Klang als Ausgang nimmt, d.h., wenn sie wieder den »Ton« – dieser Begriff zunächst konkret, dann aber im weitesten Sinne als psychische Erlebnisfähigkeit genommen – wieder der »Zahl« – dieser Begriff zunächst ebenfalls konkret, dann aber im weitesten Sinne als Symbol für die verstandesmäßig und materiell erfaßbare Seite der Welt genommen – als gleichberechtigt beiordnet und so versucht, mit den Mitteln unserer modernen Denkungsweise eine neue geistige Welt auszubauen.

III

[...]
Das Verhältnis der Harmonik zur heutigen Wissenschaft läßt sich in der einfachen These zusammenfassen: Nicht Maß und Zahl, sondern Maß und Wert! Das ist es, um das die heutige Zivilisation nicht herumkommen wird, wenn sie wieder zu einer Kultur werden soll. Und zwar nicht hier Maß (Wissenschaft) und dort Wert (Religion, Philosophie, Kunst), sondern eine Regeneration der wissenschaftlichen Denkungsweise von beiden pythagoreischen Ansätzen aus, also unter Wiedereinführung seelischer Prinzipien und Normen (»Ton«!) in die bisher rein haptische Denkungsart (»Zahl«!). Hierdurch erhält das wissenschaftliche Denken nicht nur wieder eine menschliche Wärme und humane Verantwortung, sondern auch die bisher außerhalb dieses Denkens liegenden Gebiete wie Religion und Künste werden wieder an dieses wissenschaftliche Denken durch die Symbole der harmonikalen Wertformen angeschlossen und ihrer splendid isolation [...] einer Angelegenheit von Feiertagen und »Mußestunden« enthoben. Im Urphänomen der Ton-Zahl und den aus ihm fließenden Normen und Gesetzmäßigkeiten ist die Möglichkeit dieser Regeneration gegeben, und die Harmonik ist die Lehre von der Umsetzung dieser Möglichkeit in die Wirklichkeit.

HEINRICH STROBEL

Neue Musik und Humanitas

Vortrag bei den Donaueschinger Musiktagen 1953

Meine Damen und Herren,
gestatten Sie mir, mit einem ganz persönlichen Wort diese Betrachtungen zu beginnen. Vor wenigen Tagen besuchte ich in Sizilien die griechischen Tempel von Selinunte, Segesta und Agrigento. Ich bewunderte ihre edle Größe, ihre maßvolle Ordnung, ihre schlichte Monumentalität. Sie wachsen aus der Berglandschaft heraus, ihr zugehörig wie Erde und Stein des Landes, und sind zugleich Abbilder des denkenden, formenden, gestaltenden Menschengeistes. Der Mensch hat sie geformt im Gefühl seiner Würde, seines Stolzes, seines Könnens, bedacht auf eine einfache und natürliche Lösung, die keine spätere Epoche je wieder erreichte. Er hat sie geschaffen als Sinnbild und Ehrung der Götter und der Natur, denen sein Leben und Streben bedingungslos unterworfen ist. Hier ist das Maß des Menschen und das Übermaß der höheren Ordnung zu einer greifbaren Anschaulichkeit in Stein geworden. Kein hochmütiger Drang des Menschen über sich hinaus in mystische oder magische Sphären, in dunkle oder bedrückende Tiefen. Klare Ordnung, aus dem Selbstgefühl des Menschen geboren und zum Sinnbild des Göttlichen gestaltet.

Noch nie ist mir der Begriff einer wahrhaft humanen Kunst so klar geworden wie beim Anblick dieser frühen griechischen Tempel von Sizilien, einer Kunst, in der der Mensch und das höhere Gesetz völlig ineinander aufgehen, einer Kunst, in der die menschliche Aussage, im Vollgefühl ihrer Kraft, zum Symbol der ewigen Ordnung wird.

In den Jahrhunderten und Jahrtausenden künstlerischer Kultur vor der Romantik des 19. Jahrhunderts war der Mensch stets in einer höheren Ordnung gebunden, und er unterwarf sich ihr willentlich. Ja, erst durch dieses Wissen, in der Ordnung gebunden zu sein, ist er sich seines eigenen Menschentums wirklich bewußt geworden. Sie gab ihm innere Sicherheit, und sie bewahrte ihn davor, daß die dunklen Kräfte und Triebe in seiner Seele übermächtig hervorbrachen und ihn in Abgründe schleuderten, aus denen er keinen Ausweg mehr finden konnte.

Diese Ordnung war eine geistige durch Mythos und Religion, eine gesellschaftliche durch Kirche und Staat. Als in der Antike der Mensch sich zum Maß aller Dinge machte, erhob er sich selbst zur geistigen Ordnung, indem er die Götter nach seinem Bilde schuf. Aber er blieb demütig. Er wußte, was Gottes ist und was des Menschen ist. Im Werk des Künstlers fand die Weltordnung ihr sinnlich-greifbares Abbild. Der Künstler bannte Angst und Hoffnung, Not und Schrecken, Glauben und Zuversicht des Menschen. In seinem Werk wurde dies alles anschauliches Symbol. So entstand eine humane Kunst.
Durch die Unterwerfung der schöpferischen Individualität unter eine höhere Ordnung – sei sie geistiger oder gesellschaftlicher Art – konnten für jede Epoche allgemein verbindliche Formeln des Ausdrucks gefunden werden, aus deren selbstverständlicher Anwendung das entstand, was wir Stil nennen.
Was ist Stil? Stil ist die Konvention einer Epoche über die zu behandelnden Themen und über die Art, wie die Ausdrucksmittel verwendet werden. Vor der Renaissance kennen wir meist nur die religiöse Thematik, obwohl es natürlich auch eine weltliche gegeben hat. Nur ist uns davon sehr wenig erhalten. Es war die große Leistung der Künstler, diese religiöse Thematik in plastischen Symbolen und Formen zu gestalten, die unmittelbar den Menschen ansprachen und ihm doch die hohe göttliche Ordnung in einer überwältigenden Art einprägten. Hierin sehe ich die humane Leistung der Kunst des Mittelalters.
Seit den ersten Zeichen der Renaissance im 14. Jahrhundert (als einer Erneuerung des Menschen im Sinne des antiken Menschenbildes) fing der Künstler an, gegen den Stachel der stilistischen Verbindlichkeit und der stilistischen Bindungen zu löcken. Dies ist zunächst nur in nebensächlichen Zügen zu erkennen, in gewissen Freiheiten und persönlichen Zutaten – in Zügen der Handschrift –, wie wir heute sagen würden. Mit dem Übergang der Hochrenaissance in den frühen Barock des 16. Jahrhunderts traten diese Züge immer eindeutiger und immer kräftiger hervor. Der Mensch, immer noch gebunden in der Ordnung, zeigte sein eigenes Gesicht und versuchte, seine eigene Empfindungswelt darzustellen. Aber erst die Französische Revolution hat das Individuum aus der höheren, durch Jahrhunderte und Jahrtausende wirkenden Ordnung losgelöst. Sie hat das Individuum befreit. Sie zerbrach die Einheit von religiöser und gesellschaftlicher Ordnung. Nun konnten sich die Triebe und die Kräfte in des Menschen Seele, all sein Fühlen, all sein Denken, alles, was

ihn bewegte, immer ungehemmter entfalten. Aber die Kunst verlor ihren symbolischen Charakter. Sie wurde Spiegel der Persönlichkeit.
Um auf die Musik zu kommen: vom Individuum her gesehen, hat diese Entwicklung die Musik unerhört bereichert, aber sie hat auch, indem sie die Verbindlichkeit der menschlichen Aussage auf die persönliche reduzierte, die Musik und die Kunst enthumanisiert. [...]

Die musikalische Aussage ist seit der Romantik, seit dem beginnenden 19. Jahrhundert ein Bekenntnis des Komponisten geworden, und eben dieses Bekenntnis suchen die meisten heute in der Musik.
Mit der Entthronung der höheren Ordnung wurde auch die Einheit des Zeitstils zerstört. Wie hätte die nachrevolutionäre Zeit noch verbindliche Stilkonventionen finden können, so wie sie frühere Epochen besaßen, nachdem sie die schöpferische Persönlichkeit des Individuums befreit hatte? An die Stelle des Zeitstils traten im 19. Jahrhundert die nationalen Stile, die individuellen Stile. Der Komponist erschloß in Tönen sein Innenleben. Er sprach aus, was seine Seele bewegte, und es hing von der Kraft seiner Aussage und seiner Gestaltung ab, ob der Funke von ihm auf den Hörer übersprang. Die Musik wurde psychologisch und in neuester Zeit psychoanalytisch.
In einem Jahrhundert, etwa von 1820 bis 1920, gelangte die Musik zu einer Bereicherung und Verfeinerung ihrer Klang- und Ausdrucksmittel, welche die viele Jahrhunderte umspannenden früheren Stilepochen nicht gekannt, ja nicht einmal geahnt hatten. Welch ein Weg vom Gruseln der Wolfsschluchtszene in Webers »Freischütz« zu den Klangschauern eines Richard Strauss oder Scriabine. Welch eine Entwicklung in der musikalisch-psychologischen Deutung seelischer Vorgänge von Schuberts »Doppelgänger« bis zu Alban Bergs »Wozzeck«. Welch eine unglaubliche Verfeinerung in der musik-poetischen Naturschilderung von Beethovens »Pastorale« bis zu Debussys »La Mer«. Wie naiv mutet uns heute eine Agathe an neben der alle Höhen und Tiefen des Seelenlebens durchmessenden Isolde in Wagners »Tristan«. Aber wir wollen eines nicht vergessen: was die Musik an Glanz, an Farbe, an Strahlendem, Fesselndem, Faszinierendem gewann, das verlor sie an innerer Haltung. Was

sie an Berauschendem gewann, verlor sie an Konstruktivität. Sie wurde äußerlich, dekorativ.
Es war das Zeitalter des progrès, des unbedingten Glaubens an den Fortschritt, und in der Tat, der Fortschritt der Musik, der Fortschritt aller Künste im 19. Jahrhundert ist unermeßlich, ungeheuer, schreckenerregend. Fassen wir diesen viel gepriesenen und viel befeindeten Fortschritt in einem Wort zusammen: er bedeutet die Entsetzung der Tonalität durch die Chromatik; der immer mehr erschütterten tonalen Ordnung durch die freie Herrschaft der zwölf Töne unserer Oktave. Er bedeutet die Ersetzung der rhythmischen Regelmäßigkeit, die in der Musik der sogenannten Wiener Klassik herrscht, durch eine freie Abfolge vielgestaltiger rhythmischer Gebilde, die sich in den Kompositionen der Allerjüngsten zu rhythmischen Konstruktionen kompliziertester Art entwickelt haben.
In all diesen Vorgängen seit dem Beginn der Romantik ist die sogenannte Neue Musik nur ein Schlußpunkt: Ausbruch der Krise als Folge der Entthronung der Tonalität und zugleich Versuch, der immer schwindelerregenderen Evolution Einhalt zu gebieten, ohne ihre Dynamik dabei aufzuhalten. Es war die entscheidende Leistung der großen Musiker in der ersten Hälfte unseres Jahrhunderts, eine neue Freiheit der Ausdrucksmittel gefunden zu haben, eine Freiheit, die freilich heute schon wieder begrenzt erscheint, nachdem ungeahnte neue technische Ausdrucksmittel in unseren Erfahrungsbereich getreten sind.
[...]

Seit der Befreiung der Persönlichkeit in der Kunst war eine einheitlich stilistische Haltung für die Epoche nicht mehr möglich. Die Gesellschaft hatte sich entweder in individuelle oder in Interessengruppen gespalten. Nun wußten die großen Musiker der Romantik sehr wohl, daß ihre Aussage – und war sie noch so mächtig – ohne eine symbolische Erhöhung keine Ausstrahlung und keine tiefergehende Wirkung haben konnte auf jene bunt zusammengewürfelte Menge, die wir heute Publikum nennen. Da die Epoche selbst keine gültigen Symbole mehr schaffen konnte, griff man auf frühere zurück. In diesem Bestreben, große, allgemein menschliche Symbole aus früheren Kulturen in das romantische Welt- und Kunstbild einzuschließen, sehe ich eine Bemühung, die an sich ahumane Romantik wieder zu humanisieren.
Nehmen wir das Beispiel von Richard Wagner – das wohl

großartigste Beispiel dieser Bemühung. Er greift zu den alten deutschen Mythen und Sagen, und er formt aus ihnen musikalische Dramen in ebenso genialer wie freizügiger Weise. Aber vergessen wir eines nicht: bei dieser Verwandlung, bei dieser, ich möchte fast sagen, bildungsmäßigen Transposition der deutschen Mythen und Sagen in die romantische Welt geht das Tragische im Sinne der alten Auffassung verloren. Das Musikdrama Wagners ist nur dramatisch.
Bruckner machte einen ähnlichen Versuch, wenn auch in einem engeren Bereich. Er bediente sich der sinfonischen Formen der letzten geschlossenen Stilepoche, nämlich des ausgehenden 18. Jahrhunderts. Er konnte sie nicht mehr mit der konstruktiven Kraft wie die alten Meister erfüllen, er zerdehnte sie durch seine gewaltige musikalische Phantasie. Auch darin sehe ich eine Bemühung, die romantische Persönlichkeits-Kunst zu humanisieren. [...]

Auch die Generation der sogenannten Neuen Musik hat sich mannigfaltig bemüht, der Musik die echte Symbolkraft zurückzugewinnen, und dies mußte ihr leichter fallen, denn sie stellte der romantischen Selbstüberschätzung des Künstlers einen erdgebundeneren, bescheideneren Typus gegenüber. In diesen Bestrebungen, der sogenannten Neuen Musik Symbolkraft zu verleihen, lassen sich, ebenso wie bei den theoretischen Ordnungsversuchen, zwei Richtungen unterscheiden.
Der erste Weg führt über den Historismus. Wir müssen uns darüber klar sein, daß der Historismus das entscheidendste Phänomen unserer geistigen Existenz ist. Die meisten sind sich dessen nicht bewußt. Doch gibt es kaum eine Tätigkeit, kaum eine Reaktion des heutigen Menschen, die nicht irgendwie durch das historische Bildungserlebnis oder, wenn es nicht bis zum Erlebnis reicht, durch die historische Bildung beeinflußt ist. Der Historismus lehrte den Musiker (und alle Künstler), alte gültige Formeln und alte gültige Themen in ihre Denk- und Ausdruckswelten einzuschmelzen.
Ein besonders frappierendes Beispiel ist Arthur Honegger. Er findet die Symbolkraft in seinen großen oratorischen Werken durch eine religiöse Thematik, die ihm Paul Claudel in Dichtungen darbietet, die bühnenmäßige Wirkung und Tiefsinn, Frömmigkeit und Sprachgewalt vereinigen. Eben in dieser religiösen Symbolkraft, die Honegger sehr bewußt sucht und die er auch in seinen Instrumentalwerken, besonders in den späten, anstrebt,

liegt die außerordentliche Wirkung und der ungewöhnliche Erfolg seiner religiösen Oratorien begründet. Gewiß sind auch diese Oratorien Bildungsprodukte, bei Claudel wie Honegger. Aber der Wille zum Symbol und die künstlerische Vision sind doch stark genug, um dem hilflos einem materialistischen Zeitalter ausgelieferten Menschen an die Seele zu greifen.
Auch Darius Milhaud greift zu alten Mythen zurück, und er wäre kein echter Franzose, wenn er sie nicht in der Antike suchte: Les Malheurs d'Orphée. Er erhöht, durch einen Text von Paul Claudel inspiriert, einen geschichtlichen Stoff, wie das Leben des Columbus, zum religiösen Symbol, oder versucht, eine moderne Heimkehrertragödie durch die harte Schlagkraft einer ganz gegenständlichen Musik in eine allgemein gültige Sphäre zu heben: Le pauvre matelot.
[...]

In Deutschland sehe ich den umfassendsten Versuch, zu einer allgemeinen, an die humane Sphäre greifenden gültigen Formulierung zu kommen, in den Versuchen von Carl Orff. Orff überspringt kühn die Jahrhunderte der europäischen Kunstentwicklung und will in seinen Bühnenwerken uraltes, kultisches Theater mit sehr bewußten modernen Bildungsmitteln erneuern.
Ist es nicht bezeichnend für unsere gesamte geistige Situation, daß sich unsere Kunst, unsere Künstler so mächtig angezogen fühlen von den ungebrochenen, primitiven Kulturen? Wir wollen auf dem Bildungswege, so scheint es mir, die verlorene Naivität durch das Erlebnis der symbolgewaltigen Kunstäußerungen primitiver Kulturen wiedergewinnen.
[...]

Den großartigsten Versuch, der Musik durch die schöpferische Wiedererweckung der Vergangenheit eine symbolhafte und damit menschliche Gültigkeit zu verleihen, stellt für mich das Werk von Igor Strawinsky dar. Wie die alten Meister unterwirft er seine starke Individualität willentlich einem strengen Zwang. Er will nicht die Freiheit. Er will das Gesetz, das er sich selber schafft und dessen Grenzen er sich immer enger zieht. Er findet das Gesetz auf dem Weg über den Historismus, über das historische Bildungserlebnis, das für ihn zu einem schöpferischen Erlebnis wird und das sein ganzes Schaffen entscheidend bestimmt. Es ist kein Zufall, daß die antiken Themen bei Strawinsky eine so große Rolle spielen: Ödipus Rex, Apollon Musagète, Persephone, Orpheus. Und es entspringt einer sehr starken, mehr als bildungsmäßigen, einer wirklich intensiven geistigen Beschäftigung, einem geistigen Erlebnis der antiken Welt, daß in Strawinskys Musik etwas ist, was unserer ganzen heutigen Musik fehlt, und was ich persönlich ganz besonders bewundere: die wahre, große, innere Heiterkeit.

Strawinsky zieht in seinem Werk noch einmal, vielleicht zum letztenmal, wahrscheinlich zum letztenmal, das Fazit der gesamten europäischen Musikentwicklung von der Gregorianik bis zu den umwälzenden Neuerungen, die er selbst im »Sacre du Printemps« und in anderen Werken gefunden hat. Strawinsky ist der einzige Komponist unserer Zeit, der ganz bewußt und konsequent dem romantischen Individualismus abgeschworen hat. Er hat eine strenge, klassische, objektivierende Haltung bezogen, die nur dem kühl erscheinen kann, der aus romantischer Gewohnheit in der Musik nur ein Mittel des persönlichen Bekenntnisses erblickt. Die strenge klassische Haltung macht es Strawinsky möglich, als moderner Mensch noch einmal die geistige Haltung der vorrevolutionären Zeit aufzunehmen und in einer wunderbaren Vielfalt von gültigen Werken zu verwirklichen. Ich möchte Strawinsky im Sinne unserer Betrachtungen als den humansten unter allen heutigen Komponisten bezeichnen.

So vielfältig die aufgezeigten Bemühungen sind, der heutigen Musik eine Symbolkraft zu verleihen und damit einen humanen Untergrund, sie liegen alle in der durch das Bildungserlebnis des Historismus geschaffenen Richtung, deren Ideal das Klassische ist. Es ist eine konservative und restaurative Haltung.

Die andere Richtung, von der ich sprach, will das Humane durch die Übersteigerung der individuellen Aussage erreichen. Sie will ihr allgemeine Gültigkeit durch äußerste Verdichtung, Intensivierung, Konzentration der Ausdrucksmittel verleihen. Dies ist der Weg Schönbergs und seiner Schule, der Weg des Expressionismus. Man will den Menschen ansprechen, indem man die feinsten und die unheimlichsten, die zartesten und die dunkelsten Regungen seiner Seele enthüllt. Aber verliert man sich damit nicht immer mehr in die Abstraktion einer theoretisch zwar einwandfreien, vielleicht auch pedantischen Ordnung, in der sich die humane Aussage immer mehr verflüchtigt? Diese humane Aussage scheint mir in dem ganzen Bereich des musikalischen Expressionismus nur in einem einzigen Fall wirklich gelungen zu sein und auch da bezeichnenderweise auf dem Umweg über ein

Bühnenwerk von stärkstem menschlichem Inhalt, nämlich in Alban Bergs »Wozzeck« nach Büchner.
Übrigens ist es interessant, daß selbst ein so freier und unabhängiger Geist wie Arnold Schönberg auch dem Historismus nicht entgehen konnte. In steigendem Maße näherte er sich der konstruktiven Technik der alten Meister, auf deren Größe und Bedeutung er immer wieder so nachdrücklich hingewiesen hat.
Doch ist es nicht der immer noch traditionsgebundene Individualismus von Arnold Schönberg, der die heutige jüngste Generation in fast allen europäischen Ländern so mächtig anzieht. Es sind vielmehr die abstrakten Klangformen, die dieser Individualismus bei Anton von Webern angenommen hat. Wollen die jüngsten Komponisten eine Verbindlichkeit, um nicht zu sagen, eine humane Gültigkeit ihrer Aussage dadurch erreichen, daß sie unter Negierung aller bisher gültigen Konventionen der musikalischen Sprache und Gestaltung die ganze seelische Gespanntheit des modernen Menschen zum Ausdruck zu bringen versuchen? Es ist kein Zufall, daß die jungen Komponisten sich so stark zu der alten flämisch-niederländischen Musik hingezogen fühlen, die, ähnlich wie die ihre, unendlich kompliziert und reich an kompositionstechnischen Geheimnissen ist.
[...]

Wir stehen mitten in einer Entwicklung, und ich habe zu viele Entwicklungen schon erlebt, als daß ich es wagen würde, das wenig ratsame Metier des Propheten zu treiben. Ich fühle etwas Unheimliches, aber auch etwas Faszinierendes in der Musik unserer jüngsten Komponisten, mag sie auch beklemmend, verwirrend, deprimierend auf mich wirken. Ich selbst gehöre zu einer Generation, die sich zu einer, wie man heute schon fast mitleidig herablassend sagt, noch verständlichen neuen Musik bekennt. Gestern galt diese Musik als unverständlich. Ich erinnere mich noch sehr wohl daran, daß Spieler und Hörer einst vom »Sacre du Printemps« oder von der »Geschichte vom Soldaten« nicht weniger erschreckt waren, als heute von Boulez, Nono oder Klebe. Heute ist ein so kühnes Werk wie »Le Sacre du Printemps« ein Erfolgsstück selbst des internationalen Dirigentenrepertoires geworden.
Ich gestehe, daß ich die strebende Bemühung jener jungen Komponisten bewundere, die in einer harten Selbstzucht und in einem sehr entbehrungsreichen Leben nach neuen Lösungen

suchen. Sie verwenden allen Ernst und alle Konzentration, alle musikalische Kraft und allen geistigen Willen darauf, eine neue Tonsprache zu finden, die immerhin die Möglichkeit hat, die Tonsprache einer neuen, in steigendem Maße von der Technik beeinflußten Epoche zu werden. Diese Tonsprache scheint sich immer mehr vom Menschlichen zu entfernen, und doch ist es unleugbar, daß die jungen Komponisten gerade dieses Menschliche begierig, ja sehnsüchtig zu packen suchen. Man hat nicht mit Unrecht den Einwand erhoben, daß sich die neueste Musik immer mehr vom natürlichen Klang der Instrumente – ich sage schon gar nicht: der Stimme – entfernt. In der Tat nähert sie sich jenen neuen mechanischen Klangmitteln, die von kühnen Technikern, Ingenieuren und Forschern gefunden wurden und die uns ungeahnte Bereiche der Klangmaterie erschließen. Nur ist es zweckmäßig, daß die Techniker bei der Technik bleiben und nicht glauben, die Arbeit des Künstlers übernehmen zu können. Der Gedanke mag erschreckend wirken, daß der Komponist der Zukunft vielleicht wirklich nicht mehr mit Notenpapier und Bleistift, sondern mit Magnetophonstreifen und Lautsprecher arbeiten wird. Aber nicht weniger erschreckend mag dem Menschen, der in der Pferdekutsche einst dahintrabte, der Gedanke gewesen sein – wenn er ihn überhaupt gehabt hat –, daß seine Kindeskinder eines Tages mit 600 und 800 km Geschwindigkeit durch die Luft sausen. Ich kann die Faszination dieser neuen Möglichkeiten der Klanggestaltung auf künstlerische und schöpferische Menschen sehr wohl verstehen. Die Frage ist nur: wird der Mensch ein Opfer der von ihm entfesselten mechanischen Klangmaterie oder wird er sie sich unterwerfen? Aber hat der Mensch sich nicht auch den von Blasebalg und Motor erzeugten Klang der Orgel unterworfen und ihn mit dem Höhenflug seiner schöpferischen Phantasie dienstbar gemacht?
Es gibt in dieser Epoche nur die eine Alternative: Entweder Flucht in die Vergangenheit oder Bekenntnis zur Gegenwart. Entweder versinkt man in einen schöngeistigen Kultur- und Bildungspessimismus und erfreut sich, betrachtend oder wohlig genießend, an all den großen Werken der vergangenen, geschlossenen Kulturen – oder man stellt sich mit beiden Beinen auf die Erde und tut das Seine, um an der Formung des künstlerischen und geistigen Bildes der Gegenwart teilzuhaben.
Unsere öffentliche Musikpflege hat sich für die erstere Haltung entschieden. Sie wird von Jahr zu Jahr mehr ein klingendes Museum, das sich jedoch in der Fülle und Vielfalt des Dargebote-

nen nicht annähernd mit den Museen der Bildenden Kunst messen kann.
[...]

Gestatten Sie mir, auch mit einem ganz persönlichen Wort abzuschließen. So sehr ich von den großen Leistungen der Vergangenheit mich angezogen fühle und viele Zeit und vieles Geld schon daran gegeben habe und noch daran gebe, um sie kennenzulernen und zu studieren, so kann ich mich doch nicht mit der Bildungsflucht in die Vergangenheit begnügen. Auch hilft uns diese Flucht nicht dazu, ein wahrhaft humanes Kunstbild zurückzugewinnen, da dieses ja doch nur ein künstliches Bildungsprodukt in unserer zivilisatorischen Epoche sein kann. Ist es da nicht sinnvoller, produktiver und auch verantwortlicher, seine Aktivität darauf zu verwenden, jene lebenden Kräfte zu fördern, die sich darum bemühen, für ihre künstlerische Aussage die adäquaten Mittel zu finden? In der Epoche der Flugzeuge und der noch gebannten Atomenergie kann der Musiker nicht mehr die Sprache seiner Altvorderen sprechen, mag sie für das Ohr noch so verführerisch klingen. Der schöpferische Musiker steht mitten in einer technischen Massenzivilisation, die von der Musik nur Amüsement oder Nervenaufpeitschung erwartet. Er steht darin, entweder als kommerzieller Partiturenlieferant sich ihr unterwerfend – dieser Fall interessiert uns hier nicht – oder einsam, vielleicht verzweifelnd, suchend, denkend, kämpfend, ein letzter Erbe des romantischen Individualismus, der über sich hinaus will. Vielleicht Zauberlehrling, vielleicht Prometheus. Bedrückt, getrieben und doch erfüllt vom widerspruchsvollen Dasein in dieser Zeit wirkt er mit einem festen Glauben an die Musik, an die Kunst, mit einem tiefen Ernst und einem wahren Idealismus, um das ihn Bedrängende, ihn Bewegende in neuen Klangsymbolen zu gestalten und vielleicht eines Tages – wir wissen es nicht – wieder eine allgemein verbindliche musikalische Aussage für dieses unser Zeitalter zu finden. Dieser Glaube, dieser Ernst, dieser Idealismus, sind sie nicht Zeichen einer humanen Haltung?

HANS WERNER HENZE

Musik als Resistenzverhalten

[...]

In unserer Welt, die dazu neigt, sich in sich und durch sich selbst zu vernichten, scheint im Innern der Musik eine Neigung zu entstehen, die Zeit, der sie zugedacht ist, zu verneinen, ihren Erscheinungen und Zuständlichkeiten von innen entgegenzuwirken und sich auf Absage einzustellen. Der Musik in unserer Zeit ist wenig Möglichkeit gegeben, Zustände zu verherrlichen und ein Leuchten über die Menschen zu ergießen. Das Feuer von Hiroshima hat alles übertroffen. Die andauernde Bedrohung des Lebens und der individuellen Freiheit treibt das Künstlerisch-Kreative in die Defensive. Im 16. und 17. Jahrhundert konnte die Musik sich selbst und die ihr gegebene Zeit verwirklichen und glorifizieren, weil sie von ihr getragen wurde. Später ist sie, aus gesellschaftlichen Zusammenhängen immer mehr gelöst, auch immer mehr zu einem individualistischen Tun geworden – und heute ähnelt sie, die doch eigentlich anreden, offen sein will, nahezu einem Geheimkult, anfechtbar, manchmal wirklich verfolgt, auf der Flucht vor Gefahren, wie der von Vermassung, Verallgemeinerung unter Diktatoren, und andernorts vor den Gemeinplätzen ästhetischer Tagesparolen.

Auch ich bin, so lange ich zurückdenken kann, daran gewöhnt, freie Musik, die Musik der Freiheit, als etwas Geheimnisvolles, Obrigkeitswidriges anzusehen, als etwas, das es gegen ein Außen zu schützen gilt. In den letzten Kriegsjahren noch, als ich zu komponieren begann, schien jene freiheitliche und daher verbotene Musik, die nur über verbotene Wellenlängen und Geheimsender zu erreichen war, mir ein Symbol für Vereinsamung, ein Idiom, das unter allen Umständen Unverstand und Banalisierung ausgesetzt war und weiterhin ausgesetzt sein würde, wenn auch die Zerbrechlichkeit ihrer Materie nicht in ihr selbst beruht, sondern in dem, was von außen her zerstörerische Mißdeutung und Profanisierung an sie herantragen.

Das Ende der nationalsozialistischen Herrschaft bedeutete den Anfang einer neuen Zeit, in der den Unschuldigen, den Reinen, und auch den in Reue Gereinigten, erlaubt sein würde, Freies,

Entferntes, in den Menschen unerkannt schlafende Möglichkeiten von Noblesse zu empfangen, das offensichtlich Unzeitgemäße, das der Roheit am weitesten Entgegengesetzte. Dies war ein von Neubeginn und Vorfreude erfüllter Zustand, den Enttäuschungen, Versuchungen und Kränkungen kaum beeinträchtigen konnten, der jahrelang anhalten würde – bis es dann notwendig schien, sich erneut abzuschließen, und zwar gegen Phänomene, die man tot geglaubt hatte und die sich nun – in merkwürdigen Varianten des Faschismus – gegen das neue Bild stellten, das man sich von der Welt gemacht hatte. Zu sehen, daß wenige Jahre nach der Diktatur in meinem Vaterland Regungen wach geworden sind, die darauf hinweisen, daß der Ungeist nicht gestorben ist, bedeutet eine Enttäuschung, die nicht nur anhält, sondern wächst und sich mit Zorn und Scham verbindet. Sie bringt mich dazu, in meiner Arbeit bewußter als bisher gegen den Strom zu schwimmen, und mit ihr, in ihr und durch sie für ein Leben zu plädieren, in dem Vernachlässigung der Nächstenliebe, Brutalität und Bevormundung gedanklicher und gesellschaftlicher Freiheit ausgeschlossen sind.
[...]

GOTTFRIED BENN

Eure Etüden

Eure Etüden,
Arpeggios, Dankchoral
sind zum Ermüden
und bleiben rein lokal.

Das Krächzen der Raben
ist auch ein Stück –
dumm sein und Arbeit haben:
das ist das Glück.

Das Sakramentale –
schön, wer es hört und sieht,
doch Hunde, Schakale
die haben auch ihr Lied.

Ach, eine Fanfare,
doch nicht an Fleisches Mund,
daß ich erfahre,
wo aller Töne Grund.

IV

MATTHIAS CLAUDIUS

An meinen Sohn Johannes

Lieber Johannes!

Die Zeit kommt allgemach heran, daß ich den Weg gehen muß, den man nicht wieder kömmt. Ich kann Dich nicht mitnehmen; und lasse Dich in einer Welt zurück, wo guter Rat nicht überflüssig ist. – Niemand ist weise von Mutterleibe an; Zeit und Erfahrung lehren hier und fegen die Tenne. – Ich habe die Welt länger gesehen als Du. – Es ist nicht alles Gold, lieber Sohn, was glänzet, und ich habe manchen Stern vom Himmel fallen und manchen Stab, auf den man sich verließ, brechen sehen. – Darum will ich Dir einigen Rat geben und Dir sagen, was ich funden habe und was die Zeit mich gelehret hat.

Es ist nichts groß, was nicht gut ist; und ist nichts wahr, was nicht bestehet. – Der Mensch ist hier nicht zu Hause, und er geht hier nicht von ungefähr in dem schlechten Rock umher. Denn siehe nur, alle andre Dinge hier, mit und neben ihm, sind und gehen dahin, ohne es zu wissen; der Mensch ist sich bewußt, und wie eine hohe bleibende Wand, an der die Schatten vorüber gehen. Alle Dinge mit und neben ihm gehen dahin, einer fremden Willkür und Macht unterworfen; er ist sich selbst anvertraut, und trägt sein Leben in seiner Hand. – Und es ist nicht für ihn gleichgültig, ob er rechts oder links gehe. – Laß Dir nicht weismachen, daß er sich raten könne und selbst seinen Weg wisse. – Diese Welt ist für ihn zu wenig, und die unsichtbare siehet er nicht und kennet sie nicht. – Spare Dir denn vergebliche Mühe, und tue Dir kein Leid, und besinne Dich Dein. – Halte Dich zu gut, Böses zu tun. – Hänge Dein Herz an kein vergänglich Ding. – Die Wahrheit richtet sich nicht nach uns, lieber Sohn, sondern wir müssen uns nach ihr richten. – Was Du sehen kannst, das siehe, und brauche Deine Augen, und über das Unsichtbare und Ewige halte Dich an GOTTES Wort. – Bleibe der Religion Deiner Väter getreu, und hasse die theologischen Kannengießer. – Scheue niemand so viel als Dich selbst. Inwendig in uns wohnet der Richter, der nicht trügt und an dessen Stimme uns mehr gelegen ist als an dem Beifall der ganzen Welt und der Weisheit der Griechen und Ägypter. Nimm es dir vor,

Sohn, nichts wider seine Stimme zu tun; und was Du sinnest und vorhast, schlage zuvor an Deine Stirne und frage ihn um Rat. Er spricht anfangs nur leise und stammelt wie ein unschuldiges Kind; doch, wenn Du seine Unschuld ehrst, löset er gemach seine Zunge und wird Dir vernehmlicher sprechen. – Lerne gerne von andern, und wo von Weisheit, Menschenglück, Licht, Freiheit, Tugend etc. geredet wird, da höre fleißig zu. Doch traue nicht flugs und allerdings, denn die Wolken haben nicht alle Wasser, und es gibt mancherlei Weise. Sie meinen auch, daß sie die Sache hätten, wenn sie davon reden können und davon reden. Das ist aber nicht, Sohn. Man hat darum die Sache nicht, daß man davon reden kann und davon redet. Worte sind nur Worte, und wo sie gar leicht und behende dahin fahren, da sei auf Deiner Hut; denn die Pferde, die den Wagen mit Gütern hinter sich haben, gehen langsameren Schrittes. – Erwarte nichts vom Treiben und den Treibern; und wo Geräusch auf der Gassen ist, da gehe fürbaß. – Wenn Dich jemand will Weisheit lehren, so siehe in sein Angesicht. Dünket er sich noch; und sei er noch so gelehrt und noch so berühmt, laß ihn und gehe seiner Kundschaft müßig. Was einer nicht hat, das kann er auch nicht geben. Und der ist nicht frei, der da will tun können, was er will, sondern der ist frei, der da wollen kann, was er tun soll. Und der ist nicht weise, der sich dünket, daß er wisse; sondern der ist weise, der seiner Unwissenheit inne geworden und durch die Sache des Dünkels genesen ist. – Was im Hirn ist, das ist im Hirn; und Existenz ist die erste aller Eigenschaften. – Wenn es Dir um Weisheit zu tun ist, so suche sie und nicht das Deine, und brich Deinen Willen, und erwarte geduldig die Folgen. – Denke oft an heilige Dinge, und sei gewiß, daß es nicht ohne Vorteil für Dich abgehe und der Sauerteig den ganzen Teig durchsäuere. – Verachte keine Religion, denn sie ist dem Geist gemeint, und Du weißt nicht, was unter unansehnlichen Bildern verborgen sein könne. – Es ist leicht zu verachten, Sohn; und verstehen ist viel besser. – Lehre nicht andere, bis Du selbst gelehrt bist. – Nimm Dich der Wahrheit an, wenn Du kannst, und laß Dich gerne ihrentwegen hassen; doch wisse, daß Deine Sache nicht die Sache der Wahrheit ist. [...]

Hilf und gib gerne, wenn Du hast, und dünke Dir darum nicht mehr; und wenn Du nicht hast, so habe den Trunk kalten Wassers zur Hand, und dünke Dir darum nicht weniger. – Tue keinem Mädchen Leides, und denke, daß Deine Mutter auch ein

Mädchen gewesen ist. – Sage nicht alles, was Du weißt, aber wisse immer, was Du sagest. – Hänge Dich an keinen Großen. – Sitze nicht, wo die Spötter sitzen, denn sie sind die elendesten unter allen Kreaturen. – Nicht die frömmelnden, aber die frommen Menschen achte, und gehe ihnen nach. Ein Mensch, der wahre Gottesfurcht im Herzen hat, ist wie die Sonne, die da scheinet und wärmt, wenn sie auch nicht redet. – Tue, was des Lohnes wert ist, und begehre keinen. – Wenn Du Not hast, so klage sie Dir und keinem andern. – Habe immer etwas Gutes im Sinn.

Wenn ich gestorben bin, so drücke mir die Augen zu, und beweine mich nicht. – Stehe Deiner Mutter bei, und ehre sie, solange sie lebt, und begrabe sie neben mir. – Und sinne täglich nach über Tod und Leben, ob Du es finden möchtest, und habe einen freudigen Mut; und gehe nicht aus der Welt, ohne Deine Liebe und Ehrfurcht für den Stifter des Christentums durch irgend etwas öffentlich bezeuget zu haben.

Dein treuer Vater

BERT BRECHT

An die Nachgeborenen

[...]
Ihr, die ihr auftauchen werdet aus der Flut
In der wir untergegangen sind
Gedenkt
Wenn ihr von unseren Schwächen sprecht
Auch der finsteren Zeit
Der ihr entronnen seid.

Gingen wir doch, öfter als die Schuhe die Länder wechselnd
Durch die Kriege der Klassen, verzweifelt
Wenn da nur Unrecht war und keine Empörung.
Dabei wissen wir doch:
Auch der Haß gegen die Niedrigkeit
Verzerrt die Züge.
Auch der Zorn über das Unrecht
Macht die Stimme heiser. Ach, wir
Die wir den Boden bereiten wollten für Freundlichkeit
Konnten selber nicht freundlich sein.
Ihr aber, wenn es soweit sein wird
Daß der Mensch dem Menschen ein Helfer ist
Gedenkt unsrer
Mit Nachsicht.

GOTTFRIED BENN

Menschen getroffen

Ich habe Menschen getroffen, die,
wenn man sie nach ihrem Namen fragte,
schüchtern – als ob sie gar nicht beanspruchen könnten,
auch noch eine Benennung zu haben –
»Fräulein Christian« antworteten und dann:
»wie der Vorname«, sie wollten einem die Erfassung
erleichtern,
kein schwieriger Name wie »Popiol« oder
»Babendererde« –
»wie der Vorname« – bitte, belasten Sie Ihr
Erinnerungsvermögen nicht!

Ich habe Menschen getroffen, die
mit Eltern und vier Geschwistern in einer Stube
aufwuchsen, nachts, die Finger in den Ohren,
am Küchenherde lernten,
hochkamen, äußerlich schön und ladylike wie
Gräfinnen –
und innerlich sanft und fleißig wie Nausikaa,
die reine Stirn der Engel trugen.

Ich habe mich oft gefragt und keine Antwort gefunden,
woher das Sanfte und das Gute kommt,
weiß es auch heute nicht und muß nun gehn.

Quellenverzeichnis

Herausgeber und Verlag danken den Autoren und Verlagen für die freundliche Genehmigung zum Abdruck der Beiträge.

JEAN AMÉRY
Mister President (Lester Young) (gekürzt)
Aus: Im Banne des Jazz
© Albert Müller Verlag AG, Rüschlikon/Schweiz 1961
S. 45–50

ALFRED ANDERSCH
Jesuskingdutschke (gekürzt)
Aus: Mein Verschwinden in Providence
© Diogenes Verlag AG, Zürich 1971
S. 356–366

JAMES BALDWIN
Hundert Jahre Freiheit ohne Gleichberechtigung
Aus: Hundert Jahre Freiheit ohne Gleichberechtigung
© Rowohlt Taschenbuch Verlag GmbH, Reinbek 1964
S. 40–63, 80–82, 108–111, 121–123

GOTTFRIED BENN
Eure Etüden
Menschen getroffen
Aus: Gesammelte Gedichte in vier Bänden, herausgegeben von Dieter Wellershoff. Mit freundlicher Genehmigung der Verlagsgemeinschaft Klett-Cotta, Stuttgart 1956
S. 327 u. 337

ERWIN BLUMENFELD
Schule (gekürzt)
Mont-Viso
Aus: Durch tausendjährige Zeit
© Verlag Huber & Co., Frauenfeld/Schweiz 1976
S. 87–100, 389–394

BERT BRECHT
An die Nachgeborenen (gekürzt)
Aus: Gesammelte Werke
© Suhrkamp Verlag Frankfurt 1976
S. 18/19

MATTHIAS CLAUDIUS
An meinen Sohn Johannes (gekürzt)
Aus: Der Wandsbecker Bote, herausgegeben von Hermann Hesse
Insel Verlag, Frankfurt 1965
S. 77–80

HANS MAGNUS ENZENSBERGER
Fund im Schnee
Aus: Landessprache
© Suhrkamp Verlag Frankfurt 1960
S. 74

PAUL FLEMING
An sich

K. J. GALCZYNSKI
Mit Instrumenten schlendern
Aus: Polnische Poesie des 20. Jahrhunderts,
herausgegeben und übertragen von Karl Dedecius
© Carl Hanser Verlag, München 1964

JEAN GEBSER
Der Einbruch der Zeit (gekürzt)
Aus: Ursprung und Gegenwart, zweiter Teil
© Deutsche Verlags-Anstalt GmbH, Stuttgart 1966
S. 379–389, 399–401

PAUL GERHARDT
Neujahrs-Gesang
Aus: Gedichte, ausgewählt von Albrecht Goes
© Fischer Taschenbuch Verlag GmbH, Frankfurt 1969
S. 91/92

PROBST HEINRICH GRÜBER
Häftling in Sachsenhausen und Dachau 1940–1943 (Auswahl)
Aus: Erinnerungen aus sieben Jahrzehnten
© Verlag Kiepenheuer & Witsch, Köln 1968
S. 142–179

HEINRICH HEINE
Donna Clara
Aus: Lyrik, ausgewählt und eingeleitet von Ludwig Marcuse
Droemersche Verlagsanstalt Th. Knaur. Nachf., München 1962
S. 156–158

HANS WERNER HENZE
Musik als Resistenzverhalten (gekürzt)
Aus: Musik und Politik, Schriften und Gespräche 1955–1975
© Deutscher Taschenbuch Verlag, München 1976
S. 90–92

EUGEN HERRIGEL
Der Weg des Übens (gekürzt)
Aus: Der Zen-Weg
© Otto Wilhelm Barth Verlag im Scherz Verlag, München 1958
S. 88–91

HERMANN HESSE
Orgelspiel
Aus: Musik
© Suhrkamp Verlag, Frankfurt 1976
Sich fallen lassen (gekürzt)
Aus: Klein und Wagner
© Suhrkamp Verlag, Frankfurt 1973

HANS KAYSER
Die Welt als Maß und Wert – Über die Lehre der Harmonik (Auswahl)
Aus: Akróasis – Die Lehre von der Harmonik der Welt
© Schwabe & Co. AG, Basel 1976, 3. Auflage
S. 9–17, 100/101

SUFI INAYAT KHAN (gekürzt)
Über Musik
Aus: Musik
© The International Headquarters of the Sufi Movement, Geneva 1959
Übersetzt von Joachim-E. Berendt

ZYGMUNT LAWRYNOWICZ
Trauriges Wissen
Aus: Lektion der Stille, herausgegeben und aus dem Polnischen übertragen von Karl Dedecius
© Carl Hanser Verlag, München 1959
S. 64

CZESLAW MILOSZ
Nach der Katastrophe (Warschau 1943)
Aus: Polnische Poesie des 20. Jahrhunderts, herausgegeben und übertragen von Karl Dedecius
© Carl Hanser Verlag, München 1964
S. 99–102

ALEXANDER UND MARGARETE MITSCHERLICH
Die Unfähigkeit zu trauern – womit zusammenhängt: eine deutsche Art zu lieben (Auswahl)
Aus: Die Unfähigkeit zu trauern
© Verlag R. Piper und Co., München 1967
S. 13–16, 24–43, 80–83

ROBERT M. PIRSIG
Qualität – als Spaltbegriff für hip und square (Auswahl)
Aus: Zen und die Kunst ein Motorrad zu warten
© S. Fischer Verlag GmbH, Frankfurt 1976
S. 188/189, 210–214, 218–230, 244–247, 254/255, 260–262

FRITZ J. RADDATZ
Bruder Baader?
© Fritz J. Raddatz, Hamburg 1978

ROSS RUSSELL
Der Tod Charlie Parkers (gekürzt)
Aus: Bird Lives! – The High Life and Hard Times of Charlie Parker
© Ross Russell, Charter House, New York 1973
Übersetzt von Joachim-E. Berendt

HEINRICH STROBEL
Neue Musik und Humanitas (gekürzt)
Vortrag bei den Donaueschinger Musiktagen 1953
Aus: Melos, Zeitschrift für Neue Musik
© Hilde Strobel, Baden-Baden 1953

DAISETZ TAITARO SUZUKI
Die Grundlage der buddhistischen Philosophie (Auswahl)
Aus: Der westliche und der östliche Weg, Essays über christliche und buddhistische Mystik
© Ullstein Verlag, Berlin 1957
S. 41–53, 68–74

WISLAWA SZYMBORSKA
Salz der Erfahrung (gekürzt)
Aus: Polnische Poesie des 20. Jahrhunderts, herausgegeben und übertragen von Karl Dedecius
© Carl Hanser Verlag, München 1959
S. 136
Kleine Anzeige (gekürzt)
Aus: Lektion der Stille, herausgegeben und aus dem Polnischen übertragen von Karl Dedecius
© Carl Hanser Verlag, München 1959
S. 36

AUS DEM TIBETANISCHEN TOTENBUCH (Auswahl)
Aus: Das Tibetanische Totenbuch oder Die Nachtod-Erfahrungen auf der Bardo-Stufe, nach der englischen Fassung des Lama Kazi Dawa-Samdup, herausgegeben von W. Y. Evans-Wentz; im Auftrag d. Hrsg. neu bearb., komment. u. eingel. v. Lama Anagarika Govinda, übersetzt von Louise Göpfert-March
© Walter-Verlag, Olten 1971

BERNWARD VESPER
Kindheit (Auswahl)
Aus: Die Reise
© März Verlag, Berlin und Jossa 1977
S. 307–338

FRANÇOIS-A. VIALLET
Erfahrungen eines Klosterlebens in Japan, 1972 (gekürzt)
Aus: Einladung zum Zen
© Walter-Verlag, Olten 1975
S. 28–46